Ölpastelle entdecken

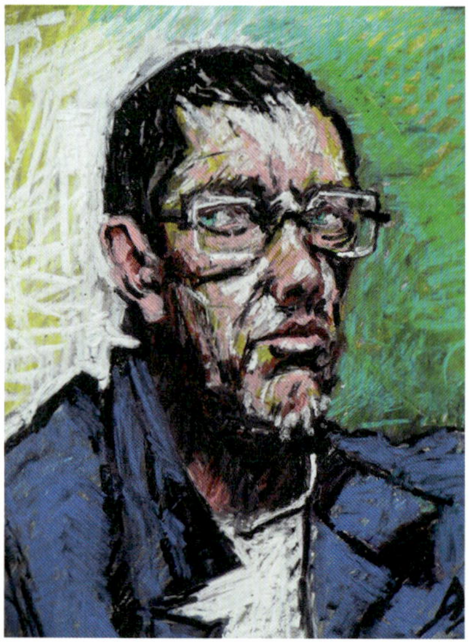

Martin Stankewitz lebt und arbeitet in Maulbronn. Neben seiner beruflichen Tätigkeit hat er sich künstlerisch fortgebildet mit Schwerpunkt Landschaftsmalerei und Zeichnen. Er zeigt seine Arbeiten regelmäßig in Ausstellungen und hat verschiedene Bücher veröffentlicht, darunter beim dpunkt.verlag »Bäume zeichnen und malen«. Vor mehr als 10 Jahren hat er Ölpastelle für sich entdeckt und nutzt sie bevorzugt für das Malen und Zeichnen in der Landschaft. Mit seinem neuesten Buch möchte er möglichst viele Leser, Hobbymaler, aber auch professionelle Künstler und Illustratoren für die satten Farben von Ölpastellen begeistern und seine Erfahrungen im praktischen Umgang mit diesem vielseitigen Material weitergeben.
www.edition-handdruck.de

Martin Stankewitz

Ölpastelle entdecken
Malen in satten Farben

Maltechniken • Mischen • Bildprojekte • Mixed Media

dpunkt.verlag

Martin Stankewitz

Lektorat: Barbara Lauer
Copy-Editing: Friederike Daenecke, Zülpich
Layout und Satz: Petra Strauch, Bonn
Herstellung: Stefanie Weidner
Umschlaggestaltung: Janine May
Druck und Bindung: mediaprint solutions GmbH, 33100 Paderborn

Bibliografische Information der Deutschen Nationalbibliothek
Die Deutsche Nationalbibliothek verzeichnet diese Publikation in der Deutschen Nationalbibliografie; detaillierte bibliografische Daten sind im Internet über *http://dnb.d-nb.de* abrufbar.

ISBN:
Print 978-3-86490-661-9
PDF 978-3-96088-815-4
ePub 978-3-96088-816-1
mobi 978-3-96088-817-8

1. Auflage 2019

Wieblinger Weg 17
69123 Heidelberg
E-Mail: *hallo@dpunkt.de*

Hinweis:
Dieses Buch wurde mit mineralölfreien Farben auf PEFC-zertifiziertem Papier aus nachhaltiger Waldwirtschaft gedruckt. Der Umwelt zuliebe verzichten wir zusätzlich auf die Einschweißfolie. Hergestellt in Deutschland.

PEFC-zertifiziert
Dieses Buch stammt aus nachhaltig bewirtschafteten Wäldern und kontrollierten Quellen
PEFC/04-31-0810
www.pefc.de

Schreiben Sie uns:
Falls Sie Anregungen, Wünsche und Kommentare haben, lassen Sie es uns wissen: *hallo@dpunkt.de*.

5 4 3 2 1

Vorwort

Meine Begeisterung für Ölpastellfarben wurde durch eine Ausstellung mit kleinformatigen Landschaftsskizzen von Fritz Kohlstädt geweckt, eines Malers, der im Raum Stuttgart recht bekannt ist. Ich war von der besonderen Farbigkeit seiner Bilder so beeindruckt, dass ich unbedingt mit diesem Material eigene Landschaftsskizzen oder auch Bilder malen wollte.

Einige Jahre lang habe ich danach Ölpastelle verschiedener Marken und Qualitäten ausprobiert und sie als einfach zu transportierende Farben zusammen mit Skizzenbüchern als Ergänzung oder Abwechslung zur klassischen Plein-Air-Ölmalerei mit in die Landschaft genommen.

Mit der Zeit habe ich Ölpastelle mehr und mehr zu schätzen gelernt. Mir gefielen die matte Oberfläche und die hohe Sättigung der Farbtöne, die Ölpastellen eine besondere Anmutung verleihen. Auch war ich begeistert von den vielen Möglichkeiten, Ölpastelle direkt mit den Händen oder mithilfe von einfachen Werkzeugen zu verwenden, allein oder auch in Kombination mit Gouache, Acryl, aber auch Ölfarbe. Die beim Mischen und Kombinieren von Farben gesammelten Erfahrungen waren für mich sehr bereichernd und haben mir unerwartete weitere künstlerische Ausdrucksmöglichkeiten erschlossen – nicht nur für das

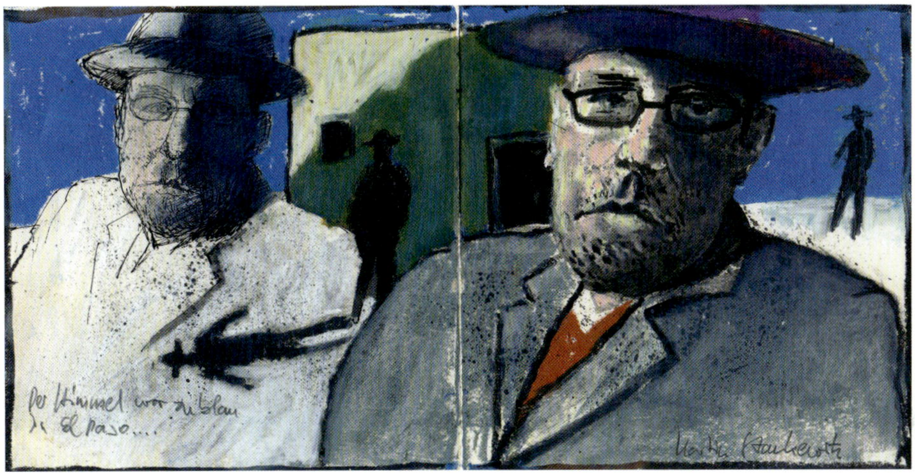

Der Himmel war zu blau in El Paso. Ölpastell, Skizzenbuch-Doppelseite 20 × 40 cm

Medium Ölpastelle, sondern auch für andere Medien. Ganz wesentlich geht es dabei um den sehr direkten Kontakt mit der Bildoberfläche, um die Beschaffenheit der Farbschicht und um die Möglichkeiten, diese zu bearbeiten und zu gestalten. Das Medium der Ölpastellmalerei erfordert und fördert dies in besonderer Weise.

Schließlich hatten Ölpastelle für mich einen weiteren besonderen Reiz: Kaum jemand sonst verwendete sie, da sie auch heute vielfach als eine Art Wachsmalstifte betrachtet und für ernsthafte künstlerische Arbeiten erst gar nicht in Betracht gezogen werden. Inzwischen wächst aber die Anzahl von national und international anerkannten Künstlern und Künstlerinnen, die Ölpastelle in ihren Arbeiten verwenden.

Ölpastelle können in mancher Hinsicht ein widerspenstiges Medium sein. Wer den intensiven Umgang mit Farben nicht scheut, wird in Ölpastellen jedoch ein besonderes Medium entdecken.

Mit diesem Buch möchte ich all denen, die auf der Suche nach künstlerischem Neuland sind oder ihre künstlerischen Ausdrucksmöglichkeiten erweitern möchten, Ölpastelle näherbringen und den Einstieg in die Malerei mit diesem faszinierenden Material erleichtern.

Ich danke dem dpunkt.verlag und allen, die an diesem Buch mitgewirkt haben, für die professionelle Unterstützung, inbesondere Barbara Lauer, Friederike Daenecke und Petra Strauch für das sorgfältige Lektorat und die schöne Gestaltung.

Inhalt

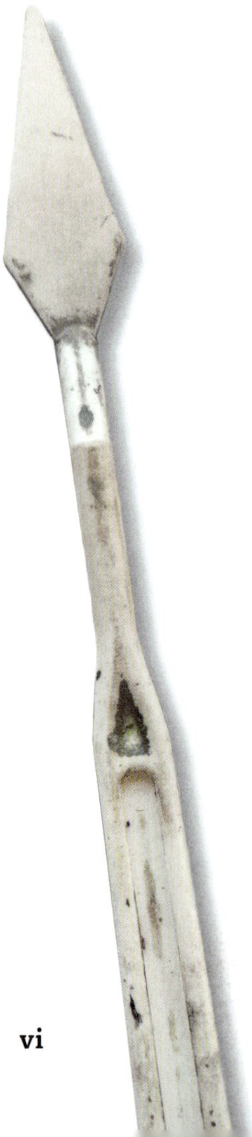

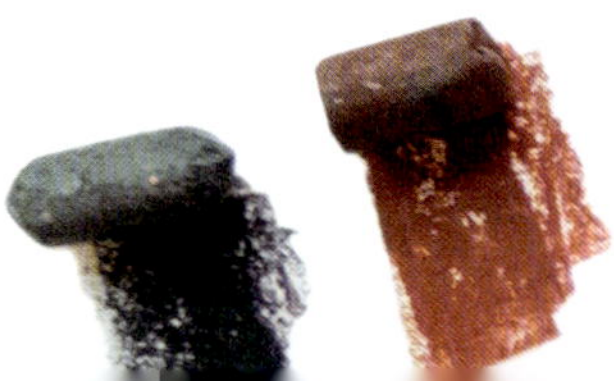

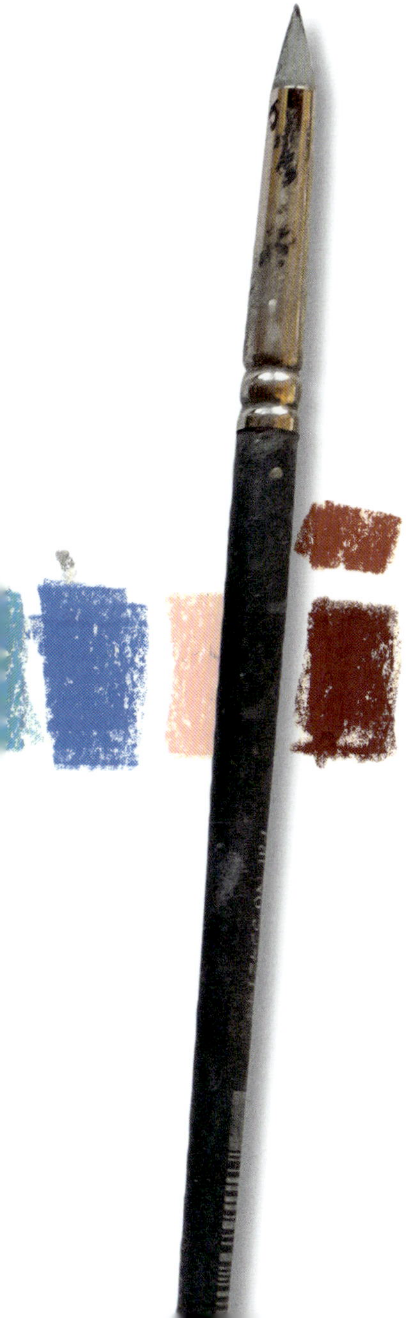

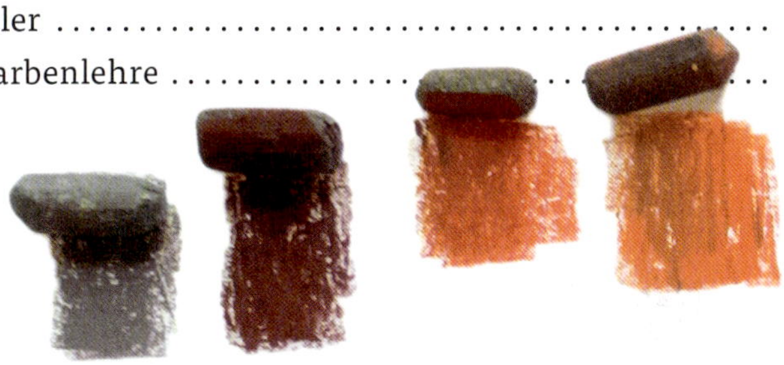

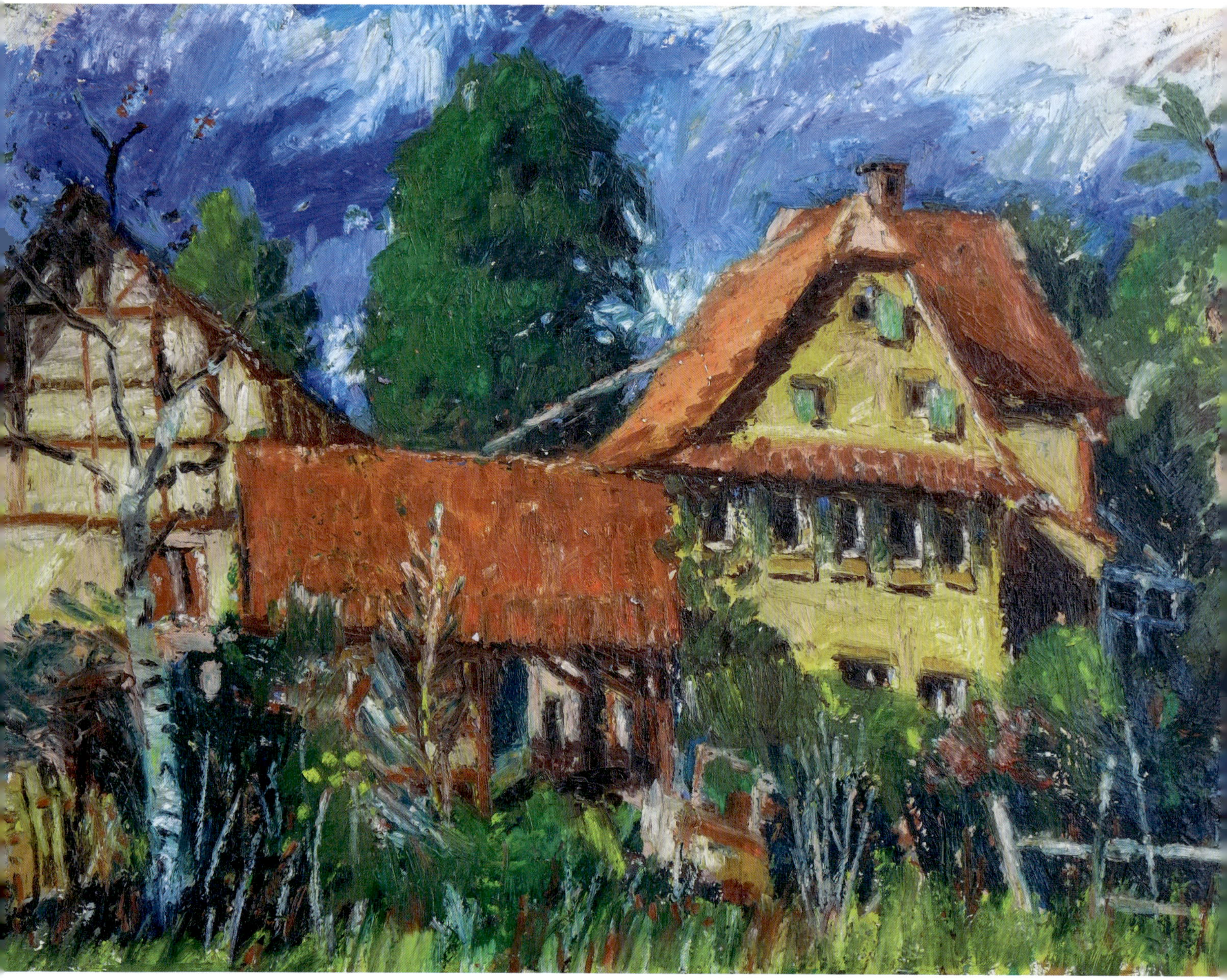

Ehemalige Mühle am Aalkistensee, Maulbronn. Plein-Air-Oilstickmalerei, 50 × 70 cm

Was sind Ölpastelle?

Ölpastellfarben bestehen aus Farbpigmenten und Bindestoffen, die es ermöglichen, die Pigmente in Stiftform zu pressen. Im Gegensatz zu Wachsmalstiften enthalten Ölpastelle sehr wenig Wachs, das den Wachsmalstiften ihre typische hohe Festigkeit verleiht. Wachsmalstifte sind daher ein ideales Medium für Kinder, die Farbstifte sehr gerne kräftig auf das Papier reiben, was man mit Ölpastellen eher vermeiden sollte.

Von Ölpastellen und Wachsmalstiften sind sogenannte Oilsticks oder Oilbars zu unterscheiden. Oilsticks sind Ölfarben in Stiftform. Diese Farben verhalten sich im Prinzip wie Ölfarben: Sie trocknen langsam ab, und es kann geraume Zeit dauern, bis Oilstickfarben vollständig durchgetrocknet bzw. oxidiert sind. Oilsticks, die eine Zeit lang nicht benutzt wurden, bilden eine Haut, die vor dem nächsten Gebrauch entfernt werden muss. Oilsticks werden in der Regel in relativ dicken Stiften angeboten (ca. 2 cm), die mit Papier und einer abschließenden Kunststofffolie umhüllt sind. Diese Hülle entfernt man nach und nach beim Gebrauch. Verwendet man Oilsticks ohne diese Hülle, werden sie sehr schnell sehr weich und unförmig. Ich verwende Oilsticks sehr gern für Untermalungen von Ölpastellen.

Im Vergleich miteinander zeichnen sich Oilsticks, Ölpastelle und Wachsmalstifte durch folgende wesentliche Merkmale aus:

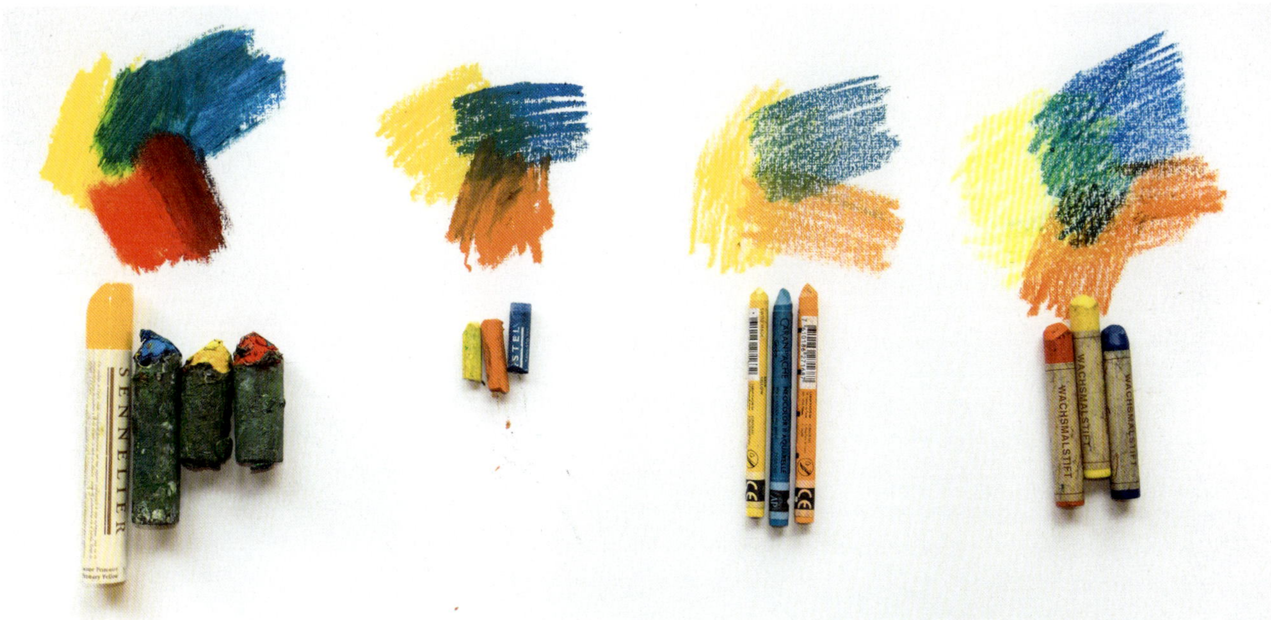

Vergleich von Oilsticks, Ölpastellen und Wachsmalkreiden
Von links: Oilsticks von Sennelier, Caran d'Ache-Ölpastelle (Neopastel), Caran d'Ache-Wachspastelle (NeocolorII, wasserlöslich), Stockmar-Wachsmalkreiden

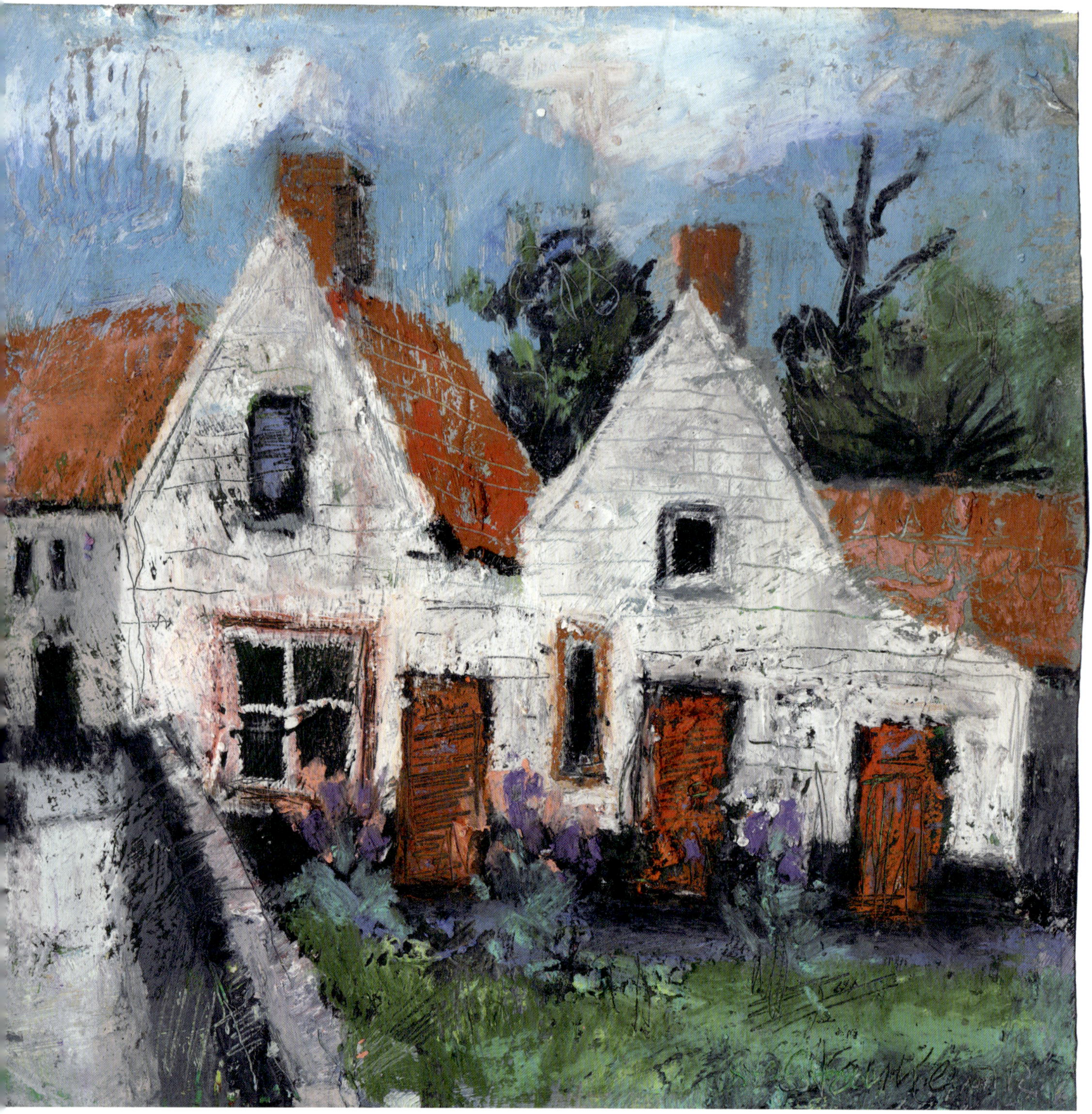

Häuser in Holland. Ölpastell über Grundierung mit Oilstick, ca. 25 × 25 cm

Oilstick:

- weich bis mittelhart
- cremiger, deckender Auftrag
- relativ lange Trocknungszeit, ähnlich wie Ölfarbe aus der Tube
- Das Mischen in Schichten in einem Malvorgang ist schwierig.

Ölpastelle:

- mittlere Härte
- etwas schwächer deckender Farbauftrag bei vergleichbarem Druck auf die Stifte
- Der Farbauftrag in Schichten bzw. das Mischen ist sehr gut möglich.

Wachsmalstifte:

- hart bis sehr hart
- deckender Farbauftrag nur mit starkem Druck bzw. mehrfachen Farblagen oder zusätzlichem Verreiben möglich
- Das Mischen in Schichten ist sehr gut möglich, die Mischung erfolgt aber vorwiegend in lasierenden, transparenten Schichten.

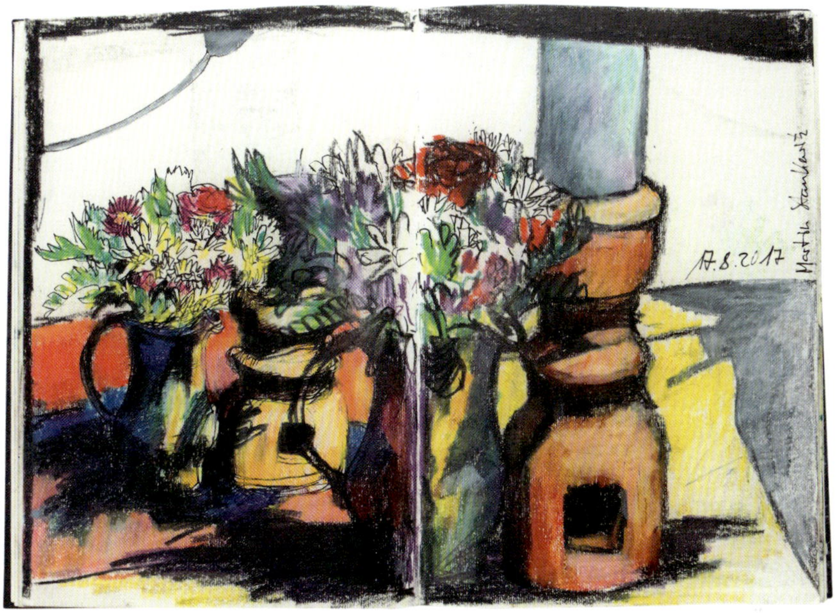

Stillleben. Neocolor II-Wachsmalstift, Skizzenbuch, 30 × 20 cm

Oilsticks und Ölpastelle können wie Ölfarben verdünnt werden. Manche Wachsmalstifte sind mit Wasser verdünnbar (z. B. Neocolor II).

Ölpastellstifte können sich je nach Hersteller und Marke deutlich in der Festigkeit unterscheiden. Aber auch innerhalb des Farbsortiments eines einzelnen Herstellers kann es Unterschiede geben. Manche Ölpastelle sind sehr weich oder cremig und reagieren auf Wärme empfindlich. Andere sind deutlich härter und weniger wärmeempfindlich. Grundsätzlich sollten Sie Ölpastelle vor höheren Temperaturen schützen, zum Beispiel brauchen sie beim Arbeiten im Freien an heißen Tagen Schutz vor direkter Sonneneinstrahlung. Mit nahezu geschmolzenen Ölpastellen lässt sich kaum noch arbeiten.

Für welche Bildformate sind Ölpastelle geeignet?

Theoretisch kann natürlich jedes Bildformat mit Ölpastellen bearbeitet werden. In der Praxis erweist sich das Arbeiten auf sehr großen und sehr kleinen Formaten als recht anstrengend. Im Großformat muss man sehr viele Striche setzen, um die Fläche zu bedecken, und im Kleinformat kann die Arbeit in Fummelei ausarten.

Meiner Erfahrung nach sind Bildformate von ca. 30 × 40 cm bis 40 × 50 cm ideal für reine Ölpastellbilder; kleinere Formate bis DIN A5 sind mit Übung und Geschick möglich. Mischtechniken, zum Beispiel kolorierte Zeichnungen oder schnelle, skizzenhafte Arbeiten, lassen sich aber auch in kleinem Format sehr gut umsetzen.

Auf Formaten, bei denen Höhe und Breite eine Kantenlänge von 50 cm überschreiten, werden Ölpastelle oft in Verbindung mit Acryl- oder Ölmalerei verwendet. Hier werden Ölpastelle meist an ausgewählten Stellen für besondere Farbakzente eingesetzt, während größere Flächen mit flüssiger Farbe und dem Pinsel bearbeitet werden.

Wenn man den Arbeitsaufwand nicht scheut, kann man auch größere Formate ausschließlich mit Ölpastellen bearbeiten. Solche Bilder entfalten eine ganz starke Wirkung.

Welche Ölpastelle sind die besten und welche sollte man kaufen?

Auf diese Fragen gibt es keine eindeutige und für jede Anforderung gültige Antwort. Das Angebot an Ölpastellen lässt sich vereinfacht in zwei Gruppen einteilen: in die preisgünstigen und in die teureren (meist als »Künstlerqualität« bezeichnet). Meiner Erfahrung nach macht sich der Preisunterschied im Gebrauch deutlich bemerkbar. Unterschiede gibt es insbesondere bei folgenden Punkten:

- **Härte**
  Teurere Qualitäten enthalten weniger Wachs als Bindemittel. Sie sind daher weicher. Dadurch halten die Farbstifte länger, denn schon mit geringem Druck werden satte Farben auf den Bildträger gegeben. Der Farbauftrag lässt sich leicht über etwas mehr oder weniger Druck auf die Stifte steuern.

- **Menge und Qualität der Pigmente**
  Hochwertige Ölpastelle enthalten mehr und teure lichtechte Pigmente als preisgünstige Ölpastelle.

- **Deckkraft der Farben**
  Die Deckkraft von kostengünstigen Ölpastellen ist schwächer. Man muss die Stifte daher stärker auf dem Bildträger reiben und oft mehrere Lagen auftragen. Neben dem höheren Verbrauch bilden sich durch das Reiben vermehrt kleine Farbschuppen, die störend sein können und vom Bild entfernt werden müssen.

- **Lichtechtheit**
  Bei vielen preisgünstigen Farbtönen ist die Lichtechtheit nicht sehr hoch. Schon nach wenigen Monaten lässt sich unter Umständen eine Farbveränderung oder das Verblassen von Farben selbst in Innenräumen feststellen.
  Ich habe mit verschiedenen Fabrikaten von Ölpastellen Teststreifen angelegt, diese zum späteren Vergleich teilweise mit Papier abgedeckt und dann an mein Dachfenster geklebt und so intensiver Sonnenbestrahlung ausgesetzt. Schon nach acht Wochen waren teilweise massive Veränderungen bei den billigen Farben zu sehen. Die Alterungsbeständigkeit hochwertiger Ölpastelle steht hochwertigen Künstler-Ölfarben in Tuben in nichts nach.

Ich weise auf diese Unterschiede hin – aber nicht, weil ich grundsätzlich von der Nutzung günstiger Farben abraten will, sondern weil ich Ihnen eine Orientierungshilfe bei der Auswahl von geeigneten Materialien geben möchte. Wer nur in Skizzenbüchern mit Ölpastellen zeichnen will oder die eigenen Bilder nicht dauerhaft präsentieren möchte, kann durchaus die günstigen Farben benutzen. Gelegentlich bieten die günstigen Sortimente Farbtöne an, die als Künstlerqualitäten nicht erhältlich sind, weil es noch keine lichtechten Pigmente für diese Farbtöne gibt.

Ich rate allerdings davon ab, kostengünstige Ölpastelle im Wechsel oder in Kombination mit hochwertigen Ölpastellen oder anderen hochwertigen Farben zu verwenden. Nicht nur in den

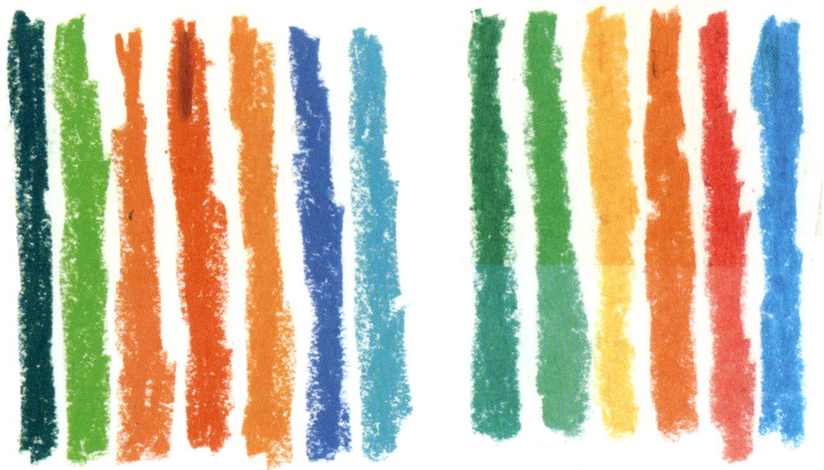

Vergleich der Lichtechtheit nach 8 Wochen am Dachfenster.
Links: Neopastel, die Ölpastelle von Caran d'Ache; rechts: preisgünstige Ölpastelle

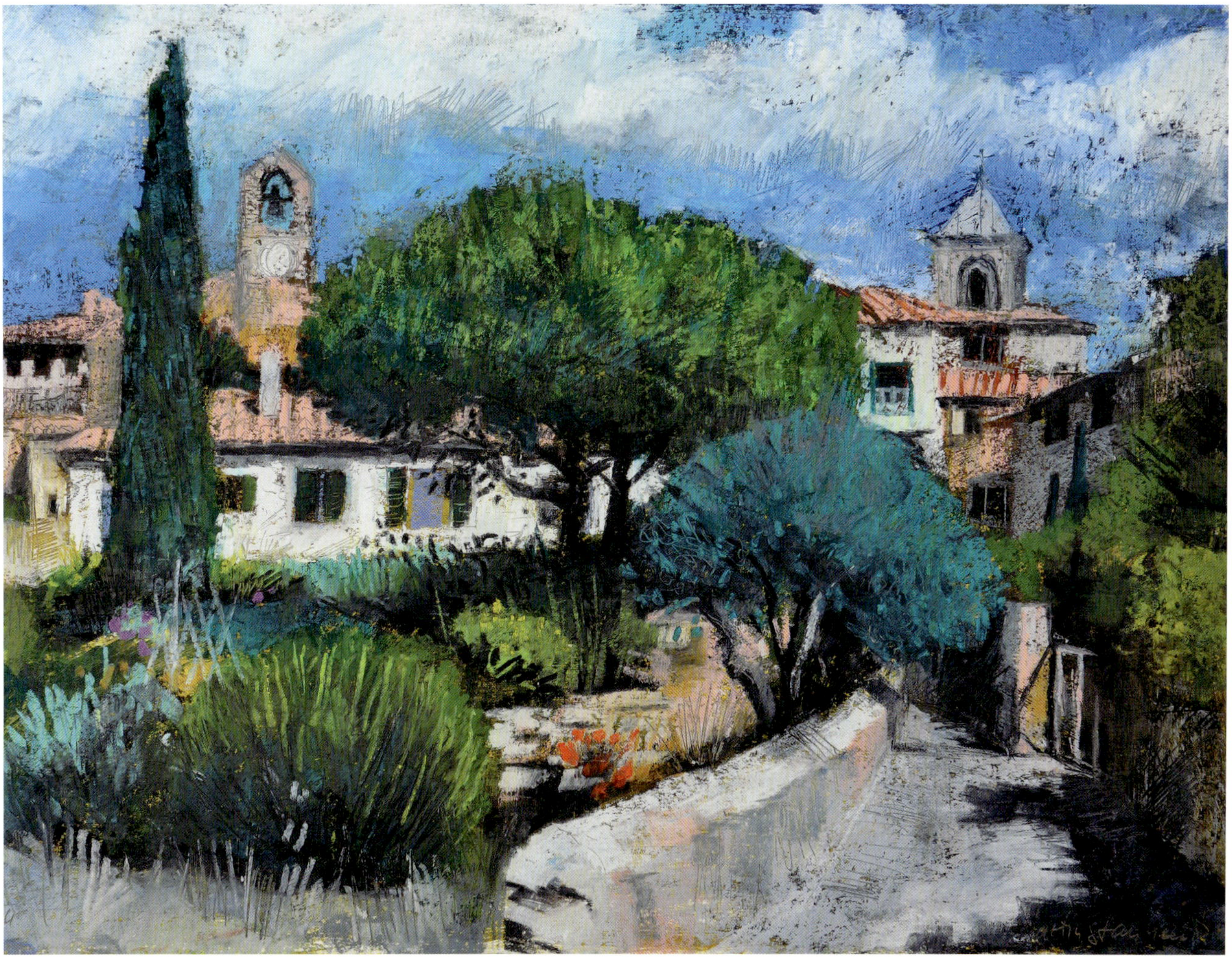

Lourmarin. Ölpastell, 35 × 50 cm

Deckschichten eines Bildes ist die Verwendung von kostengünstigen Farben aus den genannten Gründen nicht zu empfehlen. Auch die Untermalung eines Bildes mit billigen Farben (Ölpastelle, Acryl- oder Gouachefarben) ist keine gute Idee: Wird die Oberfläche des Bildes nicht vollständig mit lichtechten Farben bedeckt, so wird man Flecken von nicht lichtechter Farbe aus der Untermalung im Bild haben, die sich mit der Zeit farblich verändern. Deckt man die Oberfläche aber vollständig mit hochwertiger Farbe ab, so benötigt man die Untermalung eigentlich gar nicht.

Die Ersparnis durch billige Farben ist bei den üblichen Bildformaten auch sehr gering. Ich habe das einmal nachgerechnet. Ein Bild in der Größe 35 × 50 cm, vollflächig deckend mit verschiedenen Farben in einer Schicht bemalt, wog danach 2,26 Gramm mehr als ein unbemaltes Blatt gleicher Größe. Unterstellt man zwei bis drei Farbschichten im Bild, so ergibt sich ein Verbrauch von ca. fünf bis sieben Gramm pro Bild. Das Gewicht eines Farbstiftes von Caran d'Ache beträgt 6 Gramm. Man verbraucht also insgesamt etwa die Menge eines Farbstiftes bei einem Bild der Größe 35 × 50 cm. Die Kostendifferenz zwischen einem mit hochwertiger und einem mit billiger Farbe gemalten Bild liegt heute bei einem Euro. Das ist in etwa der Preisunterschied pro Farbstift zwischen den günstigen und den Künstlerqualitäten bei einem Einzelnachkauf.

Ich rate Ihnen, zuerst einen Farbkasten mit günstigen Ölpastellen (z. B. von Jaxon) zu kaufen, um festzustellen, ob Ihnen das Malen mit diesem Medium überhaupt zusagt. Wenn das so ist, sollten Sie eine begrenzte Anzahl (vier bis fünf) Einzelfarben verschiedener Hersteller von hochwertigen Ölpastellen kaufen und ausprobieren, welches Fabrikat Ihnen am meisten zusagt.

Gerade bei den Künstlerfarben gibt es nämlich deutliche Unterschiede in der Festigkeit, der Deckkraft und dazu noch in der Farbauswahl. Beim Kauf der Einzelstifte werden Sie zudem sehr schnell feststellen, ob es Händler in der Umgebung gibt, bei denen Sie einzelne Farben nachkaufen können, oder ob Sie auf den Versandhandel angewiesen sind. Wichtig ist auch, sich zunächst einmal die Farbtabellen bzw. die Farbauswahl der verschiedenen Hersteller genau anzuschauen, zu vergleichen und dann die Auswahl zu treffen.

Nach meiner Einschätzung werden derzeit die besten Qualitäten von den Firmen Caran d'Ache, Sennelier und Holbein hergestellt. Ich verwende fast ausschließlich Ölpastelle der Firma Caran d'Ache. Das hat mehrere Gründe:

- Die Qualität der Farben ist sehr hoch. Die Stifte enthalten einen sehr hohen Anteil an lichtbeständigen Pigmenten.
- Die Palette der Farben ist für die Plein-Air-Malerei gut geeignet, es gibt sehr schöne Grau- und Beigetöne, daneben zahlreiche Grüntöne von klaren, leuchtenden bis zu gedämpften, warmen olivgrünen Farben.
- Ein ganz wesentlicher Grund ist auch die weitgehend einheitliche Konsistenz der Farbstifte und die Art, wie die Stifte Pigment an die Bildträger abgeben.

Die Festigkeit der Stifte ist bei Caran d'Ache über die gesamte Palette der Farbtöne sehr einheitlich. Die Handhabung wird dadurch nach meiner Erfahrung deutlich leichter. Die Festigkeit liegt zwischen den sehr weichen und eher harten Qualitäten. Für mich ist dies ein idealer Kompromiss, weil einerseits die Farbe sehr schön satt auf das Papier geht, andererseits aber auch das Zeichnen von Details vielfach noch möglich ist. Auch das Mischen von Farben in übereinanderliegenden Schichten ist mit den Caran d'Ache-Ölpastellen leicht möglich. Wer gern mit farbigem Untergrund arbeitet, wird feststellen, dass man die Textur von rauen Malgründen mit diesen Stiften optimal zur Wirkung bringen kann. Der Deckungsgrad lässt sich sehr gut kontrollieren.

Für einige Zeit habe ich die hervorragenden Ölpastelle der Firma Sennelier verwendet. Ich bin aber davon abgekommen, weil die Handhabung verschiedener Farben im Sortiment sehr unterschiedlich sein kann. Bei manchen Farbtönen sind die Farbstifte eher fest, bei anderen dagegen sehr weich. Manche Farben sind stark deckend, während andere eher transparent sind. Dies macht das Mischen von Farben in Farbschichten aus meiner Sicht schwieriger. Die Ölpastelle von Sennelier sind im Vergleich zu Caran d'Ache insgesamt deutlich weicher. Beim Malen im Freien werden in der Sommerzeit Sennelier-Ölpastelle selbst im Schatten schnell so weich, dass man mit ihnen kaum noch kontrolliert zeichnen oder malen kann.

In der Sennelier-Farbpalette befinden sich aber Farben, die ich bei Caran d'Ache leider nicht bekommen kann. Dies betrifft einzelne sehr schöne Grautöne und einen Blauton, mit denen ich je nach Bedarf meinen Farbsatz von Caran d'Ache ergänze.

Preisgünstige Ölpastelle nutze ich nicht mehr, nicht nur wegen der mangelnden Lichtechtheit, sondern auch weil die härtere Konsistenz das Mischen der Farben nicht nur verändert und erschwert, sondern auch stark eingrenzt. Da das Malen in Farbschichten Übung und Erfahrung erfordert, habe ich mich auf die Nutzung eines Fabrikats konzentriert.

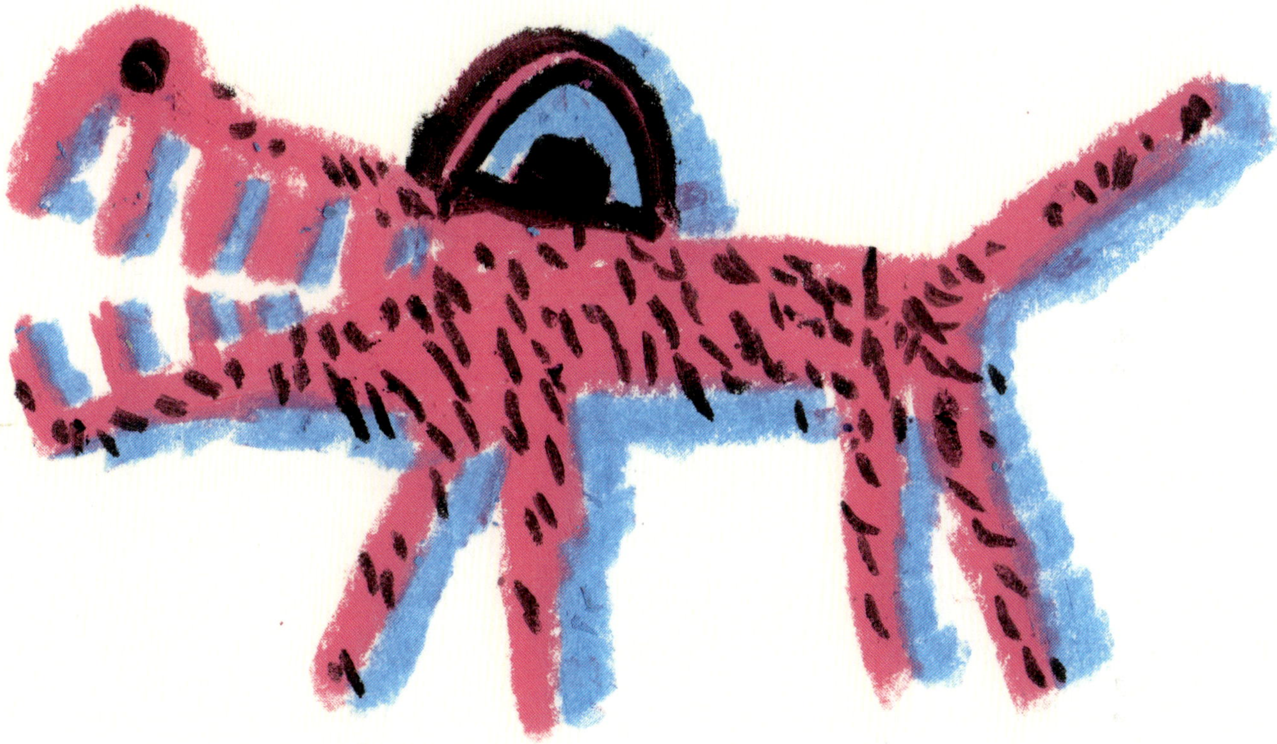

Neon dog. Ölpastell, DIN A4

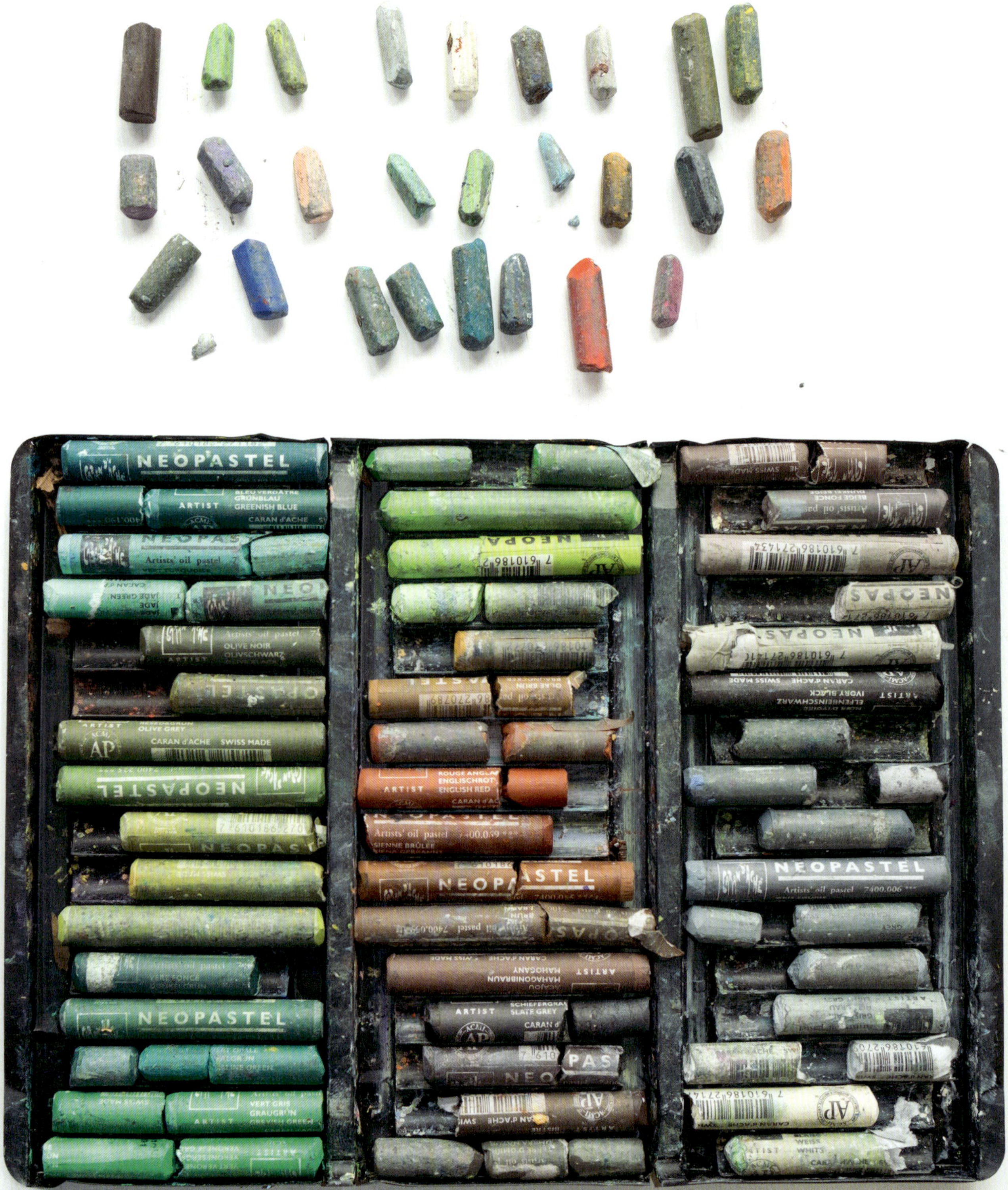

Ölpastelle in Benutzung

Ölpastellstifte richtig verwenden

Bevor es losgeht

Um mit Ölpastellen zu malen, benötigt man nicht sehr viel Platz. Eine Schreibtischoberfläche, der Küchen- oder Esszimmertisch reichen völlig aus. Am besten deckt man die Arbeitsfläche mit billigem Papier, Seiten von Illustrierten oder auch alten Bildkalenderseiten ab. Es gibt auch Bogen von Unterlegpappe (Graupappe) zu günstigen Preisen zu kaufen, mit denen man die Tischplatte vor Verschmutzung schützen kann. Sollten trotzdem einmal kleine Farbschuppen Flecken verursacht haben, so können Sie diese mit etwas Seife oder Handreiniger und Wasser leicht von glatten Oberflächen wieder entfernen. Flecken auf Teppichen können allerdings hartnäckig sein. Es ist daher sinnvoll, auch den Boden im Sitz- bzw. Arbeitsbereich abzudecken. Ich habe eine für Büros übliche Kunststoffmatte unter meinen Stuhl gelegt, die sich einfach reinigen lässt.

Zum Schutz der Hände kann man die für den Haushalt gebräuchlichen Einweghandschuhe tragen, allerdings wird die Handhabung dadurch behindert. Aus gesundheitlichen Gründen ist das Tragen von Handschuhen nicht erforderlich, dermatologisch getestet sind die Ölpastelle von Caran d'Ache jedoch nicht. Wie die meisten Ölpastelle erfüllen sie aber die Europäische Norm für Spielzeugsicherheit EN 71. Genaueres können Sie in den Sicherheitsdatenblättern der Farbenhersteller lesen. Generell empfiehlt es sich, bei der Arbeit mit Farben bzw. mit eventuell verschmutzten Händen nicht zu essen oder zu trinken, auch sollten die Farben natürlich nicht zusammen mit Nahrungsmitteln gelagert werden.

Keine falsche Vorsicht

Anfänger neigen dazu, die schönen Farbstifte sehr behutsam und vielleicht auch übervorsichtig zu behandeln, um den schönen Anblick und die Ordnung möglichst lange zu erhalten.

Ich rate, von neuen Ölpastellstiften ein kleines Stück von ca. 2 cm Länge abzubrechen, die Papieretiketten von diesem Stück zu entfernen und damit ganz ähnlich wie mit einem Stück Zeichenkohle zu zeichnen und zu malen. Durch

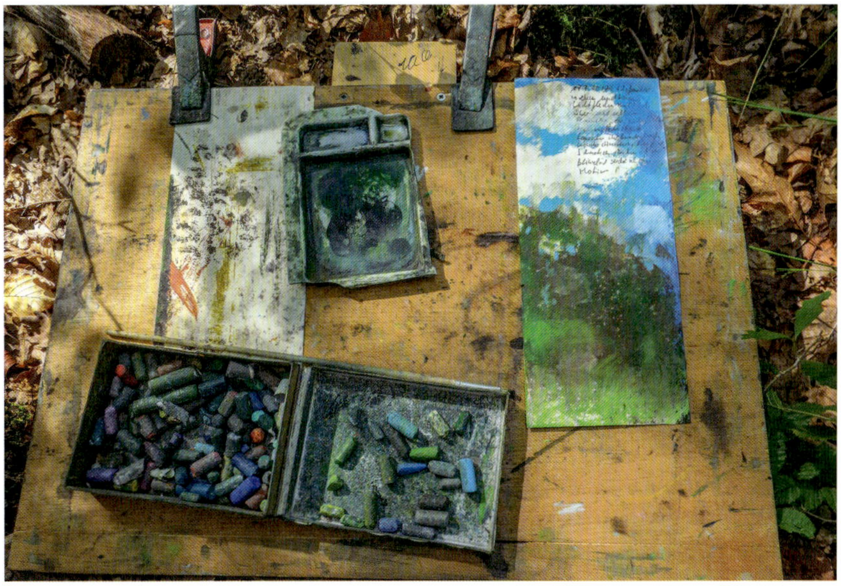

Utensilien für das Malen im Freien: Sperrholzbrett (35 × 50 cm) als Unterlage, Plastikpalette zum Verdünnen und Mischen der Farben

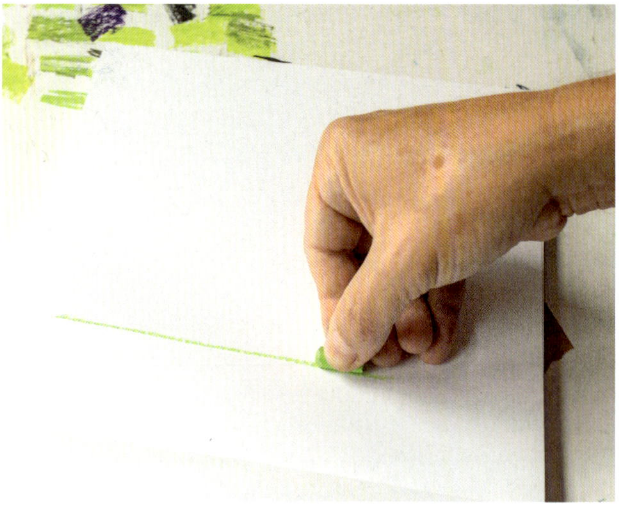

Dünner Strich mit einer Kante in Längsrichtung

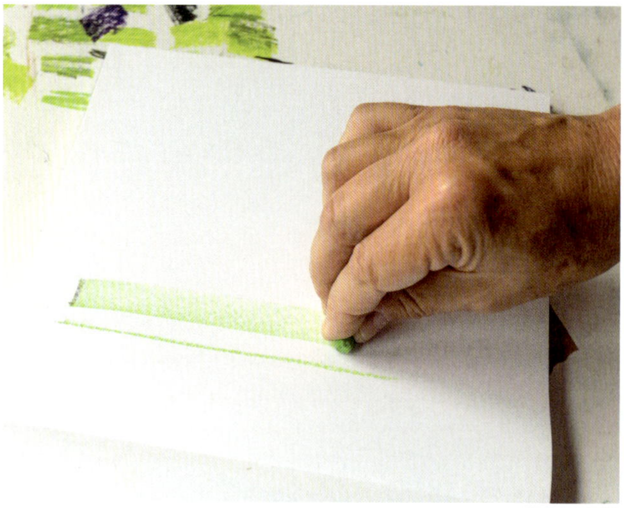

Breiter Strich mit quer liegender Kante

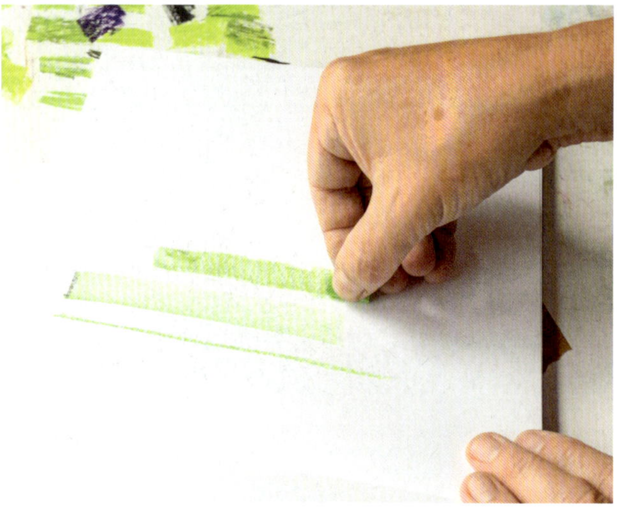

Breiter Strich durch Seitwärtsbewegungen mit Kante in Längsrichtung

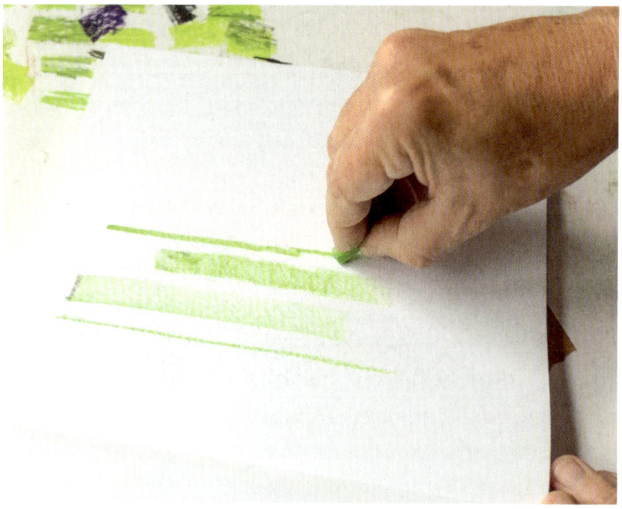

Dünner Strich mit der Spitze des Farbstummels

den Gebrauch bilden sich Kanten und Spitzen an den Farbstückchen, die sich zum Zeichnen von Details eignen.

Bei sehr weichen Ölpastellstiften, zum Beispiel der Marke Sennelier, ist es nicht zu empfehlen, kleine Stücke der an sich schon weichen Stifte abzubrechen. Sie werden zwischen den Fingern noch weicher und ein kontrolliertes Arbeiten ist dann praktisch nicht mehr möglich.

Beim Auftragen von Farbe sollten Sie zunächst mit leichter Hand und wenig Druck auf die Farbstifte vorgehen. Denn es ist ratsam, einen ersten, eventuell zu schwachen Farbauftrag durch eine weitere Farbschicht gezielt zu verstärken, anstatt gleich zu Beginn eine dicke Farbschicht aufzutragen, die kaum Korrekturen zulässt. Speziell wenn Sie auf farbig grundierten Bildträgern arbeiten, lässt sich so auch die Wechselwirkung zwischen farbigem Grund und Farbauftrag beurteilen und steuern.

Waldstudie. Ölpastell, 12 × 35 cm

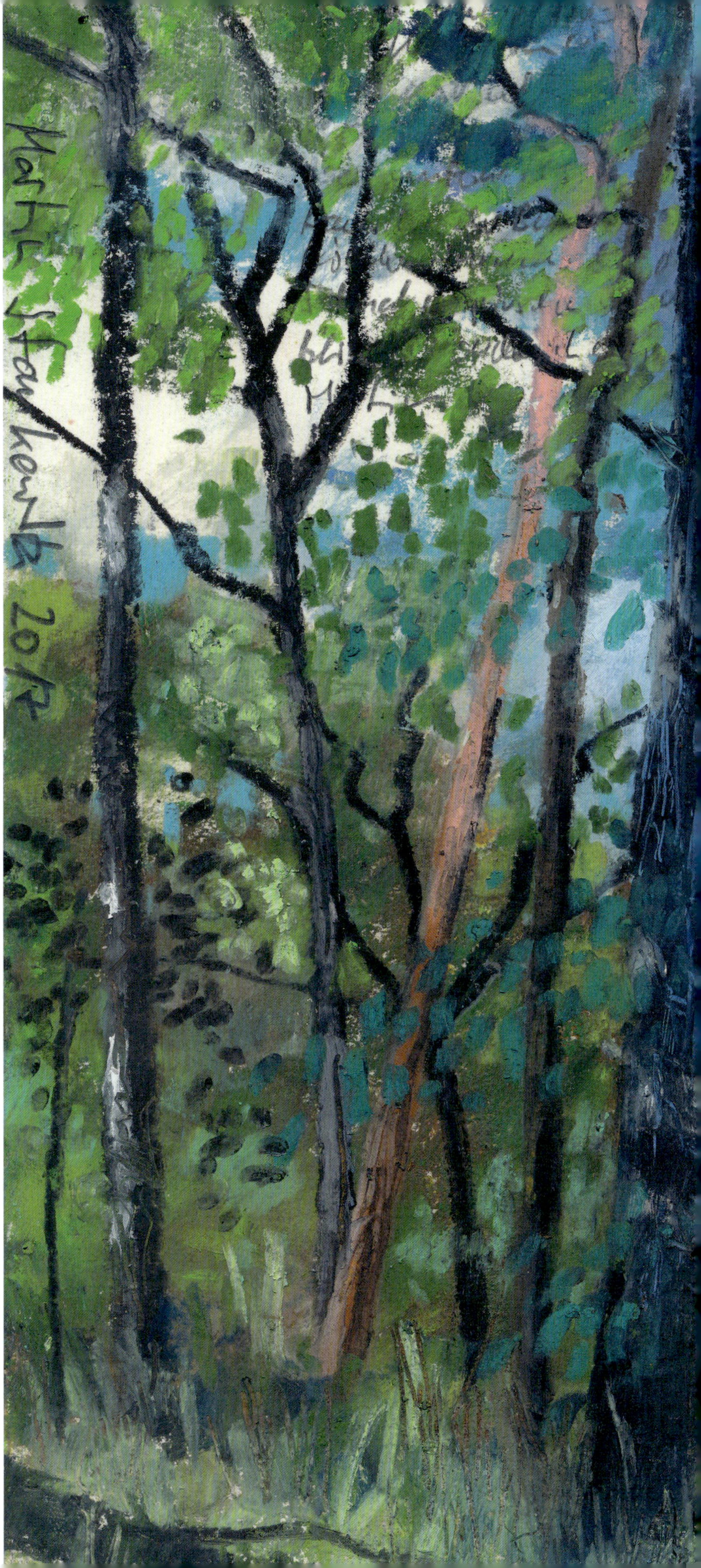

Je nach Umgebungstemperatur sind Ölpastelle härter oder weicher, was bei der Arbeit zu berücksichtigen ist. Gelegentlich mag etwas stärkerer Druck notwendig sein, z. B. um dunkle Punkte in einem Landschaftsbild als Blattsilhouetten in einen hellen Himmel zu drücken. Sie sollten aber keinen starken Druck auf den Farbstift ausüben, weil etwas in der Farbgebung schiefgelaufen ist. Mit hartem Reiben der Farbstifte richtet man meiner Erfahrung nach meist nur Schaden an. Dann ist es besser, die Farbe so weit wie möglich wieder vom Bildträger abzukratzen und an der Stelle von Neuem zu beginnen.

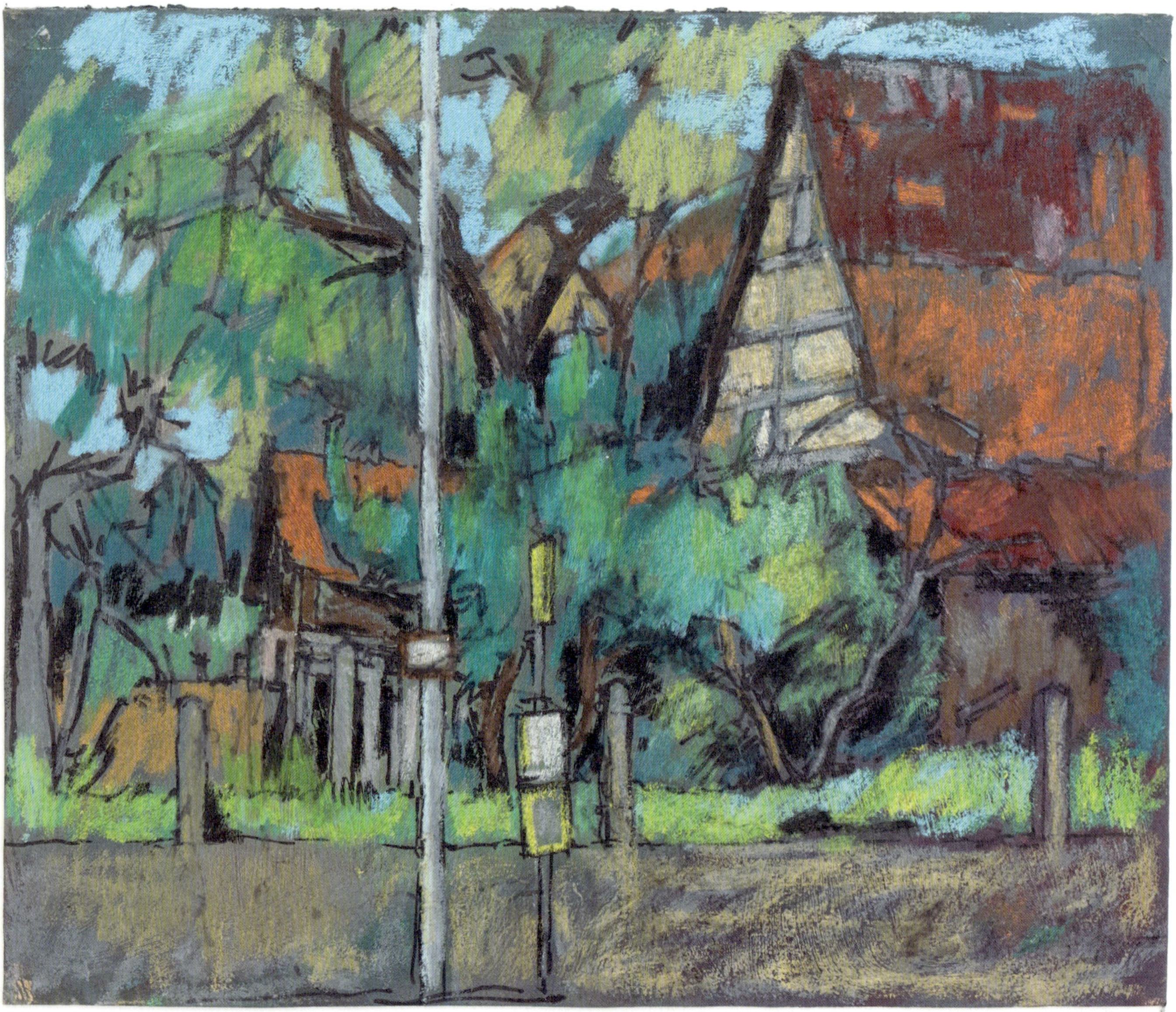

Scheune in Schmie. 34 × 42 cm

Der Malgrund für dieses Bild ist ein technischer Karton auf Baumwollbasis, den ich mit Ölfarbe grundiert hatte. Die Ölpastelle bedecken den Untergrund nicht vollständig.

Malgründe und Hilfsmittel

Malgründe für Ölpastelle

Der Malgrund hat ganz erheblichen Einfluss auf das Aussehen eines Ölpastellbildes. Je nachdem, welche Art von Papier oder Karton Sie wählen und wie Sie das Papier eventuell grundieren, ergibt sich unter Umständen ein völlig anderes Ergebnis. Die Wahl des Malgrundes steht daher an erster Stelle der künstlerischen Entscheidungen über ein Bild.

Mit Ölpastellen können Sie auf vielen unterschiedlichen Materialien malen: auf Papier, Karton, Leinwand. Auch Holz ist möglich. Materialien mit etwas rauer und offener Oberfläche, zum Beispiel ein gutes Zeichen- oder Aquarellpapier, nehmen Farbe sehr viel besser an als Materialien mit sehr glatter Oberfläche. Darauf lassen sich Farben auch nicht so leicht in Schichten übereinander auftragen wie auf rauen Oberflächen.

Zwischen dem Malgrund und den aufgetragenen Farben besteht eine Beziehung. Wenn der Malgrund und die Farben im Einklang stehen oder sich ergänzen, kann ein Bild sehr gut gelingen. Muss man aber mit den gewählten Farben gegen einen Malgrund anmalen und diesen möglichst vollständig überdecken, so kann aus diesem Konflikt eigentlich nur ein weniger überzeugendes Bild entstehen.

Bei Papieren, die Sie direkt ohne farbige Grundierung bemalen, kann es je nach Oberflächenstruktur und Beschaffenheit der Ölpastelle schwierig sein, die Farben in einer geschlossenen Oberfläche aufzutragen. Besonders bei sehr rauen Papieren bleiben oft von Farbe unbedeckte weiße Flecken in den Vertiefungen, die Sie nur durch Verreiben der Farben schließen können, wenn Sie diesen Effekt als störend empfinden und nicht zur Bildgestaltung nutzen möchten.

Um weiße Flecke im Bild zu vermeiden, arbeite ich bevorzugt auf farbig grundierten Papieren. Zum Einfärben des Papiers können Sie zum Beispiel Aquarell-, Gouache-, Acryl- oder auch Ölfarben verwenden. Sobald die Grundierung getrocknet ist, können Sie mit Ölpastellen darübermalen.

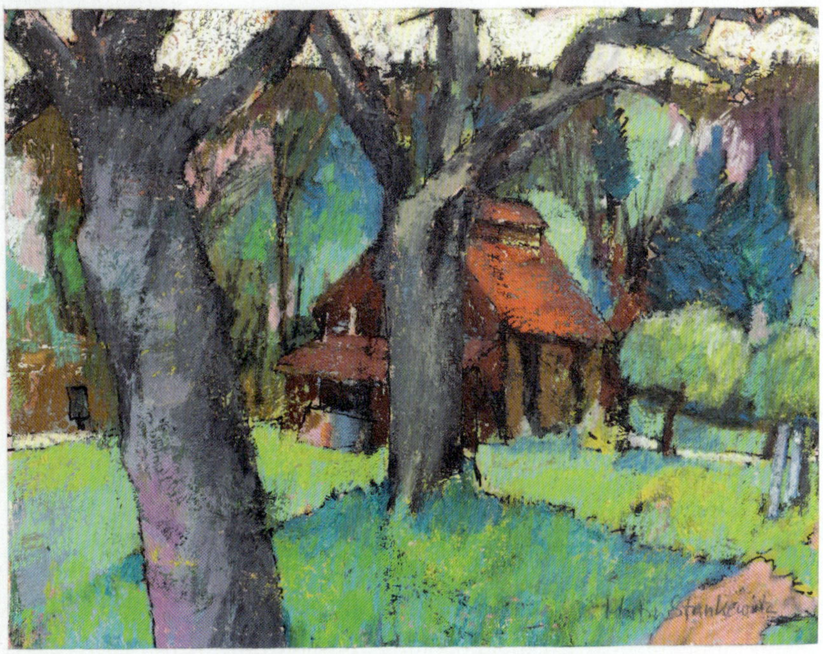

Scheune. Ölpastell auf mit Acrylfarben grundiertem Papier, 33 × 42 cm

Diese Landschaft habe ich vor Ort mit Sennelier-Ölpastellen auf sehr rauem, mit Acrylfarben grundiertem Aquarellpapier gemalt. Die Umrisse der Bäume und der Scheune sind mit einem Markerstift gezeichnet.

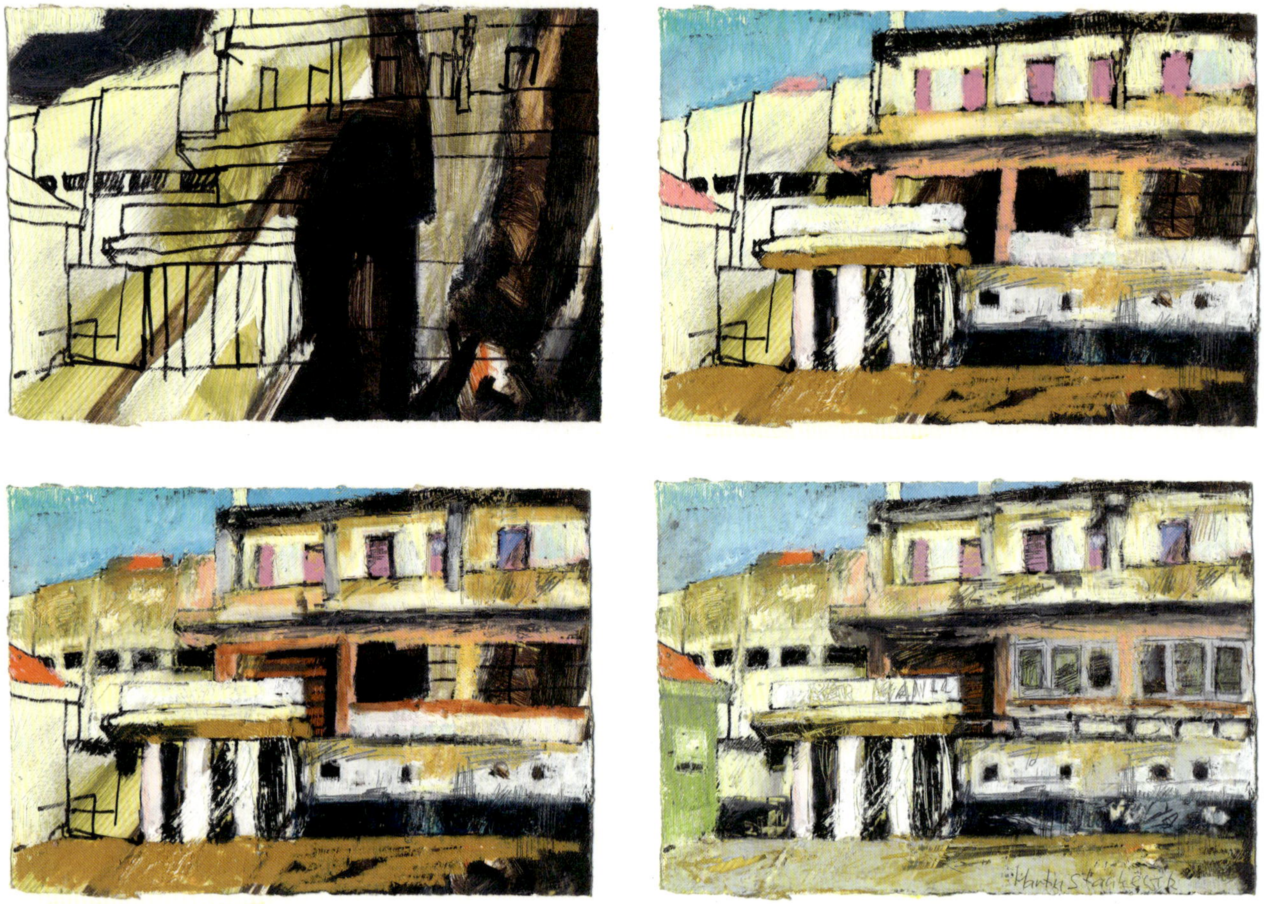

Bar in Espinho. 15 × 22 cm

Am Strand von Espinho, Portugal, habe ich eine stillgelegte Strandbar fotografiert. Jahre später habe ich nach dem Foto ein Ölpastell gemalt. Der Malgrund besteht aus einem dicken, mit Ölfarben bemalten Papier, das ich aus einem alten Ölbild ausgeschnitten habe. Die Umrisse des Gebäudes habe ich mit einem Markerstift vorgezeichnet. Anschließend habe ich die Farben aufgetragen. Zum Abschluss habe ich mit einem Holzstäbchen kleine Details und die Signatur in die Farbschichten geritzt.

Ich verwende am liebsten Papiere oder Kartons mit einem Flächengewicht von 170 g/m² oder mehr, die ich selbst vorzugsweise mit Ölfarbe grundiere. Wichtig ist eine gute Steifigkeit und Reißfestigkeit des Papiers, damit man die Ölpastelle bei Bedarf auch in die Oberfläche hineinreiben kann. Dünne Papiere können dabei leicht knittern. Die Oberfläche sollte auch einiges an mechanischer Belastung aushalten, denn es kann vorkommen, dass man Farbe für Korrekturen wieder vom Papier abkratzen möchte.

Die Vorteile einer farbigen Grundierung bestehen nicht nur darin, dass man unbedeckte Stellen nicht als auffällige weiße Flecken oder Punkte im Bild sieht, ein durchscheinender farbiger Untergrund kann ein Bild auch besonders interessant machen. Der farbige Papierton kann den mittleren Helligkeitswert setzen oder er gibt den verbindenden Grundton in der Farbgestaltung an. Viele Impressionisten haben ihre farbig grundierte Leinwand nicht völlig mit Pinselstrichen zugedeckt, sondern den durchscheinenden Untergrund als Mittel der Bildgestaltung verwendet.

Ein farbiger Untergrund beeinflusst auch die Auswahl der Mal-

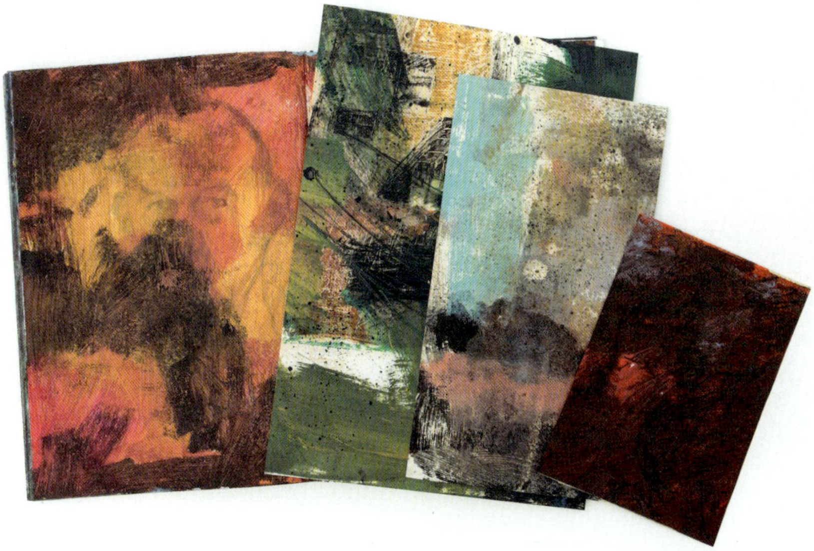

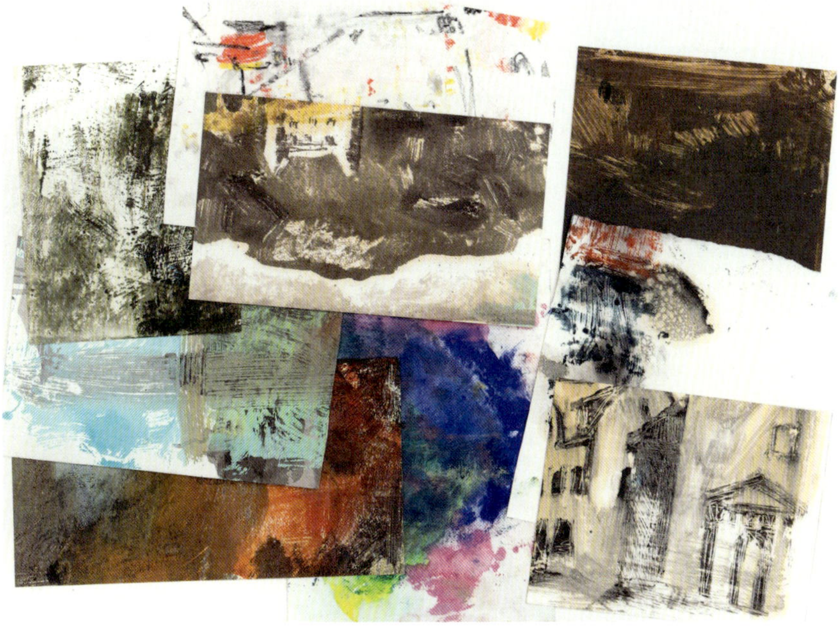

Mit Öl-, Acryl- und Gouachefarbe grundierte Papiere

farben. Schon beim Setzen der ersten Farbtöne können Sie sehen, wie diese Farben in einem farbigen Umfeld wirken. Auf einer rein weißen Oberfläche können Sie erst, wenn beträchtliche Teile des Bildes farblich gestaltet sind, erkennen, ob die gewählten Farben tatsächlich miteinander harmonieren oder nicht. Aus diesem Grund ist es sinnvoll, ein Bild möglichst an verschiedenen Stellen, die auf der ganzen Fläche verteilt sind, zu beginnen. Damit behalten Sie bessere Kontrolle über die farbliche Wirkung und die Kontraste in den Tonwerten (Hell-Dunkel-Kontrast).

Ich gestalte die Grundierung manchmal ganz bewusst in bestimmten Farben, die schon Bezug zum Motiv haben. Manchmal grundiere ich aber völlig unabhängig von einer Bildidee mit verschiedenen Farben in einer Art grober, abstrakter Farbfeldmalerei. Von diesen abstrakten Farbmustern können Sie sich bei der Bildgestaltung inspirieren lassen. Oft nutze ich die Grundierung von Papieren dazu, mit den zufällig entstehenden Farbkombinationen zu experimentieren. Durch diese Übungen mit Farbflecken entdecken Sie neue Farbkombinationen und entwickeln das Farbempfinden. Interessant sind auch Papiere, die nach anderweitiger Verwendung, z. B. als Maltisch-Abdeckung, mit zufälligen Farbspuren bedeckt sind. Hinzu kommen »Fehldrucke« aus meiner Arbeit an Monotypien. Diese Papierbögen zerschneide ich in handliche Stücke, die dann wieder neu bemalt werden können.

Die für Grundierungen verwendete Ölfarbe verdünne ich sparsam mit gebleichtem Mohnöl, das nur wenig vergilbt. Die Oberfläche der so grundierten Papiere ist nach etwa ein bis zwei Wochen ausreichend trocken und bereit für die Ölpastellfarben. Werden die Papiere sehr stark mit Öl getränkt, sollten Sie deutlich länger mit dem Auftrag der Ölpastellfarben warten, um ihr Nachdunkeln zu vermeiden. Eine Grundierung mit Ölfarben harmoniert mit Ölpastellen nach

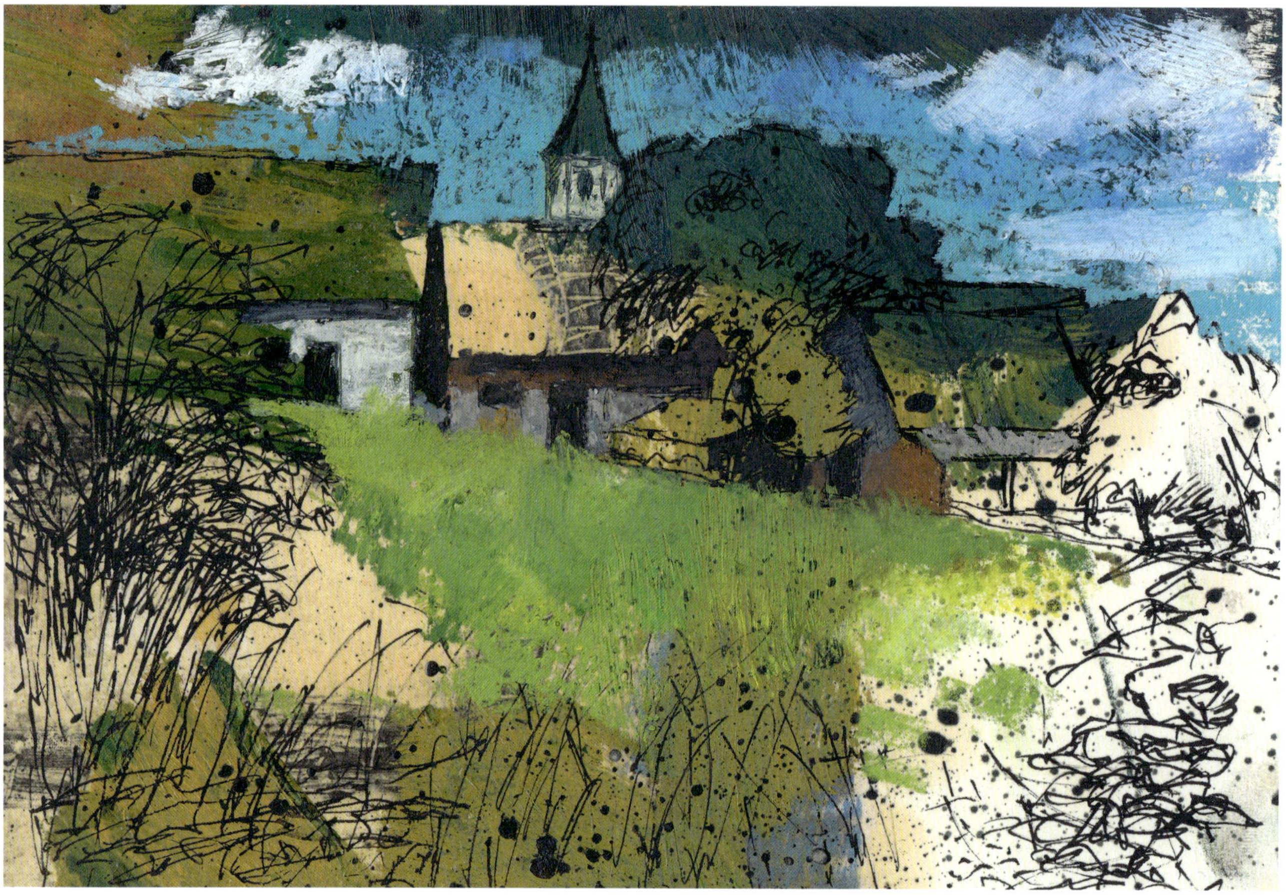

Lienzingen. DIN A4

Dieses Motiv ist mit Acrylmarker auf einem mit Ölfarben bunt grundierten Stück Papier vorgezeichnet. Himmel, Wolken und Teile der Wiese habe ich mit wenigen Farbstrichen gemalt.

meiner Erfahrung sehr gut, es ist kaum ein Unterschied zwischen der Grundierung und den Ölpastellen zu sehen.

Mit Ölfarben können Sie auf verschiedene Weise Grundierungen mit interessanten Texturen schaffen: durch grobe Pinselstriche oder das Tupfen mit dem Pinsel oder indem Sie auf das farbig bemalte Papier ein leeres Blatt legen und dieses von der Rückseite her reiben, um die Farbe zu übertragen (Abklatsch). Beim anschließenden Trennen der beiden Blätter entsteht eine ganz feine Rauigkeit auf der Oberfläche der zunächst durch die Farbschicht verklebten Blätter.

Ich bereite grundierte Papiere ständig vor und habe so stets einen Vorrat an grundierten Papierbögen in verschiedener Größe und unterschiedlichem Trocknungszustand, aus dem ich mir je nach Motiv und Stimmungslage geeignete Stücke aussuchen kann. Inzwischen bin ich auch dazu übergegangen, vor allem bei Bildern in etwas größerem Format (35 × 50 cm), vor dem Auftrag der Ölpastelle eine farbige, mehr oder weniger grobe Untermalung mit Oilsticks anzulegen. Diese Untermalung trage ich auf grundierte oder gelegentlich auch auf nicht grundierte Papiere auf.

Wegen der langsamen Trocknung von Oilsticks kann sich die Bearbeitung eines Bildes manchmal über mehrere Wochen erstrecken.

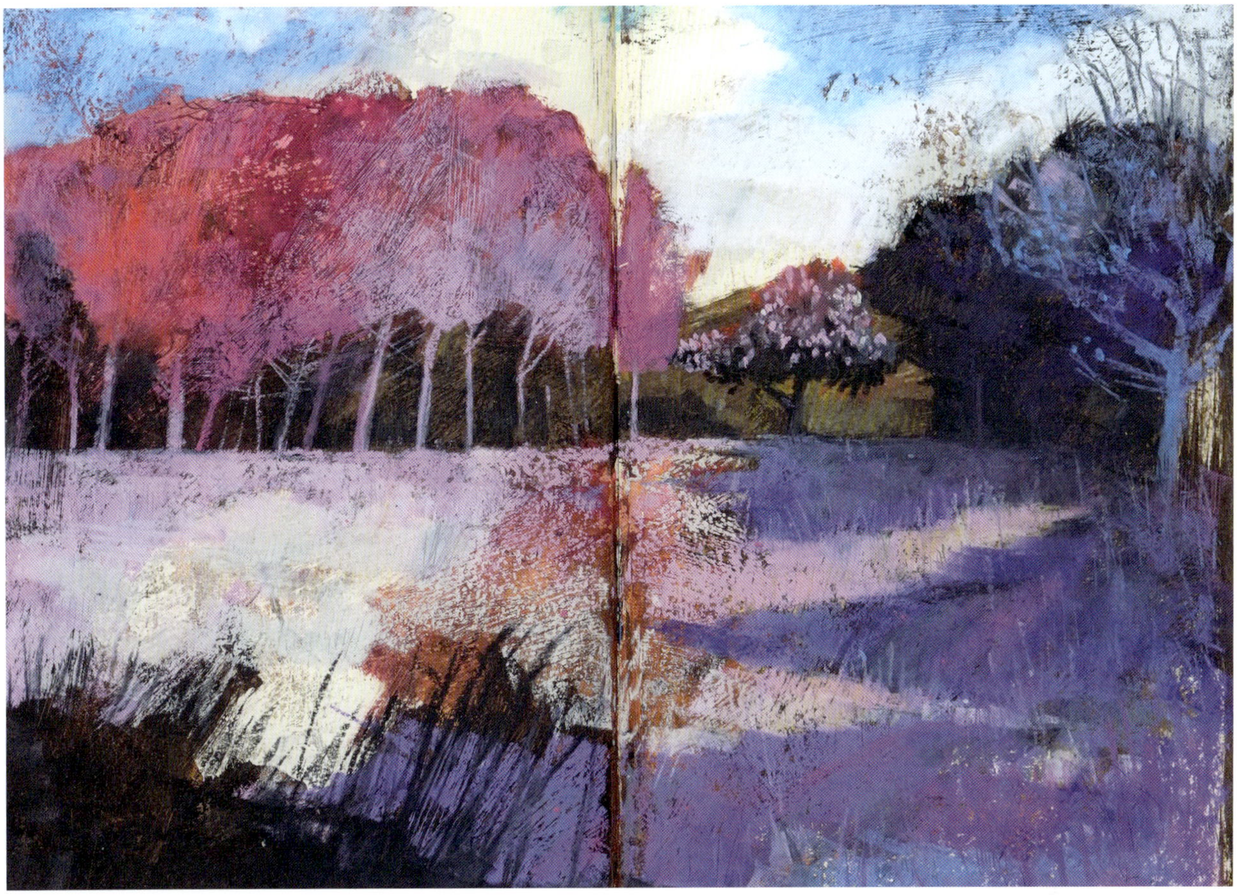

Landschaft. Malbuch, 32 × 46 cm

In diesem Bild habe ich die Grundierung mit Ölfarben nicht vollständig abgedeckt und deren Texturen an verschiedenen Stellen sichtbar gehalten.

Oft habe ich mehrere Bilder gleichzeitig in Arbeit.

Im Handel gibt es spezielle Papiere für die Ölmalerei, die sich gut für das Malen mit Ölpastellen eignen. Die Oberfläche dieser Papiere ist so behandelt, dass ölige Farben nicht vom Papier aufgesaugt werden. Auf der glatten, manchmal mit Leinwandstruktur versehenen Oberfläche lässt sich Farbe sehr leicht flächig verreiben. Am besten probieren Sie verschiedene Papiersorten aus, um festzustellen, welche Ihnen am meisten zusagt.

Auch in Skizzenbüchern können Sie mit Ölpastellen malen. Ölpastelle trocknen aber nicht völlig ab wie Ölfarben. Ihre Oberfläche bleibt also immer berührungsempfindlich. Daher kann aufgetragenes Ölpastell auf die gegenüberliegende Seite abfärben, wenn das Buch geschlossen wird. Durch das Bearbeiten der Folgeseiten können sogar Farblinien oder Spuren einer Zeichnung auf der Rückseite übertragen werden, allein durch den Druck z. B. eines Kugelschreibers. Ich mag den experimentellen Charakter solch »fehlerhafter« Skizzen- und Malbücher und lasse zufällige Veränderungen bei vielen Seiten zu. Andernfalls schütze ich die Arbeiten durch Papierstücke zwischen den Seiten oder durch eine Schutzschicht aus Acryl-Lack.

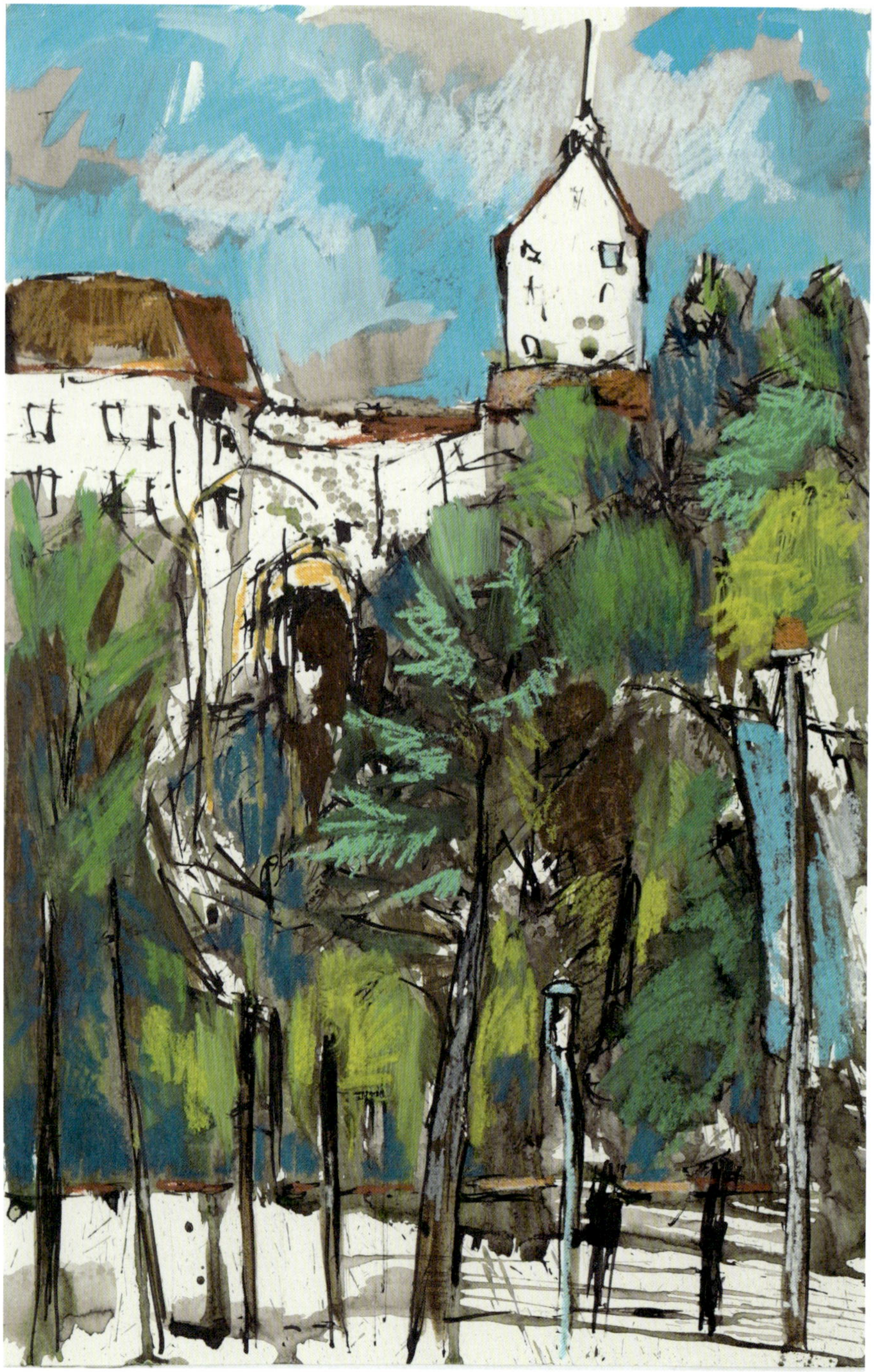

Skizze von Schloss Hohenauschau. Ölpastelle über Aquarell und Acrylfarbe, 60 × 40 cm

Mixed Media geht auch

Ölpastelle lassen sich hervorragend mit anderen Materialien kombinieren. Bedenken sollten Sie dabei aber ihre öligen Eigenschaften. Sie können zwar mit Ölpastellen sehr gut auf trockenen Aquarell-, Gouache- oder Acrylbildern malen, umgekehrt lassen sich aber Ölpastelle nicht so einfach mit anderen Materialien übermalen. Das gilt ganz besonders für wässrige Medien wie Tusche, Aquarell oder Acrylfarbe, die von der öligen Oberfläche dieser Pastellsorte nicht angenommen werden.

Mit einem Markerstift über Ölpastelle zu zeichnen ist keine gute Idee, weil die Spitze des Markerstifts vom Ölpastell verstopft wird.

Mit Ölpastellen können Sie natürlich auch Wachsmalkreide übermalen. Umgekehrt ist das kaum möglich, da harte Wachsmalkreiden auf Ölpastellen schlecht haften. Ölpastelle werden daher meistens erst ganz zum Schluss ins Bild gesetzt.

Ölpastelle lassen sich am besten mit Ölfarbe übermalen, deren Eigenschaften den Ölpastellen sehr nahekommen. Sie können Ölfarbe mit dem Pinsel auf Ölpastelle setzen oder diese mit Oilsticks übermalen (z. B. mit Oilsticks von Sennelier). Danach müssen Sie aber mit der nächsten Schicht Ölpastell einige Zeit warten, bis die Ölfarbe ausreichend getrocknet ist.

Werkzeuge und Hilfsmittel

Ölpastelle bearbeiten Sie am besten mit Schabe- oder Ritzwerkzeugen. Im Handel für Künstlerbedarf sind günstig Palettmesser aus Kunststoff zu bekommen. Oft verwende ich draußen vor dem Motiv kleine Zweigstückchen als Ritzwerkzeuge. Dazu spitze ich mit einem Taschenmesser die Zweige an. Mit diesem selbst gemachten Werkzeug kann ich Texturen in Farbschichten ritzen und feine Linien im Farbton tiefer liegender Farbschichten sichtbar machen. Daneben gibt es sogenannte Shaper in verschiedenen Größen zu kaufen. Shaper sehen aus wie Pinsel, deren Borsten durch ein biegsames Stück Kunststoff ersetzt wurde. Shaper benutze ich gern zur präzisen Bearbeitung einer Fläche, um benachbarte Bildteile nicht zu beeinträchtigen.

Für das Malen von Details schneide ich mir mit einem Papiermesser Schablonen aus Transparentpapier oder Kunststofffolie.

Tissuetücher benutze ich gern, um Farbe kleinflächig zu verreiben. Gelegentlich tränke ich dazu das Tissuepapier mit einigen Tropfen gebleichtem Mohnöl. Die Tissuetücher reiße ich oft in zwei oder mehrere Teile und drehe diese zu festen Bändern, mit denen ich dann die Farbe sehr präzise verteilen kann.

Ölpastelle lassen sich mit für Ölfarben geeigneten Lösungsmitteln verdünnen. Ich verwende dazu gebleichtes Lein- oder Mohnöl, das nicht oder nur sehr wenig vergilbt. Durch die Beigabe von Öl lassen sich sehr schöne transparente Farbschichten malen. Es gibt auch Lösungsmittel, die rückstandslos verdunsten, zum Beispiel Balsamterpentinöl, oder auch geruchlose Lösungsmittel. Ich verwende diese aus gesundheitlichen Gründen nicht. Alle Lösungsmittel mit dem Cn-Kennzeichen enthalten gesundheitsschädliche Komponenten. Die Verwendung in geschlossenen Wohnräumen und ohne Atemschutz kann ich nicht empfehlen.

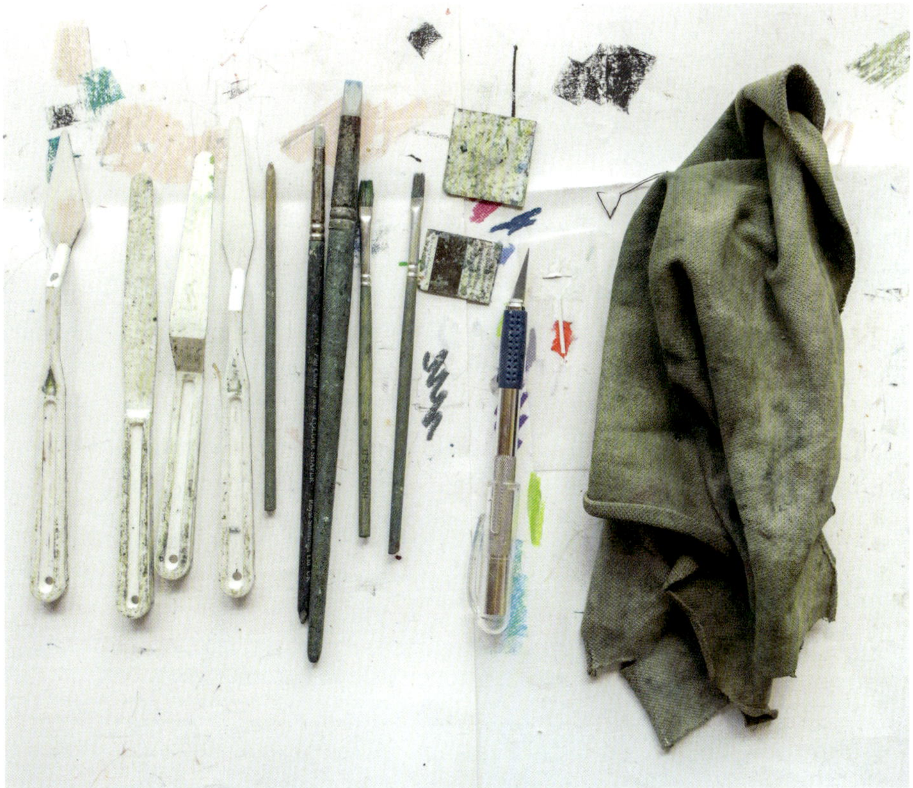

Werkzeuge für die Malerei mit Ölpastellen

Stets habe ich einen oder mehrere Baumwolllappen dabei, um meine Hände oder Werkzeuge zu reinigen. Gelegentlich benutze ich auch einen Baumwolllappen, um Ölpastelle in größeren Flächen als Grundierung in ein Trägerpapier zu reiben.

Meinen Arbeitstisch decke ich mit einer Lage Papier ab. Auf diesem Papier kann ich auch unerwünschte Farbreste von den benutzten Ölpastellstiften vor dem Gebrauch abstreifen.

Farbspuren auf Händen, Schreibtischplatte oder Laminatboden entferne ich mit etwas Wasser und einer Handwaschpaste, die Kaolin als »Scheuerpulver« enthält.

Kleine Details mit Ölpastellen darstellen

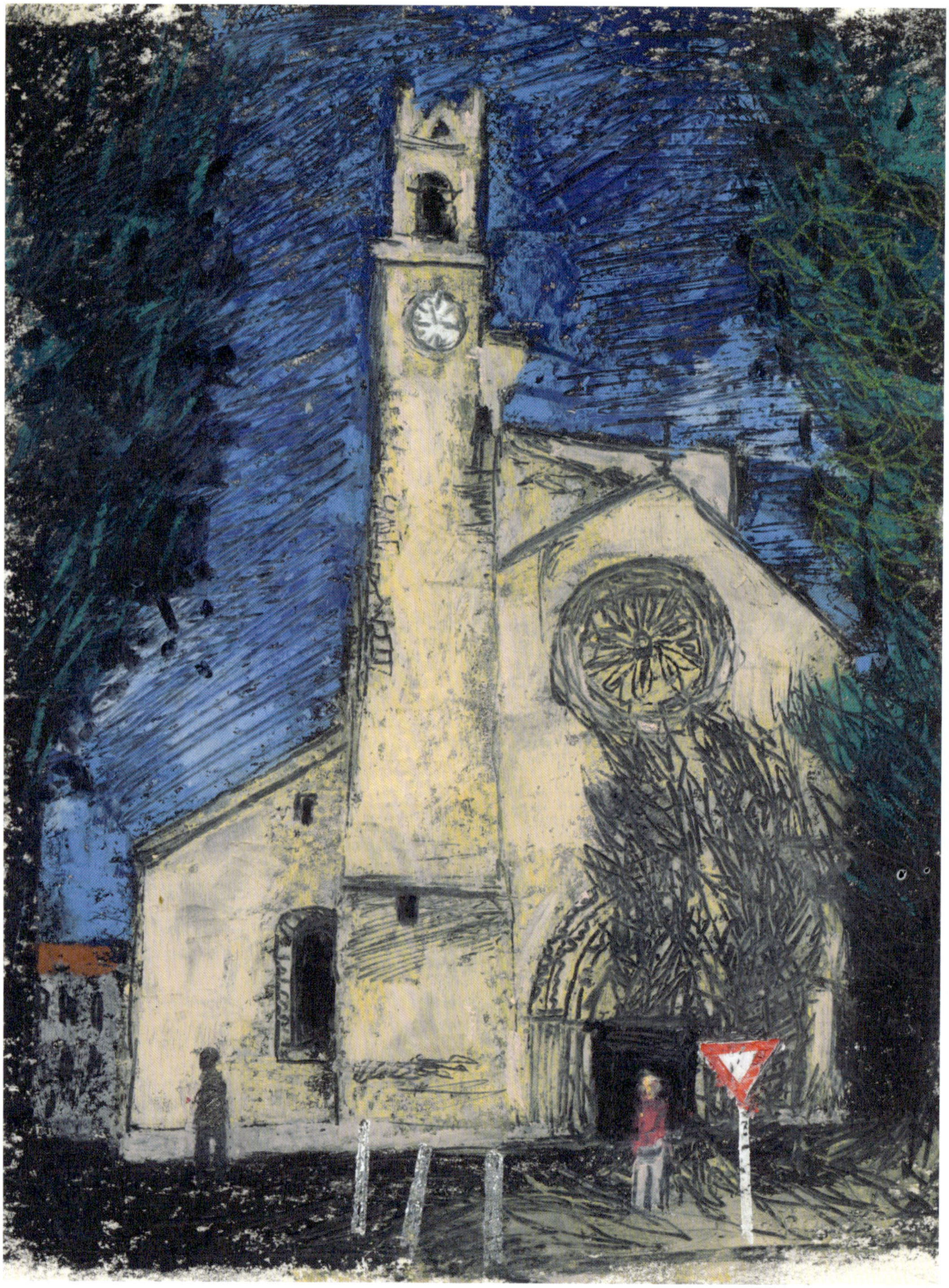

Kathedrale Forcalquier, Frankreich. DIN A4

1

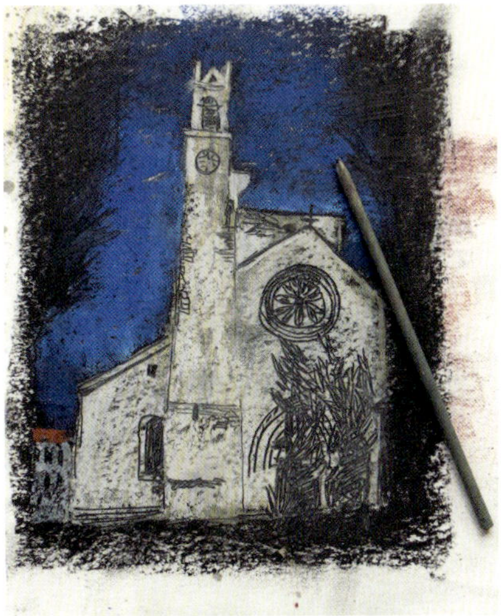

2

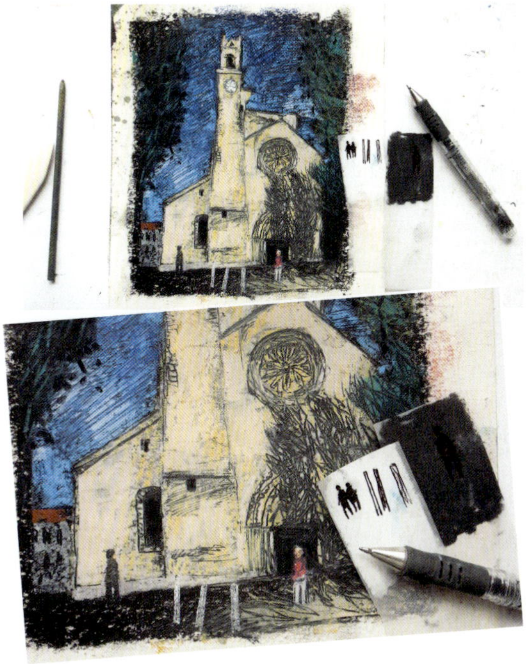

3

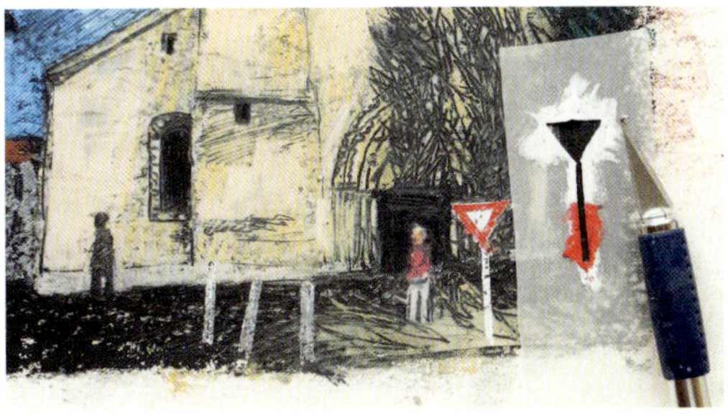

1 Zur Grundierung habe ich schwarze Ölpastellfarbe mit einem Lappen ins Papier eingerieben. Danach habe ich die Grundfarben für Himmel und Gebäude aufgetragen und anschließend die Details und Schatten mit einem angespitzten Holzstäbchen eingeritzt, was den schwarzen Untergrund wieder hervorbringt.

2 In weiteren Schritten habe ich zusätzlich Farbschichten aufgetragen und die Details nach Bedarf durch Ritzungen mit dem Holzstäbchen aufgefrischt oder korrigiert. Die schwarze Silhouette einer Figur habe ich mithilfe eines Gelschreibers ins Bild hinein »gepaust« bzw. indirekt eingezeichnet. Dazu habe ich einen Streifen dünnes Transparentpapier einseitig mit schwarzer Ölpastellfarbe bestrichen und als Pauspapier verwendet, indem ich auf der Rückseite mit dem Gelschreiber gezeichnet habe. Für helle Farben ist diese Methode nicht immer effektiv. Für die helle Figur habe ich die Farben daher mit kräftigem Druck mit dem Pastellstift direkt über die vorhandenen Farbschichten gemalt. Die Konturen der zunächst etwas unförmigen Farbflecke wurden dann mit dem angespitzten Holzstäbchen korrigiert bzw. ausgeformt.

Die hellen Pfosten im Vordergrund des Bildes wurden wie die schwarze Silhouette eingefügt. Nachdem ich weiße Farbe in einer dicken Schicht auf das Transparentpapier gestrichen hatte, habe ich sie mit nur leichtem Druck auf den Gelschreiber über den vorhandenen Farbschichten aufgebracht. Mit starkem Druck ritzt man nämlich nur die unteren Farbschichten ein und die weiße Farbe setzt sich als weißer Rand um die Ritzspuren ab. Die weiße Farbe deckt allerdings nicht vollständig.

3 Um Details in möglichst klaren Farben zu ergänzen, können Sie sich aus Transparentpapier passende Schablonen schneiden, um die Farben präzise und deckend an der gewünschten Stelle aufzutragen. Legen Sie das Transparentpapier einfach auf das Bild und zeichnen Sie darauf die Umrisslinie des Details mit einem weichen Bleistift. Danach können Sie die Schablone entlang dieser Linie mit einem Papiermesser ausschneiden. So habe ich das Verkehrsschild in das Bild gesetzt.

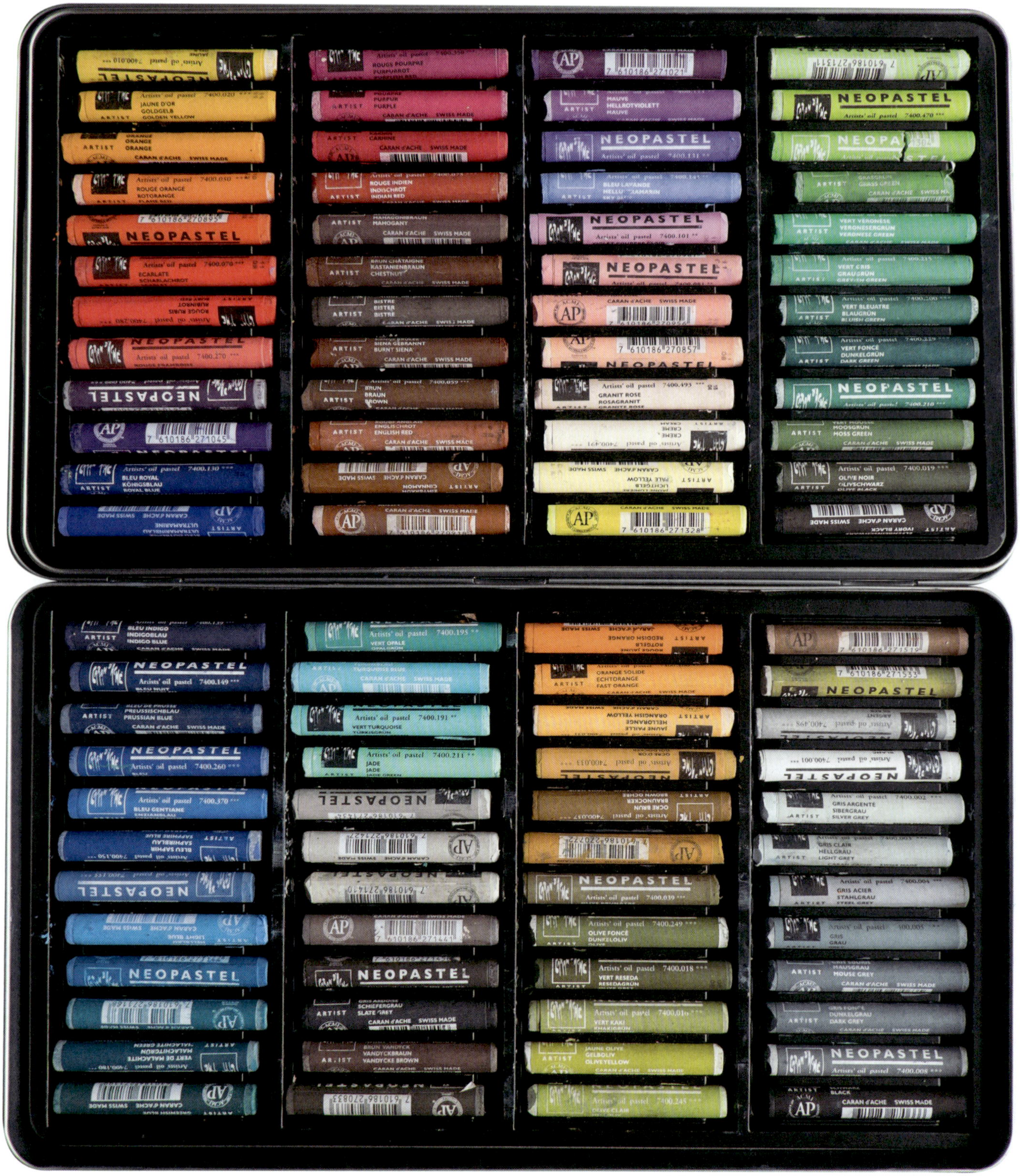

Ein neuer Farbkasten mit 96 Farben

Farbkasten organisieren – Farben notieren

Je mehr Farben ein Farbkasten enthält, desto mehr Gedanken sollten Sie sich darüber machen, wie Sie am besten Ordnung und Übersicht darin behalten. Denn beim Hantieren mit den Farbstiften werden Finger oder Handschuhe mit der Zeit durch Farbreste verschmutzt und diese Reste werden beim Malen wiederum auf die Stifte übertragen. Schon nach recht kurzer Benutzung ist von außen oft nur noch schwer zu erkennen, welche Farbe der Ölpastellstift eigentlich hat, ganz zu schweigen von der Lesbarkeit der Etiketten.

Dadurch besteht die Gefahr, den Überblick zu verlieren, welche Farben Sie eigentlich noch im Farbkasten und zur Auswahl haben und an welcher Stelle welche Farben abgelegt sind. Ich habe mir daher angewöhnt, die ursprüngliche Ausstattung eines Farbkastens schriftlich zu notieren und eine Farbtafel mit allen im Kasten vorhandenen Farben anzulegen. Anhand dieser Aufzeichnungen kann ich dann die Anordnung meiner Stifte im Farbkasten überprüfen und zur Neige gehende oder fehlende Farben feststellen.

Die Liste mit den Farbnamen und -nummern sowie die Farbtabelle helfen sehr beim Nachbestellen der Farben. Außerdem erhalten Sie beim Anlegen der Farbtafel einen ersten Eindruck von der verfügbaren Farbpalette. Im Laufe der Zeit neigt man dazu, einen gewohnten, reduzierten Farbsatz zu verwenden. Eine Farbtabelle hilft dann, die ursprüngliche Bandbreite der verfügbaren Farben ins Bewusstsein zu rufen und diese auch im Bild zu nutzen.

Als Referenz und Reserve habe ich zusätzlich zu dem gerade verwendeten Farbsatz einen kompletten zweiten Farbsatz zu Hause. Sobald ich aus der Reserve Farben entnehmen muss, notiere ich mir die Farbbezeichnung für die Nachbestellung.

Eventuell möchten Sie die Anordnung der Farben im Farb-

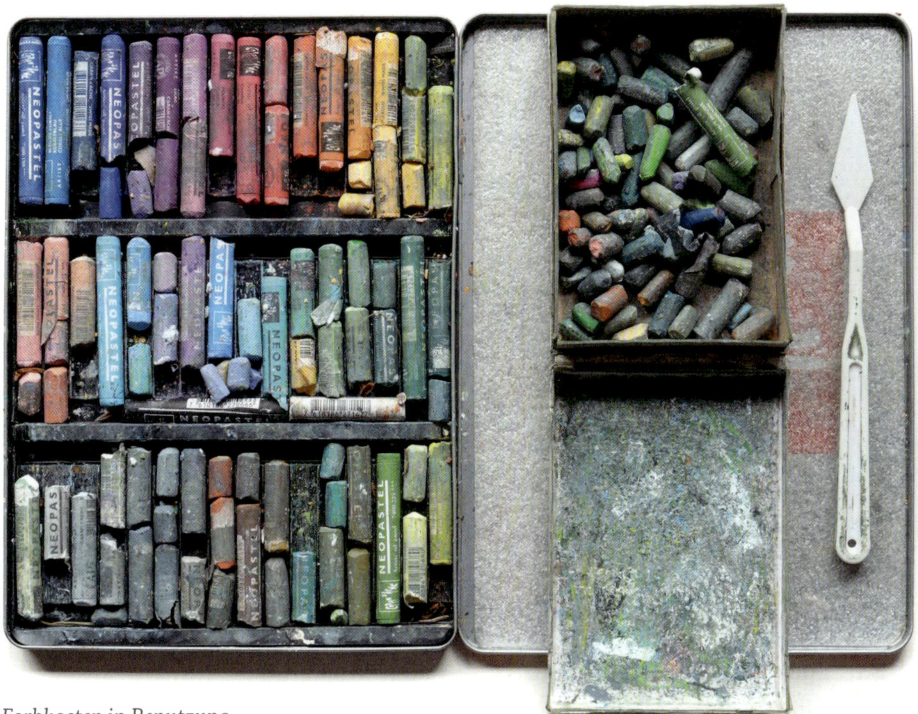

Farbkasten in Benutzung

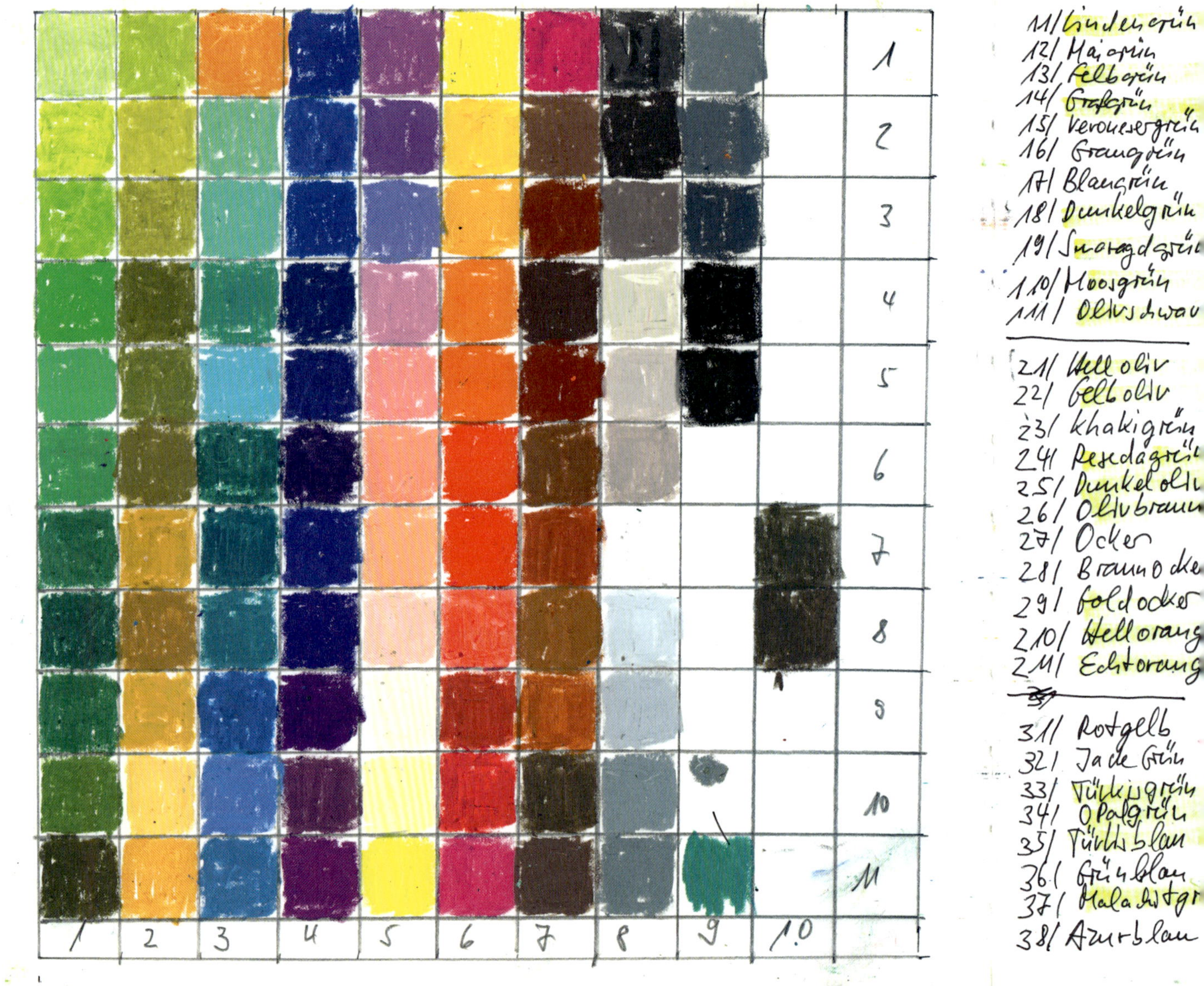

kasten verändern und eine eigene, bevorzugte Anordnung schaffen. Ich habe die Farben so angeordnet, dass alle Grüntöne in einer durchgehenden Reihe nebeneinanderliegen. Schwarz, Weiß und die Grautöne sortiere ich meistens am Anfang oder am Ende der Skala von bunten Farben ein.

Es empfiehlt sich, die Farbstummel ohne Etikett nach Gebrauch im Farbkasten zu den unbenutzten Teilen ihrer Stifte zu legen. So bleiben die Farben besser auffindbar. Im Laufe der Zeit, nach dem Ergänzen mit neuen Stiften, ist das aber unter Umständen aus Platzgründen nicht immer möglich. Dann bewahre ich die entsprechenden kleinen Farbstücke und -stummel in einer separaten Schachtel auf. Wenn ich die Farbe nicht erkennen kann oder sie mit anderen Farbresten verunreinigt sind, streiche ich die Farbstummel auf einem separaten Stück Papier etwas ab.

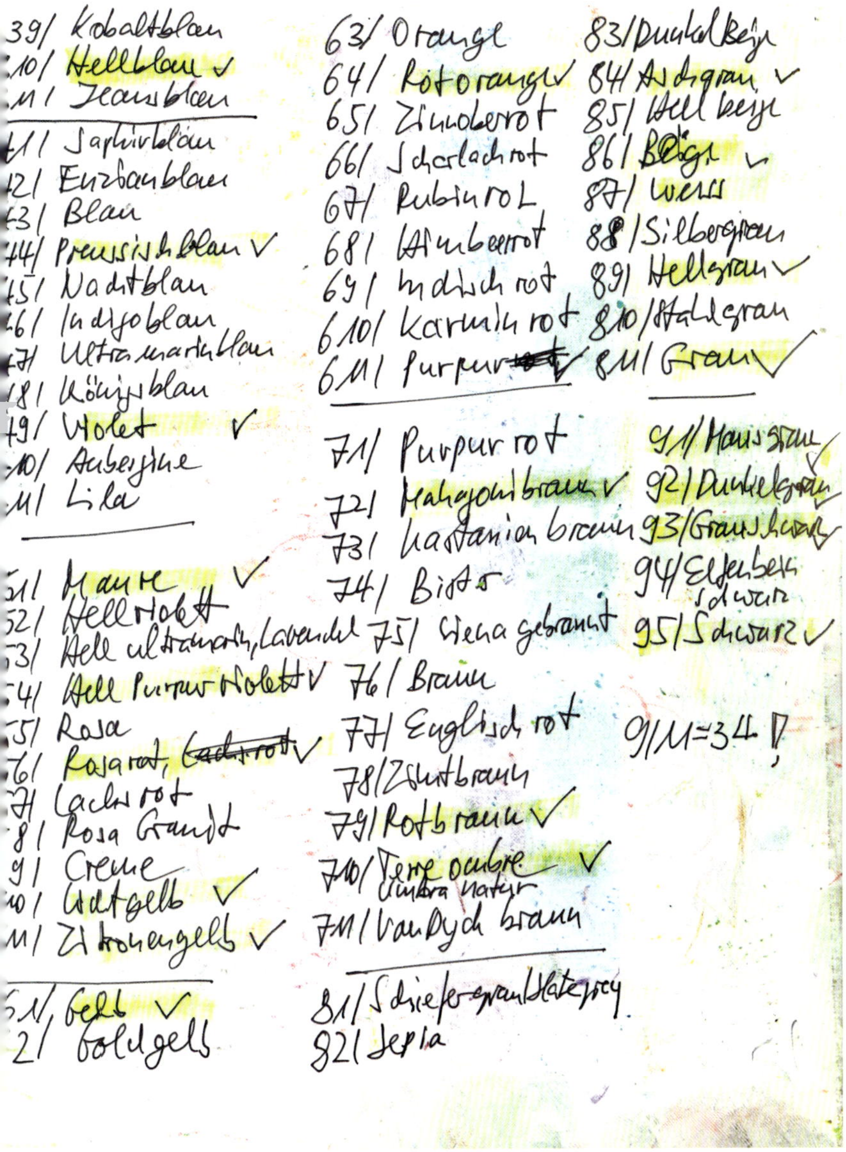

Farbtafel im Skizzenbuch.
25 × 25 cm

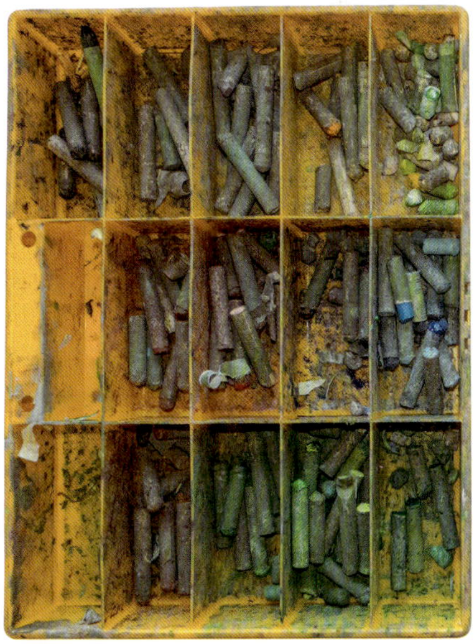

Schraubenbox für Aufbewahrung und Transport

Hier sind meine Restbestände von Sennelier-Farben zu sehen, die ich in einer Schraubenbox aus dem Baumarkt nach Farbgruppen geordnet aufbewahre. Die Box ist auch sehr gut für den Transport geeignet.

Sie können sich auch eine Box (z. B. Schraubenkästen aus Kunststoff) mit mehreren Fächern anschaffen, in der Sie die Farbstücke grob nach Farbgruppen sortiert ablegen können.

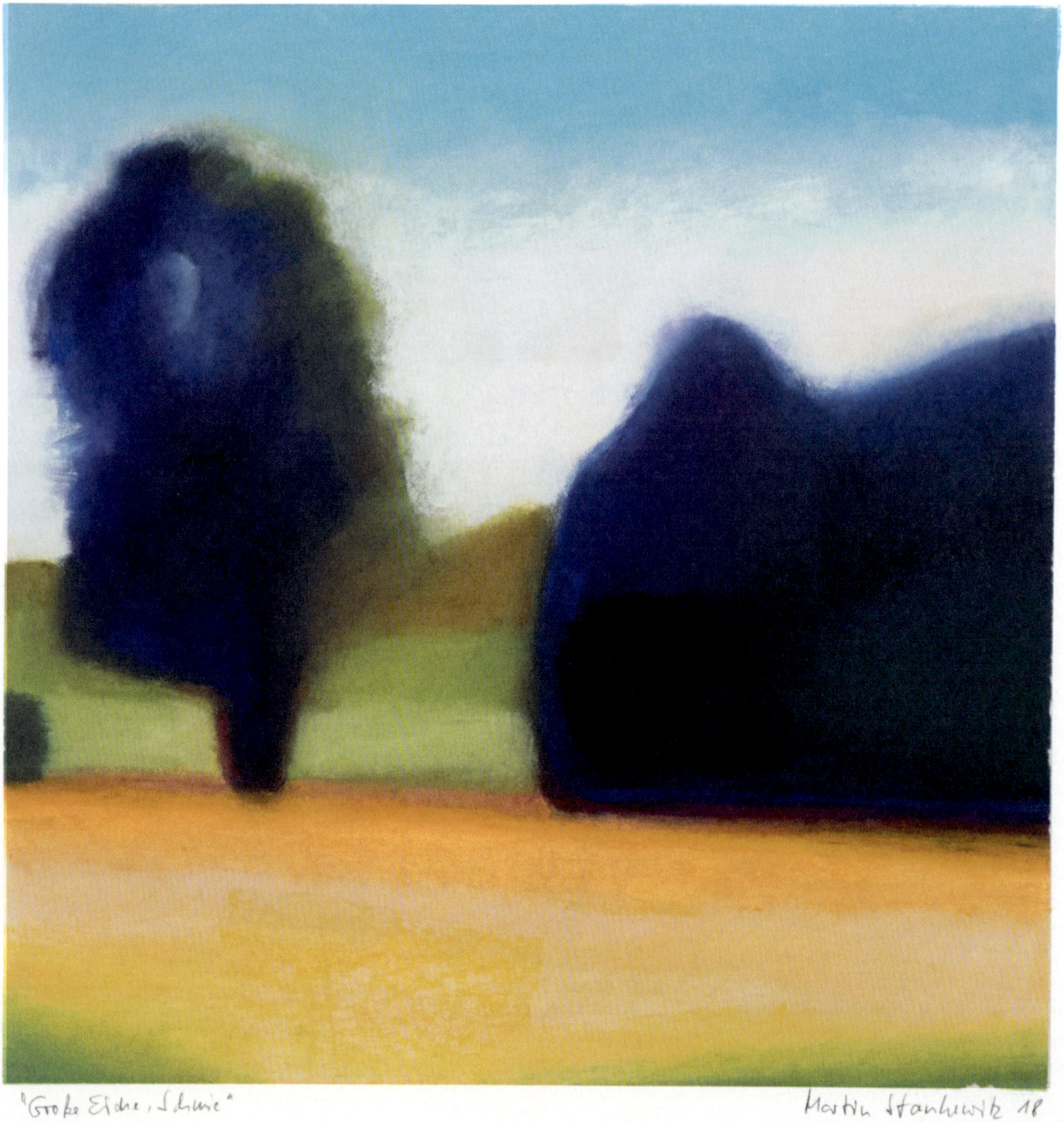

Große Eiche in Schmie. Ölpastell auf Papier, 50 × 50 cm

Welche Farben passen zusammen? – Farben kombinieren

Ölpastelle begeistern durch ihre große Leuchtkraft und Sättigung. Es ist aber auch eine besondere Herausforderung, diese starken Farben zu beherrschen und grelle oder disharmonisch wirkende Farbzusammenstellungen zu vermeiden.

Zumindest grundlegende Kenntnisse der Farbenlehre sind dabei sehr hilfreich, insbesondere über die Komplementärkontraste und die möglichen Ordnungsfiguren (Farbkreise und andere Modelle) sowie über die Lage der Farbtöne innerhalb eines Farbkreises bzw. einer Ordnungsfigur. Eine umfassende Einführung in die Farbenlehre würde den Rahmen dieses Buches sprengen. Ich kann dieses wichtige Thema nur kurz gefasst ansprechen und empfehle Ihnen, zusätzliche Literatur zu lesen.

Die Wahrnehmung von Farben ist ein sehr komplexer Vorgang, der von vielen Einflüssen abhängt. Sobald mehrere Farben in einem Bild kombiniert werden, entstehen Wechselbeziehungen, die die Wahrnehmung einer oder mehrerer Farben im Bild verändern können. Der sogenannte Simultankontrast ist ein bekanntes Phänomen. Je nach farblicher Umgebung erscheint dieselbe Farbe heller oder dunkler, aber auch in unterschiedlichem Farbton.

Je öfter Sie mit den Ihnen zur Verfügung stehenden Farben experimentieren, umso schneller wird sich Ihre Sensibilität für Farben und ihre Kombinationsmöglichkeiten weiterentwickeln. Durch praktische

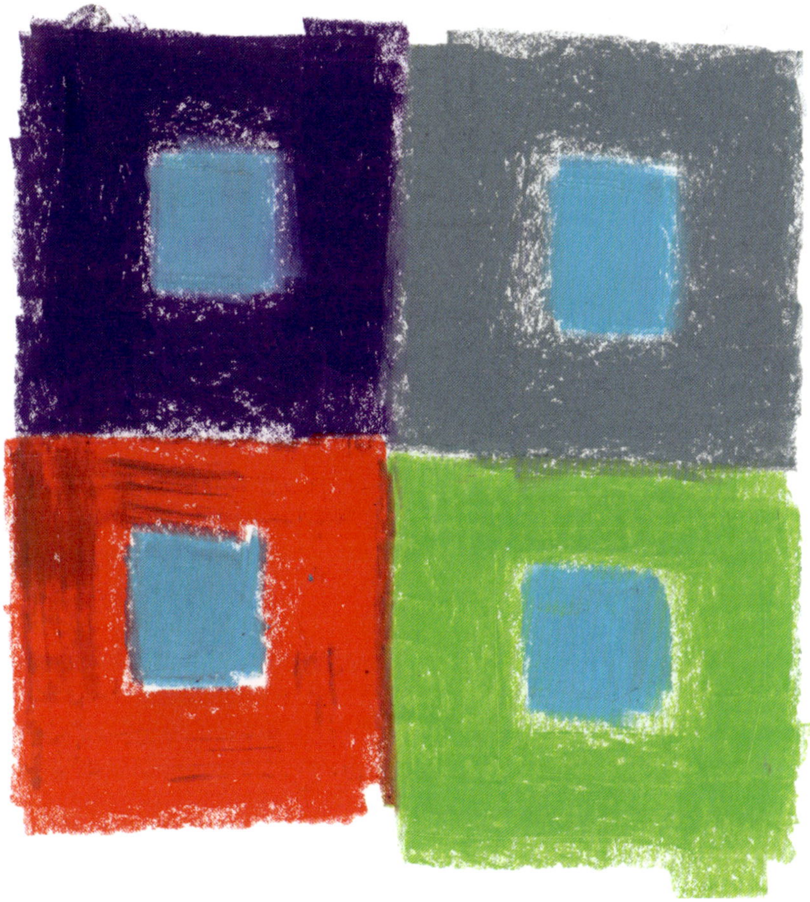

Beispiele für einen Simultankontrast: Je nach Umgebungsfarbe erscheint derselbe Farbton unterschiedlich.

Versuch zum zwölfteiligen Farbkreis nach Itten (siehe Seite 32)

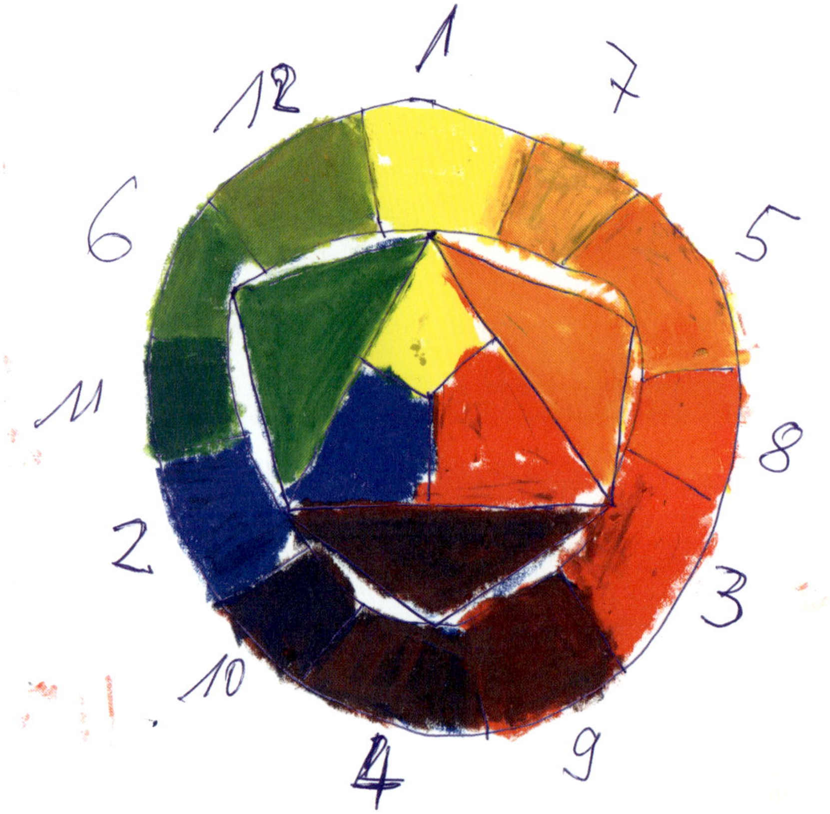

Übungen werden Sie nicht nur im Umgang mit Ihren »Lieblingsfarben« sicherer, sondern die Auswahl an bevorzugten Farben wird sich vergrößern, bis Sie sich schließlich den gesamten Farbkreis angeeignet haben. Mit Ölpastellen (aber auch mit Farbstiften anderer Art) ist dies besonders gut möglich, denn viele unterschiedliche Farbtöne müssen nicht erst gemischt werden, sondern liegen schon fertig im Farbkasten vor und können nebeneinandergesetzt und untereinander zu weiteren Farbtönen gemischt werden. Sie lernen auf diese Weise sehr viel schneller einen größeren Farbraum kennen als durch Mischversuche mit einer beschränkten Anzahl von Farben in Tuben.

Vielleicht gehören Sie zu den Menschen, die ein sehr ausgeprägtes Farbempfinden haben und sehr sicher in der Wahl von ansprechenden Farbkombinationen sind. Meiner Erfahrung nach wird durch intuitive, spontane Farbauswahl aber oft ein eingeschränktes, gewohntes, vielleicht auch durch persönliche Vorlieben geprägtes Farbspektrum genutzt, während Teile davon unbeachtet bleiben.

Johannes Itten (Bauhaus) hat diese subjektive, persönliche Auswahl von Farben zu harmonischen Kombinationen als ungenügend kritisiert. Er und andere Farbenlehrer waren bemüht, objektive, allgemeingültige Regeln für die Harmonie von Farben zu finden, jenseits persönlicher Vorlieben oder Geschmacksausprägungen. Dabei stützte er sich auf die physiologische Beschaffenheit des menschlichen Auges und die Erkenntnisse über die Spektralfarben. Zentrale Aussage seiner Harmonielehre wurde der Satz: »Zwei oder mehrere Farben sind harmonisch, wenn sie zusammengemischt ein neutrales Grau ergeben.« (Johannes Itten, »Kunst der Farbe«, 1987, S. 20).

Das menschliche Auge sucht nämlich stets den komplementären Ausgleich zu einem bestimmten Farbreiz. Blicken Sie länger auf ein rotes Quadrat und schauen dann auf eine weiße Wand, sehen Sie für eine kurze Zeit ein komplementäres grünes »Nachbild« (Sukzessiv-Kontrast). Isoliert man aus dem optischen Spektrum die Farbe Rot, so ergeben alle übrigen im Spektrum verbliebenen Farben zusammen die komplementäre Farbe Grün. Itten hat daraus ein Gleichgewicht zwischen Farben, die zusammengemischt einen neutralen Grauton ergeben (auch Komplementärfarben genannt), abgeleitet und zum Kriterium für Farbharmonie gemacht.

Ganz ähnlich hatte sich auch schon Goethe in seiner Farbenlehre geäußert.

An Ittens Farblehre wurde vielfach und teilweise polemisch Kritik geübt. Seine Farb- und Harmonielehre wollte Itten aber nicht als starre Regel oder gar Rezeptur für das Malen verstanden wissen, sondern als Hilfsmittel zum besseren Verständnis von Farben, deren Kombination und deren Wirkung und damit auch als Hilfsmittel zur bewussten künstlerischen Auswahl von Farben für einen bestimmten Zweck. In der künstlerischen Praxis wird kaum die Notwendigkeit bestehen, ein völlig neutrales Grau zu mischen. Außerdem gibt es Farbtöne, die sich nicht aus den drei Grundfarben oder Primärfarben Rot, Blau und Gelb (unter Zusatz von Weiß und Schwarz) mischen lassen. Dazu zählen Blautöne wie Ultramarin oder Kobaltblau.

Auch das im Vierfarbdruck verwendete Magenta, ein Rotton, der in der Reihe der physikalischen Spektralfarben nicht vorkommt, fehlt in den Farbkreisen von Itten. Magenta wird von Malern gern als Primärrot bezeichnet und auch als solches verwendet. Im Übrigen muss man auch klar zwischen der optischen Mischung von farbigem Licht und der substanziellen Mischung von Farben unterscheiden. Bei der Mischung von farbigen Substanzen spielen die Mengenverhältnisse eine große Rolle. Wenn Sie eine identische Menge von Rot und Grün mischen, ergibt das nicht zwangsläufig ein neutrales Grau. Die Praxis der Farbmischung ist sehr komplex. Eine Farbtheorie und insbesondere daraus abgeleitete Ordnungsfiguren wie ein Farbkreis oder auch mehrdimensionale Modelle können die Praxis nur unvollständig abbilden.

Das Faszinierende an Farben ist ja gerade, dass sie sich in der Malpraxis eben nicht vollkommen schlüssig oder gar mathematisch-physikalisch genau steuern und in ihrer Wirkung berechnen lassen. Für die künstlerische Anwendung können Farbtheorien zwar wichtige Orientierung vermitteln, aber eine Rezeptur für die künstlerisch wertvolle Farbanwendung hat noch keine der Theorien hervorgebracht. Van Gogh und andere haben gezeigt, was Farben vermögen, aber wie die Künstler das gemacht haben, konnten sie vielfach selbst nicht schlüssig erklären.

Ich studiere immer wieder gern die Arbeiten von Künstlern wie Paul Klee, der zahlreiche Werke geschaffen hat, die viele interessante Farbkombinationen enthalten.

Auch habe ich immer mehr Vergnügen daran gefunden, Farbtafeln anzulegen und möglichst intensiv zu erkunden, welche Farbklänge mit den vorhandenen Farben möglich sind. Dabei habe ich immer wieder neue Entdeckungen gemacht. Die daraus gewonnenen Anregungen und Einsichten sind später in meine Bildprojekte eingeflossen.

Farbkreise und Farbtafeln – Übungen

Die Farbkreise und Farbtafeln auf den Bildern ab Seite 30 sind in Anlehnung an Ittens Farblehre entstanden. Die von Itten entworfenen Farbkreise mögen gewisse Schwächen haben, sie sind aber leicht verständlich und haben sich für mich in der Malpraxis als wertvolle Hilfen erwiesen. Alle diese Übungen habe ich in einem Skizzenbuch im Format 25 × 25 cm ausgeführt. So sind alle Übungen zusammen und ich kann das Buch immer wieder durchblättern, um die Wirkung von Farben zu studieren. Um das gesamte Farbspektrum gut kennenzulernen, müsste man eigentlich alle theoretisch möglichen Farbkombinationen in Farbtafeln umsetzen. Ich kann hier natürlich nur eine sehr begrenzte Auswahl zeigen. Die Originalgröße der farbigen Abbildungen beträgt in der Regel nicht mehr als 20 × 20 cm.

Farbkreise sind ein Hilfsmittel, um Farbtöne übersichtlich zu ordnen. In Farbkreisen sind benachbarte Farben einander ähnlich bzw. gehen ineinander über, während auf gegenüberliegenden Seiten Farben mit dem maximalen Farbkontrast liegen.

Ittens zwölfteiliger Farbkreis ist in mehreren Ringen aufgebaut. Im inneren Dreieck sind die Grundfarben Rot, Gelb und Blau zu finden. Daran schließen sich die aus den Grundfarben gemischten Sekundärfarben an:

- Orange = Rot + Gelb
- Grün = Gelb + Blau
- Violett = Rot + Blau

Auf dem äußersten Ring finden sich dann insgesamt 12 Farben. Neben den Primär- und Sekundärfarben sind sechs weitere Mischungen bzw. Übergangsfarben aus der Mischung

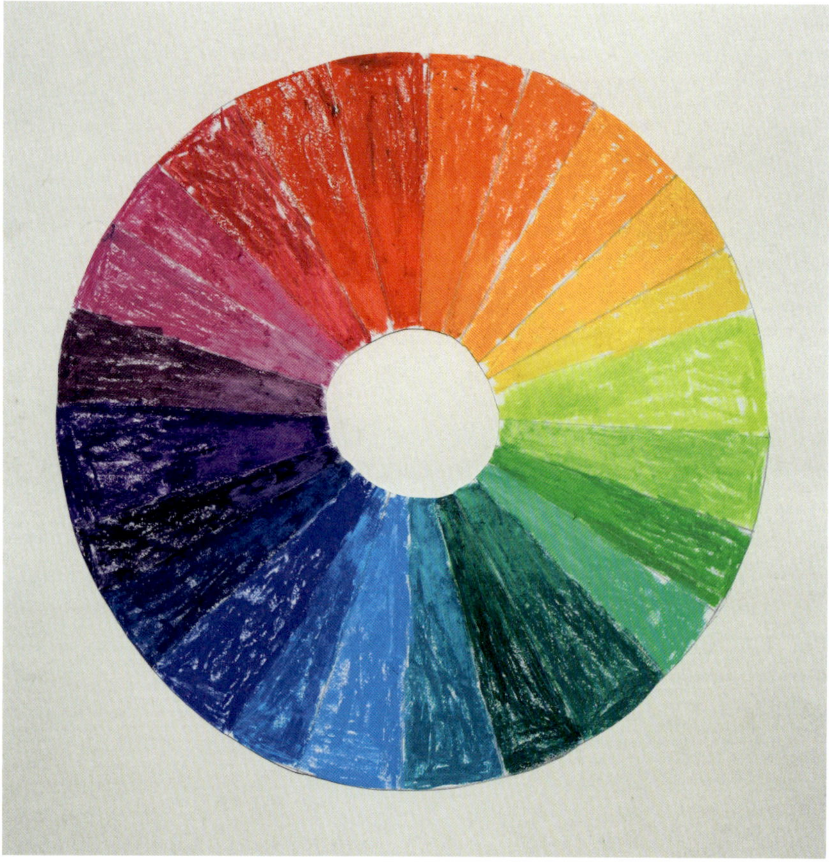

Farbkreis von 24 ausgewählten Farben

der Sekundärfarben mit den Primärfarben enthalten.

Ich habe die Farben Scharlachrot, Gelb und Blau aus meinem Farbkasten gewählt, um einen Farbkreis nach Itten nachzustellen (Farbkreis auf Seite 30). Diese kommen den Primärfarben bei Itten am nächsten.

Die Sekundärfarben Grün und Orange können noch einigermaßen zutreffend aus den gewählten Primärfarben gemischt werden. Schwierigkeiten gibt es aber beim Mischen von Violett (Nr. 4) aus Scharlachrot und Blau. Die Mischfarbe Violett wird sehr dunkel. Auch die benachbarten Farbtöne Rotviolett (Nr. 9) und Blauviolett (Nr. 10) werden sehr dunkel. In der Praxis bedeutet dies natürlich keine Einschränkung, weil die meisten Farbkästen mindestens zwölf fertige Farbstifte enthalten und daher den zwölfteiligen Farbkreis abdecken. Das Mischen der Sekundärfarben ist daher nicht erforderlich. Trotzdem ist es sinnvoll, sich diese Grundlagen der Farbmischung durch Ausprobieren bewusst zu machen.

Ich möchte als weitere einfache Übung vorschlagen, aus den Ihnen zur Verfügung stehenden Farben einen Farbkreis so zu bilden, dass komplementäre Farben sich gegenüberstehen.

Für diesen Farbkreis habe ich 24 Farbstifte entlang der physikalischen Farbskala von Rot über Gelb und Grün bis Violett und Purpur (Magenta, das in der spektralen Farbskala nicht vorkommt) ausgewählt und in einer Reihe auf meiner Arbeitsplatte angeordnet. Danach habe ich die Farben in dieser Reihenfolge in die vorher im leeren Farbkreis vorgezeichneten 24 Felder eingetragen.

Mit solchen Übungen können Sie sich einen Überblick über die vorhandene Farbskala verschaffen und die Bezeichnungen der Farbtöne erlernen. Auch werden Sie Sprünge oder Brüche innerhalb der Farbbereiche (kalte, warme sowie helle und dunkle Farben) bemerken und sehen, welche Farben nicht zu reinen Farben zu »passen« scheinen, zum Beispiel die Erdfarben oder olivgrüne Töne.

Die folgenden Farbtafeln sollen Ihnen als Anregung dienen, sich eingehend mit der gesamten Palette Ihres Farbkastens zu beschäftigen. Für die Farbtafeln habe ich jeweils eine beschränkte Anzahl von Farben ausgewählt und diese dann nach und nach als kleine Quadrate nebeneinandergesetzt. Ich habe versucht, möglichst viele unterschiedliche Nachbarschaften von Farben zu bilden, um zu sehen, wie bestimmte Farben in wechselnder farblicher Umgebung wirken. Sie werden überrascht sein, welche Wirkung solche Übungen entfalten, sobald Sie sie selbst ausführen.

Farbreihe Blau-Grün

Bei den Grün- und Blautönen ist besonders die unterschiedliche Wirkung von kalten und warmen Farben zu beobachten. Grüntöne mit hohem Blauanteil wirken kälter als Grüntöne mit hohem Gelbanteil. Allgemein gelten Blautöne als kalt, aber es gibt auch Blautöne, die warm wirken, zum Beispiel das in der Farbtafel rechts vorkommende Lavendelblau.

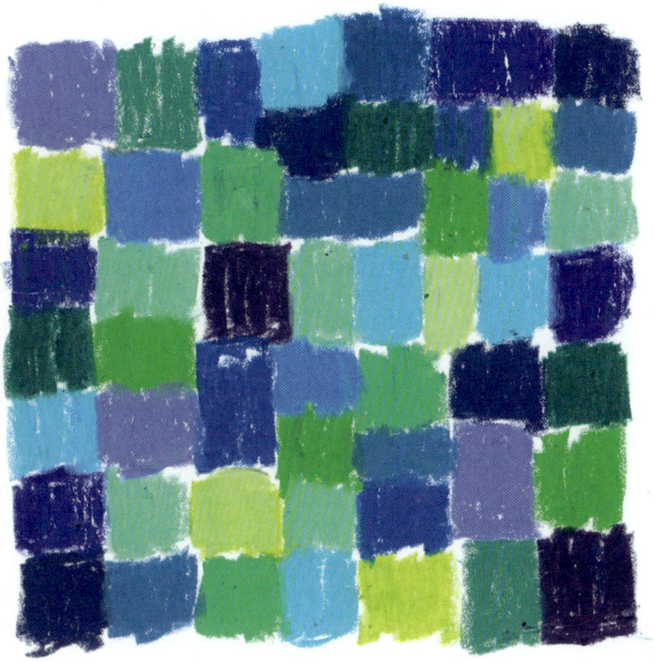

Farbtafeln aus Blau- und Grüntönen

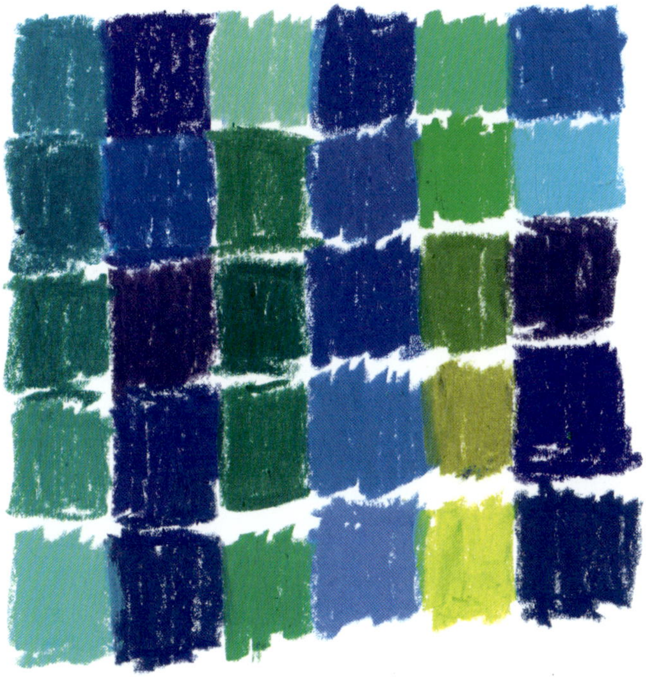

In dieser Farbtafel habe ich verschiedene Blau- und Grüntöne abwechselnd in Spalten nebeneinandergestellt (1. Spalte links Grüntöne, 2. Spalte Blautöne usw.). Der Überblick in solch einer Tabelle kann sehr inspirierend sein und bei der Entdeckung neuer, ungewohnter Farbkombinationen helfen. Je mehr Farbtabellen man erstellt und eingehend betrachtet, umso mehr entwickelt sich der Farbsinn mit der Zeit.

Farbreihe Rot-Violett

Diese Farbtafel enthält verschiedene Rottöne von Orangerot bis Indischrot in Mischung mit Violetttönen. Rot und Violett liegen im Farbkreis nebeneinander; Violetttöne sind Sekundärfarben, sie können durch Mischungen von Blau und Rot erzeugt werden.

Interessanterweise sind einige Farbtöne im Übergang zwischen Rot und Violett, wie Pink und Magenta, nicht im physikalischen optischen Spektrum enthalten. Das bedeutet, sie können nicht durch Brechung von weißem Licht mithilfe eines Prismas erzeugt werden. Diese Farbtöne werden aber im Gehirn des Menschen »gemischt« und dann wahrgenommen, wenn blau- und rotempfindliche Sehnerven gleichzeitig gereizt werden.

Die Nähe von Rot und Violett erzeugt eine Farbharmonie (homologe Farbskala), die aber auch eintönig wirken kann. Hier können kleine Mengen von Farbtönen, die sich auf der gegenüberliegenden Seite im Farbkreis befinden (komplementäre Farben), z. B. kühle Grüntöne, schöne Kontraste erzeugen. Hier habe ich sozusagen den Rot-Violett-Farbklang zusätzlich durch grüne Flecken »gewürzt«. Umgekehrt können kleine Mengen von Rot Bilder bereichern, die von Grüntönen dominiert werden.

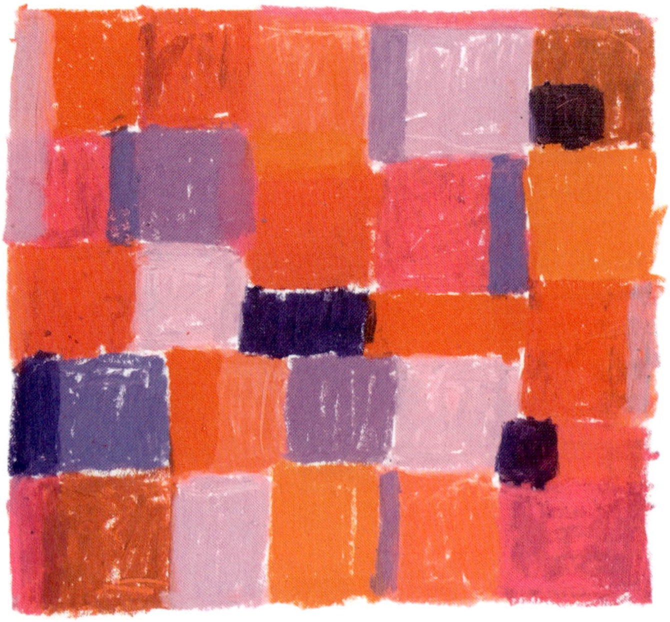

Farbtafel Rot-Violett

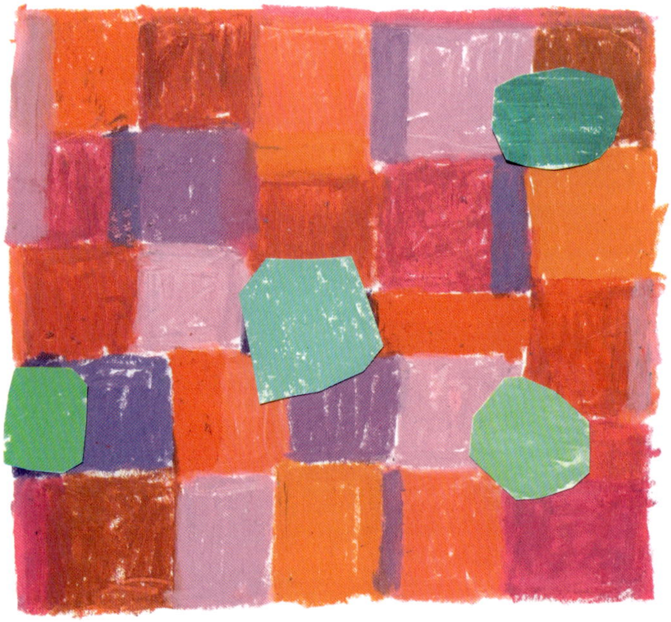

Farbtafel Rot-Violett, mit Grün als Kontrastfarbe

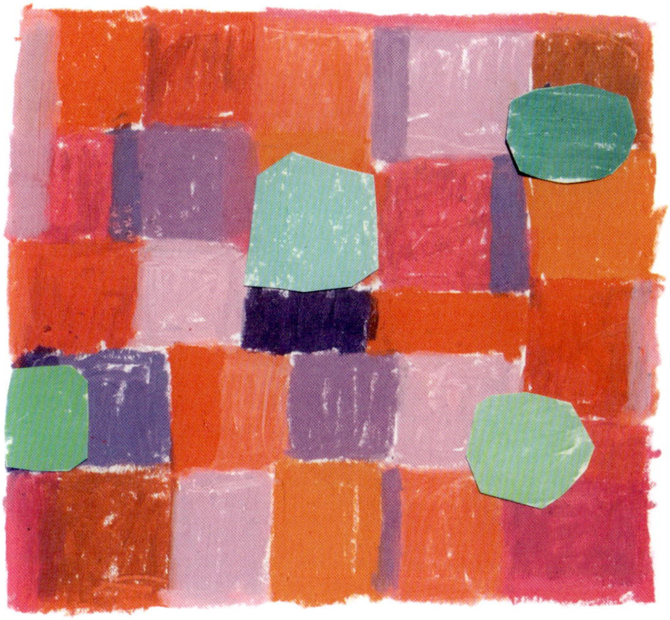

Hier habe ich eine kleine Menge dunkles Violett in der Mitte der Tafel wieder freigelegt, um zu zeigen, welche Wirkungen durch deutliche Helligkeitsunterschiede, aber auch durch kleinflächige Farbakzente hervorgerufen werden können.

Farbtafel mit kleinen Mengen von Dunkelviolett im Umfeld aus hellem Rot und Violett

Komplementärfarben

In dieser Farbtafel sind Violett- und Rottöne mit entsprechenden Varianten der Komplementärfarben Gelborange und Grün kombiniert. Komplementärfarben sind Farben, die im Farbkreis auf gegenüberliegenden Seiten zu finden sind und damit den maximalen Farbkontrast erzeugen. In Mischung gebracht, löschen sich diese Farben zumindest in der Theorie gegenseitig zu einem Grauton aus. So stehen sich, vereinfacht gesehen, als Komplementärfarben gegenüber: Rot gegenüber Grün und Blau gegenüber Orange.

Bilder, die in reinen Komplementärfarben angelegt sind, wirken durch die lebendigen Kontraste frisch und belebend, aber auch farblich gut ausbalanciert.

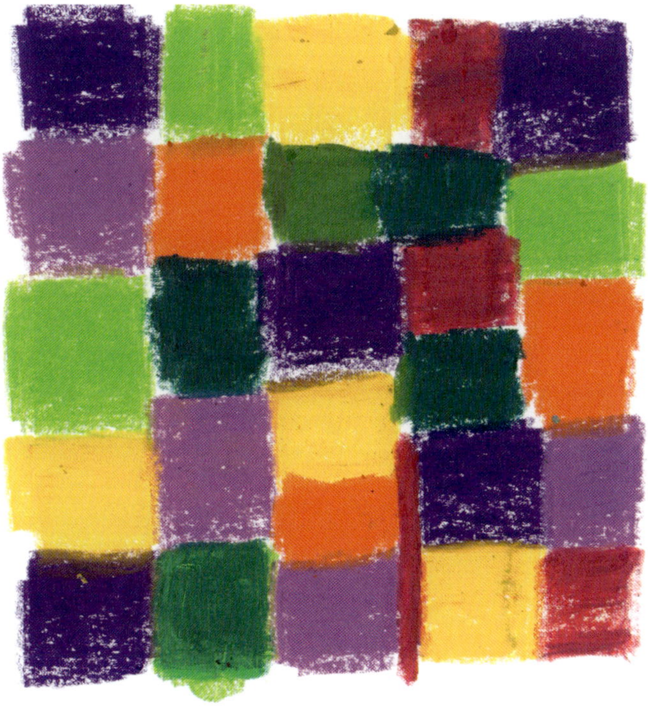

Farbtafel mit komplementären Farben

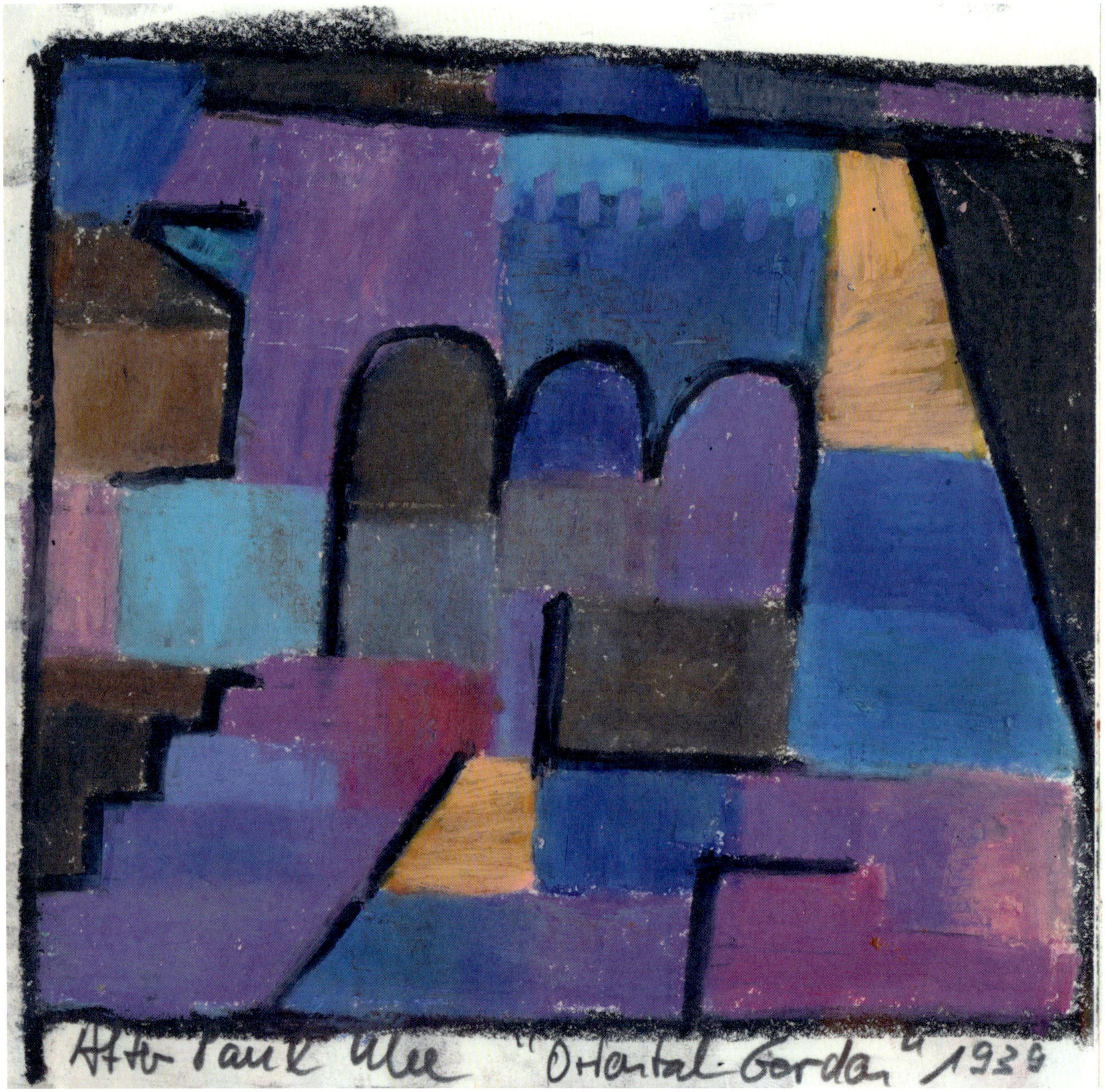

Farbvariation nach Paul Klees »Orientalischer Garten«. Skizzenbuch 20 × 20 cm

Diese kleine Farbstudie habe ich nach dem bekannten Bild »Orientalischer Garten« von Paul Klee angefertigt. Es ist sehr lehrreich, die Farben nicht nur im fertigen Bild zu sehen, sondern selbst zu erleben, wie sich der Farbklang vom Setzen des ersten Farbfeldes an nach und nach entwickelt. Dabei kann man immer wieder innehalten und sich Abwandlungen vorstellen oder erproben.

Farbreihe Erdtöne

Erdfarben werden seit der Steinzeit verwendet. Diese Farben auf Basis von Eisenoxid sind äußerst lichtecht. Zu den Erdfarben zählen unter anderem Ocker, Umbra und Siena. Ich mag Erdfarben besonders, weil sie in der Natur vorkommen, leicht miteinander kombiniert werden können und weil Bilder in Erdfarben eine ruhige, harmonische Stimmung erzeugen. Andere Farben in klaren, reinen Tönen leuchten besonders schön in einer Umgebung aus Erdfarben.

Auf der Farbtafel habe ich Lavendelblau, Türkisblau und Hellblau den warmen Brauntönen der Erdfarben, ergänzt durch Sepia und Dunkelbeige, gegenübergestellt. In diesem Mosaik leuchten die Blautöne besonders intensiv.

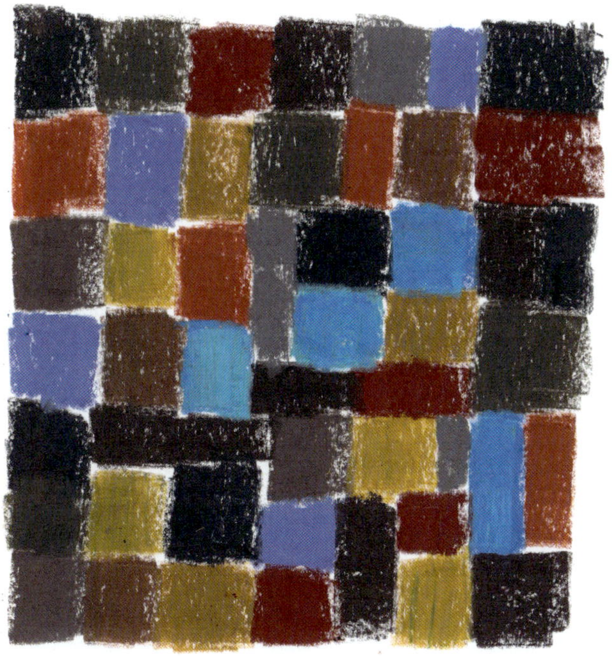

Farbtafel mit Erdfarben und Blau

Farbreihe Weiß, Grau, Beige bis Schwarz

Schwarz, Weiß und die Grautöne sind in der Farblehre von Johannes Itten keine eigenen Farben, sondern er klassifiziert sie als sogenannte Nichtfarben im Gegensatz zu den bunten Farben. Schwarz und Weiß haben zumindest in der Theorie in Mischung mit bunten Farben keine Auswirkung auf den Farbton, sondern nur auf dessen Helligkeit. Ich habe sie in einer Farbtafel mit Beige und einigen Grüntönen kombiniert, um zu zeigen, dass bunte Farben in einer Umgebung von Grautönen, ähnlich wie bei den Erdfarben gezeigt, sehr gut zur Geltung kommen. Diese Wirkung können Sie sich zum Beispiel in einem Blumenstillleben zunutze machen: Bunte Blütenfarben strahlen vor einem Hintergrund von Grautönen viel stärker als in einem ebenfalls buntfarbigen Umfeld.

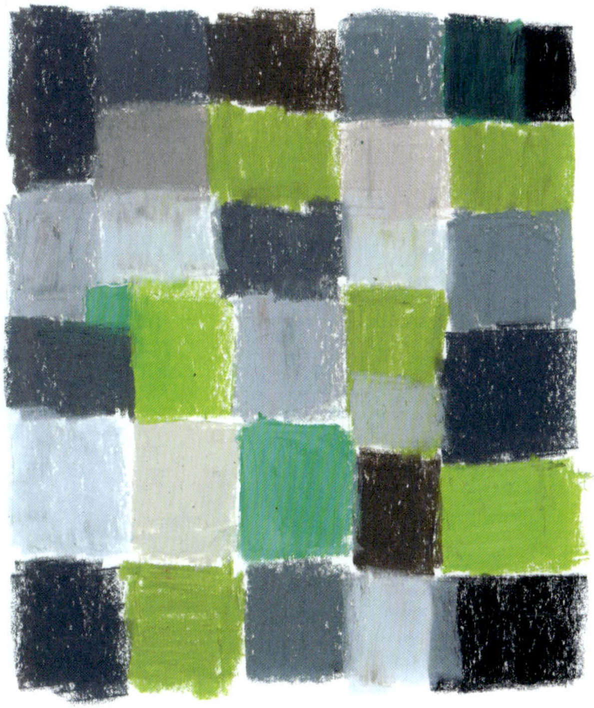

Farbtafel Grau, Beige und Grün

20 Farben in 70 Quadraten

Vielleicht gefallen Ihnen die Ergebnisse kleinformatiger Farbtafelübungen so gut, dass Sie nach dieser Methode ein größeres Bild gestalten möchten. Mir ist es jedenfalls so ergangen. Ich wollte wissen, welche Wirkung ein Bild im Format 35 × 50 cm, zusammengesetzt aus einfarbigen Quadraten, entfalten würde und welche Erfahrungen ich beim Malen dieses Bildes machen kann.

Für die unten gezeigte 35 × 50 cm große Farbtafel habe ich 20 Farbtöne ausgewählt, die miteinander harmonieren und gleichzeitig ein möglichst breites Farbspektrum meines Farbkastens abdecken sollten. Mithilfe einer aus Plastikfolie geschnittenen Schablone habe ich die Farben in 5 × 5 cm große Quadrate eingetragen. Mein Ziel war es, die Abfolge der Farben, die ich zeilenweise von links oben nach rechts unten eingesetzt habe, möglichst abwechslungsreich zu gestalten. Dabei sollte es so wenige Wiederholungen in der Nachbarschaft von Farben geben wie möglich.

Bei Betrachtung des fertigen Bildes stelle ich fest, dass ich automatisch ganze Zeilen oder aber quadratische Kombinationen von 4 oder 9 Farben in den Blick nehme und diese Auswahl mit den angrenzenden Farben in Beziehung setze.

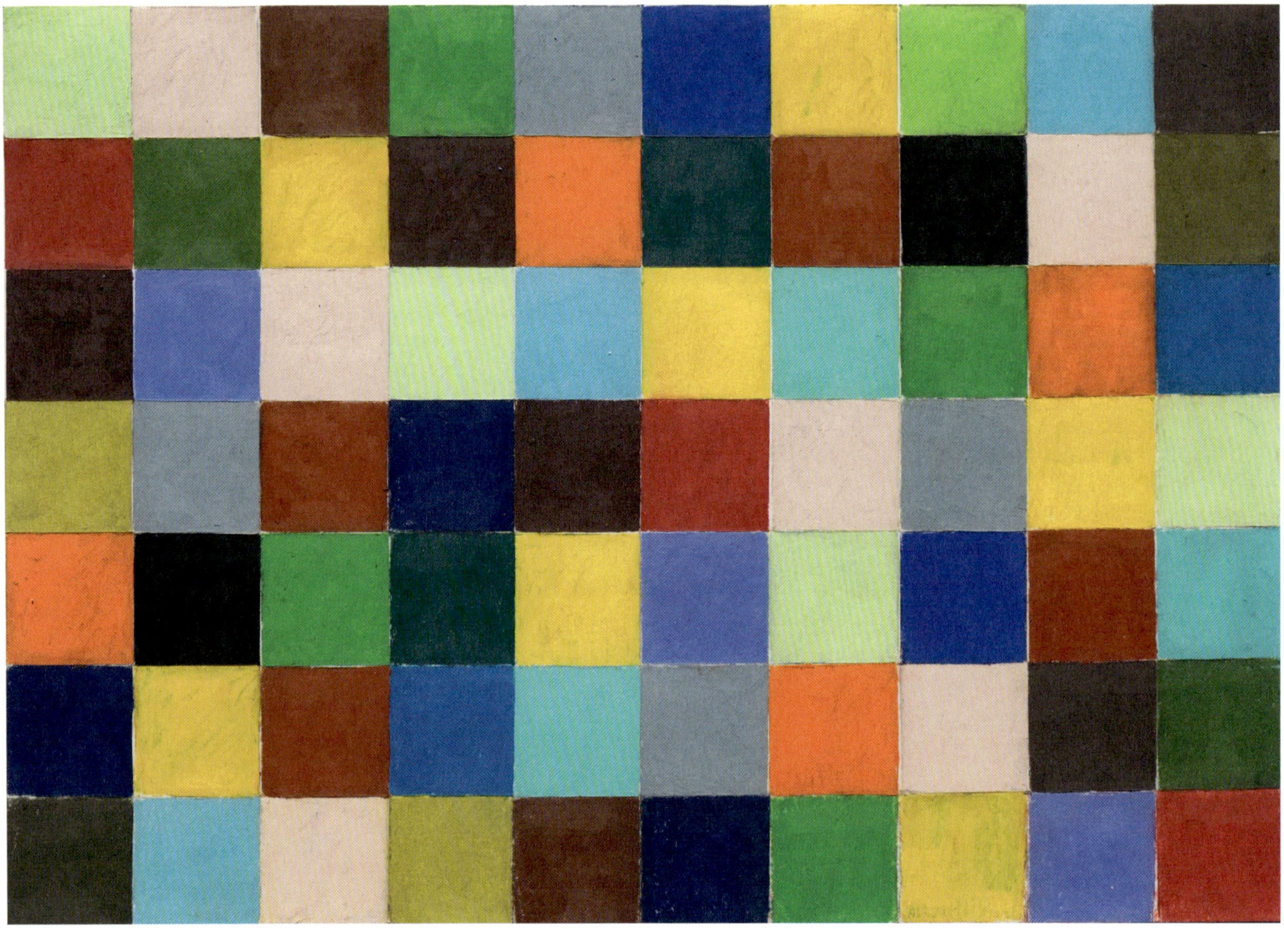

Farbtafel aus 20 verschiedenen Farben, Quadrate 5 × 5 cm, Format 35 × 50 cm

Wenn ich mich frage, warum ich die getroffene Auswahl als abgegrenzt von anderen Farben wahrnehme, stoße ich auf die unterschiedlichen Helligkeiten. Farben mit etwa gleicher Helligkeit erscheinen eher als zusammenhängend als Farben in unterschiedlicher Helligkeit. Einzelne dunkle Quadrate, verteilt in einer vertikalen oder horizontalen Zeile, können die Kraft haben, eine Zeile insgesamt hervorzuheben. Da jede Farbe mehrfach in der Tafel vorkommt, lässt sich auch sehr schön beobachten, ob und wie unterschiedlich bestimmte Farben in unterschiedlicher farblicher Nachbarschaft wirken.

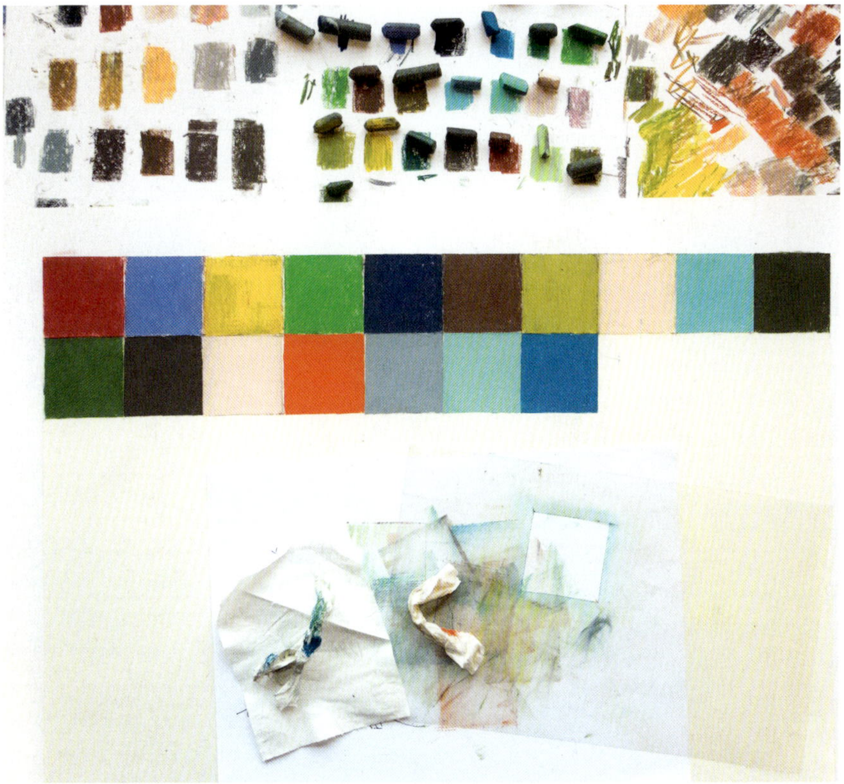

Um die Farbquadrate möglichst exakt in der gleichen Größe zu malen, habe ich mir aus einer Plastikhülle für Blätter eine Schablone geschnitten. In der Öffnung habe ich die Farbe aufgetragen und diese anschließend mit einem Stück Tissue zu gleichmäßiger Deckung verrieben.

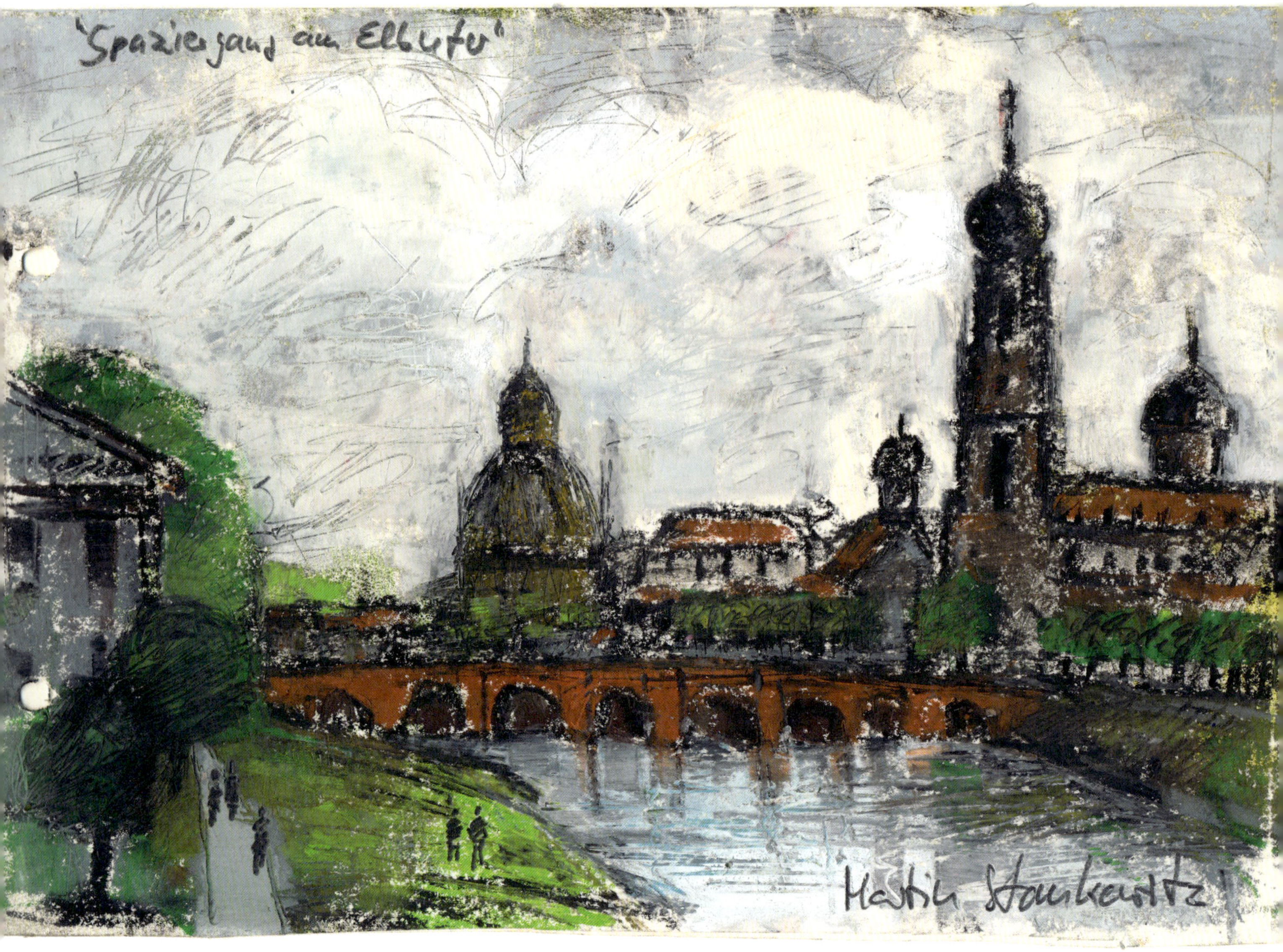

Spaziergang am Elbufer. Ölpastell, 17 × 26 cm

Wie mische ich Farben?

Die Hersteller von Ölpastellen bieten jeweils ein Sortiment von etwa 100 bis 120 verschiedenen Farben an. Trotz dieser Vielfalt werden in der Praxis oft zusätzliche Farbabstufungen benötigt, so zum Beispiel für Farbübergänge, zur Darstellung von Licht und Schatten auf Gegenständen oder zur Nachahmung von Farbtönen in der Landschaft. Zu fast jedem Farbton werden hellere oder dunklere Varianten benötigt, die man nur über Farbmischungen oder über das Beimischen von Weiß oder Schwarz zu einer Grundfarbe erzielen kann.

Je mehr unterschiedliche Farbtönungen im Farbkasten zur Verfügung stehen, desto zahlreicher sind natürlich auch die möglichen Mischfarben. Allerdings hat das Mischen von Ölpastellfarben Grenzen. Es unterscheidet sich deutlich vom Arbeiten mit Öl- oder Acrylfarben aus Tuben. In der Regel tragen Sie nämlich Ölpastellfarben in Schichten übereinander direkt im Bild auf, anstatt eine Farbmischung separat auf einer Palette durch intensives stoffliches Mischen herzustellen.

Ich verstehe das Mischen von Ölpastellfarben daher eher als eine Methode, um eine dominierende Hauptfarbe durch Untermalung oder Übermalen mit einer oder mehreren anderen Farben zu verändern. Auf diese Weise lassen sich auch die sehr starken, gesättigten Farbtöne sofern gewünscht »brechen«. Dadurch können Sie zu grelle Farbkontraste abmildern und so zum Beispiel Farbtöne im Bild den eher gedämpften Farben in der Natur anpassen. Es erfordert geduldige Übung und Erfahrung, um zuverlässig den gewünschten Mischton zu treffen.

Mit Ölpastellen lassen sich kaum so perfekte, sanfte Farbverläufe erzielen wie mit der wässrigen Acryl- oder Aquarellfarbe. Dies mag man als Nachteil von Ölpastellen ansehen, dagegen stehen aber die Ausdruckskraft von Ölpastellen und ihre besonderen Möglichkeiten der Bearbeitung. Den besonderen »Look« von Ölpastellbildern können Sie mit anderen Medien nicht erreichen.

Sie werden auf den folgenden Seiten zahlreiche Tabellen finden, in denen Farbmischungen durch Untermalung vorgeführt werden.

Möglicherweise erscheint Ihnen beim Lesen das Malen mit Ölpastellen sehr kompliziert oder schwierig. Diesen Bedenken sollten Sie nicht nachgeben. Mit den Farbtabellen möchte ich im Gegenteil Ihre Begeisterung für die einzigartige Farbwelt von Ölpastellen wecken und Ihnen ein paar grundlegende Hilfestellungen für das Farbenmischen geben.

Ich selbst habe auch nicht immer alle Kombinations- und Mischoptionen im Kopf und auf Knopfdruck parat. Das ist auch gar nicht notwendig. Mit der Zeit und der Übung wächst das Repertoire an Ausdrucksmöglichkeiten kontinuierlich wie von selbst, wenn Sie neugierig bleiben und auch Experimenten ihren Platz einräumen.

Ich male im Wesentlichen auf drei unterschiedliche Arten. Zum einen male ich spontan ohne vorher festgelegte Farbskala in eher schnellem Tempo. Dies gibt mir die Möglichkeit, Neues und Ungewohntes zu entdecken, birgt aber auch die Gefahr, dass etwas schiefgeht.

In schnellen Skizzen male ich gern mit einem reduzierten Farbsatz von nur vier bis fünf Farben, die ich vorher auswähle. Dies hilft mir, mich auf das Motiv mit seinen Formen und Texturen zu konzentrieren.

Die meisten Bilder, so wie bei den Bildprojekten vorgestellt, plane ich sorgfältig. Oft habe ich das Motiv schon zeichnerisch oder in einer anderen Technik erkundet. Dann stelle ich vor Beginn genaue Überlegungen über die Farbgebung an und lege die voraussichtlich notwendigen Farben schon vor Beginn bereit. Ich arbeite langsam und prüfe den Verlauf immer wieder. Farbmischungen überlege ich sehr genau, und ich teste mögliche Kombinationen auf separatem Papier, bevor ich sie in meinem Bild anwende.

Mischtechniken

Alle hier vorgestellten Mischreihen habe ich mit Ölpastellen der Marke Caran d'Ache ausgeführt. Bei Verwendung anderer Produkte können die Ergebnisse anders ausfallen. Ganz unabhängig davon kann ich nur empfehlen, stets eigene Mischreihen anzulegen oder regelmäßig das Mischen von Farben zu üben. Sie können dabei sehr viel für die praktische Arbeit an Bildern lernen.

Es gibt verschiedene Techniken, um Ölpastelle zu mischen, die sich auch kombiniert anwenden lassen:

- durch Auftragen in Schichten
- durch Verreiben
- durch Verdünnen

Mischen in Schichten: Türkisgrün über Malachitgrün

Auftragen von Farben in Schichten übereinander

Die einfachste und beste Art, Ölpastellfarben zu mischen, besteht darin, die Farben in Schichten übereinander aufzutragen. Dabei soll entweder die untere Schicht die obere Schicht im Farbton verändern oder umgekehrt.

Beim Auftragen der oberen Schichten wird durch den Druck nur teilweise eine stoffliche Mischung der Schichten erzielt. Die Mischfarbe wird daher überwiegend durch optisch-subtraktive Mischung hervorgerufen, d. h. durch die mehr oder weniger stark ausgeprägte Transparenz der oberen Farbschicht oder durch den eventuell unvollständigen Auftrag der Deckschicht. Dies macht das Malen mit Ölpastellen besonders reizvoll.

Durch die Reihenfolge des Farbauftrags beeinflussen Sie das Ergebnis erheblich. Auch lässt sich das Ergebnis durch den Druck, den Sie beim Malen auf die Farbstifte ausüben, und durch die Dicke der Farbschichten variieren.

Natürlich können Sie auch drei oder mehr unterschiedliche Farben im Wechsel übereinanderlegen. Allerdings kann das manchmal zu einem recht »schmutzigen« Farbton führen. Sofern das Ergebnis so nicht gewünscht ist, kratzen Sie die Farben mit einem Palettmesser oder ähnlichem Werkzeug wieder vom Bildträger ab und beginnen an der gleichen Stelle neu. Meist bleiben dabei Farbspuren zurück, die den Neuaufbau der Farbmischung beeinflussen können.

Ich versuche, den gewünschten Farbton mit möglichst wenigen Farbschichten und maximal drei verschiedenen Farben zu erreichen. Es kann aber vorkommen, dass ich Farben mehrfach im Wechsel übereinandersetzen muss, bis ich mit dem Ergebnis zufrieden bin.

Ölpastelle trocknen zwar nie völlig durch, aber die Oberfläche verändert sich doch: Sie wird bereits fünf bis zehn Minuten nach dem Auftrag trockener und damit etwas härter. Dieser Effekt kann je nach verwendetem Malgrund unterschiedlich ausfallen. Saugfähige Papiere nehmen die öligen Bestandteile der Farben schneller auf als Papiere mit geschlossener Oberfläche (z. B. Ölmalpapiere).

Sie werden also unterschiedliche Ergebnisse erzielen, je nachdem, ob Sie die zweite Farbschicht unmittelbar nach der ersten auftragen oder die erste Farbschicht erst fünf bis zehn Minuten oder länger antrocknen lassen. Im letzteren Fall wird

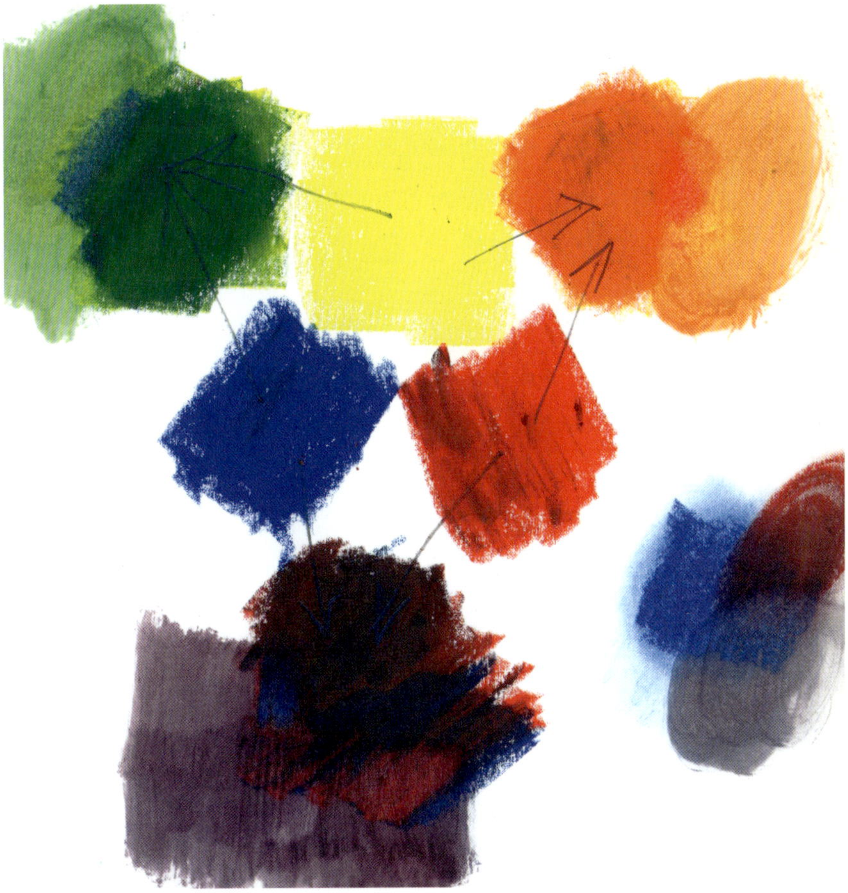

Mischübung mit den Primärfarben Rot (Scharlachrot), Blau und Gelb

beim erneuten Farbauftrag mehr Pigment vom Farbstift abgetragen und der Farbauftrag ist dadurch stärker deckend. Gleichzeitig ist aber die stoffliche Durchmischung mit der vorherigen Farbschicht, die jetzt nicht mehr so weich ist, schwächer. Das bedeutet, Sie können Unebenheiten in der Untermalung durch vorsichtiges Auftragen der Deckschicht gezielt für eine optische Mischung nutzen.

Helles Türkisgrün ist auf Seite 42 über Malachitgrün gemalt. Links habe ich Türkis sofort nach dem Auftrag von Malachitgrün als zweite Schicht aufgetragen, rechts erst nach einer Wartezeit von etwa fünf Minuten. Die Türkisschicht bleibt hier heller. Wenn Sie nochmals etwas warten und wieder Türkisgrün auftragen, so wird das Türkisgrün noch stärker sichtbar. Man kann sich auf diese Weise Schicht für Schicht an den gewünschten Mischfarbton herantasten.

Mit den Ölpastellfarben Scharlachrot, Blau und Gelb habe ich im Bild oben versucht, die Mischfarben Grün, Orange und Violett (Sekundärfarben) durch Auftragen der Grundfarben in Schichten zu erzeugen. Violett lässt sich auf diese Weise nur schwer mischen. Wenn ich die Farben mit etwas gebleichtem Mohnöl und einem Pinsel verreibe, wird ein Violettton deutlicher sichtbar. Auch die Mischfarben Grün und Orange werden durch Beigabe von Mohnöl heller und transparenter. Dies ist ein weiterer Hinweis auf die Besonderheiten, denen man beim Mischen von Ölpastellen begegnen kann.

Verreiben von Farben

Zusätzlich zum Auftragen in Schichten können Sie die Farben nachträglich zur intensiveren Vermischung mit einem Werkzeug verreiben, insbesondere um Farbübergänge zu gestalten (siehe unten). Ich benutze dazu im Handel erhältliche Shaper, die wie Pinsel aussehen, anstelle der Haare aber ein entsprechend geformtes, biegsames Stück Kunststoff haben. Den Shaper sollten Sie nach Gebrauch oder auch mal zwischendurch sorgfältig reinigen, um

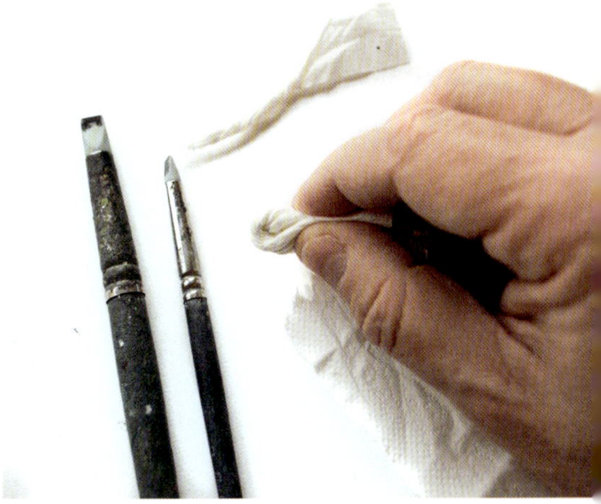

Shaper und Tissue als Reibewerkzeuge

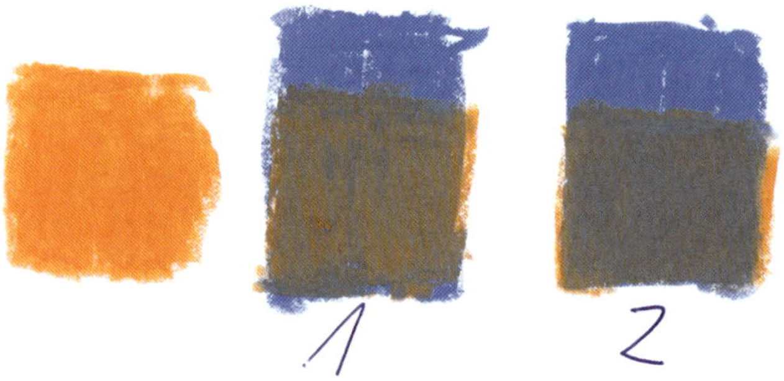

Mischübung Rotgelb über Lavendelblau

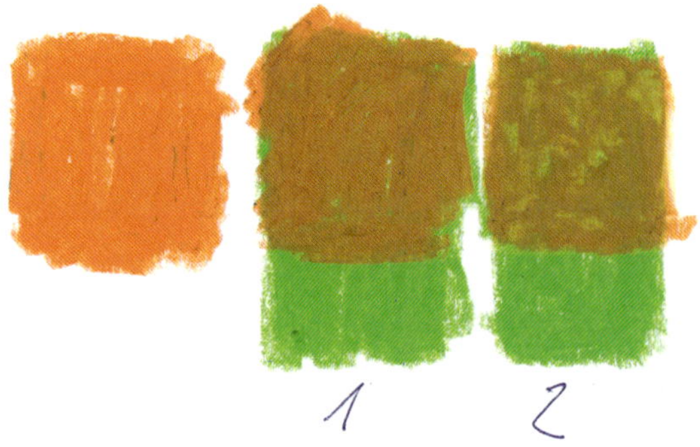

Mischübung Rotgelb über Hellgrün

unerwünschte Verschmutzungen zu vermeiden. Außerdem verwende ich häufig Tissuepapier zum Verreiben von Farben, meistens zu festen Röllchen gewickelte Stückchen von Papiertaschentüchern. Die benutzten Röllchen kann ich schnell durch neue, saubere ersetzen und damit unabsichtliche Verunreinigungen mit Farbresten sicher vermeiden.

Hier ist Rotgelb über Lavendelblau aufgetragen. Die Mischtöne unterscheiden sich. Nr. 1 zeigt den Auftrag in Schichten ohne Bearbeitung mit einem Shaper. Bei Nr. 2 wurden die übereinanderliegenden Farbschichten zusätzlich mit einem Shaper zur besseren Durchmischung verrieben. Die obere Farbschicht Rotgelb sitzt ohne Behandlung mit dem Shaper deutlicher auf der unteren Schicht auf. Durch Verreiben wird die obere Schicht stärker stofflich mit der unteren Schicht vermischt, aber auch teilweise zur Seite geschoben, wodurch sich der gemischte Farbton stärker an die untere Schicht angleicht.

Das Verreiben von Farbschichten kann manchmal schwierig sein. In diesem Beispiel sieht man unter Nr. 1 Rotgelb über Hellgrün in jeweils einer Schicht übereinander aufgetragen. Unter Nr. 2 habe ich versucht, die Farbschichten nachträglich mit einem Shaper stärker zu vermischen. Sie sehen, dass der Shaper die obere Farbschicht teilweise aufgerissen hat und dadurch die tiefer liegende Farbschicht stärker sichtbar wird. Je nach Transparenz und Dicke der aufgetragenen Farbschichten müssen Sie eventuell nochmals Farbe auftragen und sie erneut mit dem Shaper bearbeiten, um einen gleichmäßigeren Farbmischton zu erzielen.

Wie kann ich Farbübergänge malen?

Mit Ölpastellen ist das Malen von Farbübergängen nicht ganz einfach. Wenn Sie die Farben nur in Schichten auftragen, ist das fast nicht zu schaffen. Sie müssen die Farben in der Übergangszone verreiben, um eine ausreichende Durchmischung zu erzielen. Wollen Sie zum Beispiel gleitende Übergänge zwischen zwei Farben herstellen, legen Sie die beiden Farben mit leichtem Druck in der Mischzone übereinander und versuchen den Übergang von der einen Farbe zur anderen herzustellen, indem Sie den Druck auf die Farbstifte abschwächen. Ungleichmäßigkeiten lassen sich dann durch vorsichtiges Reiben senkrecht zum Farbverlauf ausgleichen. In der Regel müssen Sie diesen Vorgang einige Male wiederholen, um eine gleichmäßige Durchmischung zu erzielen.

Zunächst reibe ich die Grundtöne nebeneinander mit dem Tissue in das Papier ein, setze die Farben in der Mischzone mit Farbstiften locker, in dünnen Schichten übereinander und verreibe die Farbschichten, um den Farbübergang herzustellen. Soweit erforderlich, überarbeite ich den Farbübergang, indem ich erneut Farbe auftrage. Sie können sich auch sehr vorsichtig an die Aufgabe herantasten, indem

Mit einem Shaper durch Verreiben der Farben hergestellter Farbübergang

Farbübergang durch Verreiben mit Tissuepapier

Sie die Farben nicht nur in der Mischzone, sondern insgesamt erst dünn auftragen und dann nach und nach durch weiteren Farbauftrag zu einer deckenden Farbschicht gelangen. Farbübergänge sollten Sie durch Verreiben von hell nach dunkel erstellen, d. h., Sie ziehen das Reibewerkzeug bevorzugt von der hellen Farbe in die dunkle Farbe. Dadurch vermeiden Sie, dass die hellen Partien zu schnell und zu stark vom dunkleren Farbton abgetönt werden.

Bei vielen Farbkombinationen ist diese Vorgehensweise gut möglich. Manche Farbkombinationen können aber auch erhebliche Schwierigkeiten machen, wie Sie an dem Beispiel aus Türkisgrün und Orange sehen können: Beim Verreiben der Farben ergibt sich eine sehr starke Verbindung zwischen dem Bildträger (Papier) und der Farbe. Die so aufgetragenen Farbschichten lassen sich also kaum noch entfernen. Die einzige Korrekturmöglichkeit besteht dann noch in der Übermalung.

Mit der »Reibetechnik« lassen sich sehr eindrucksvolle Bilder mit einfachen Mitteln gestalten.

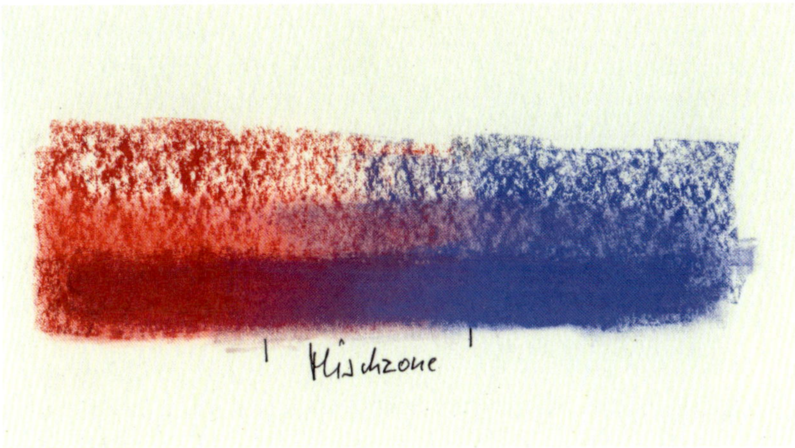

Farbübergang aus Indischrot und Lavendelblau

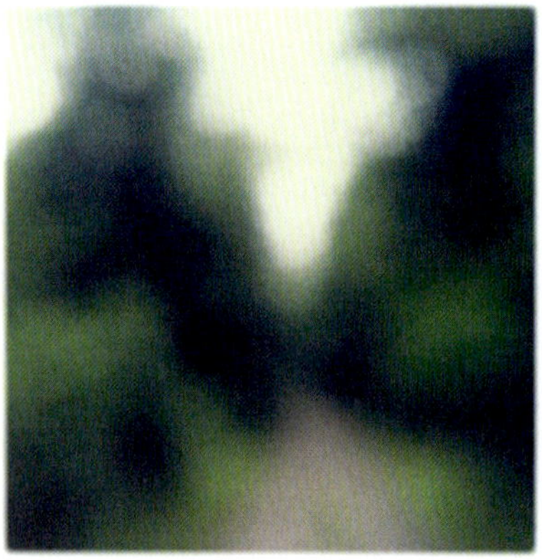

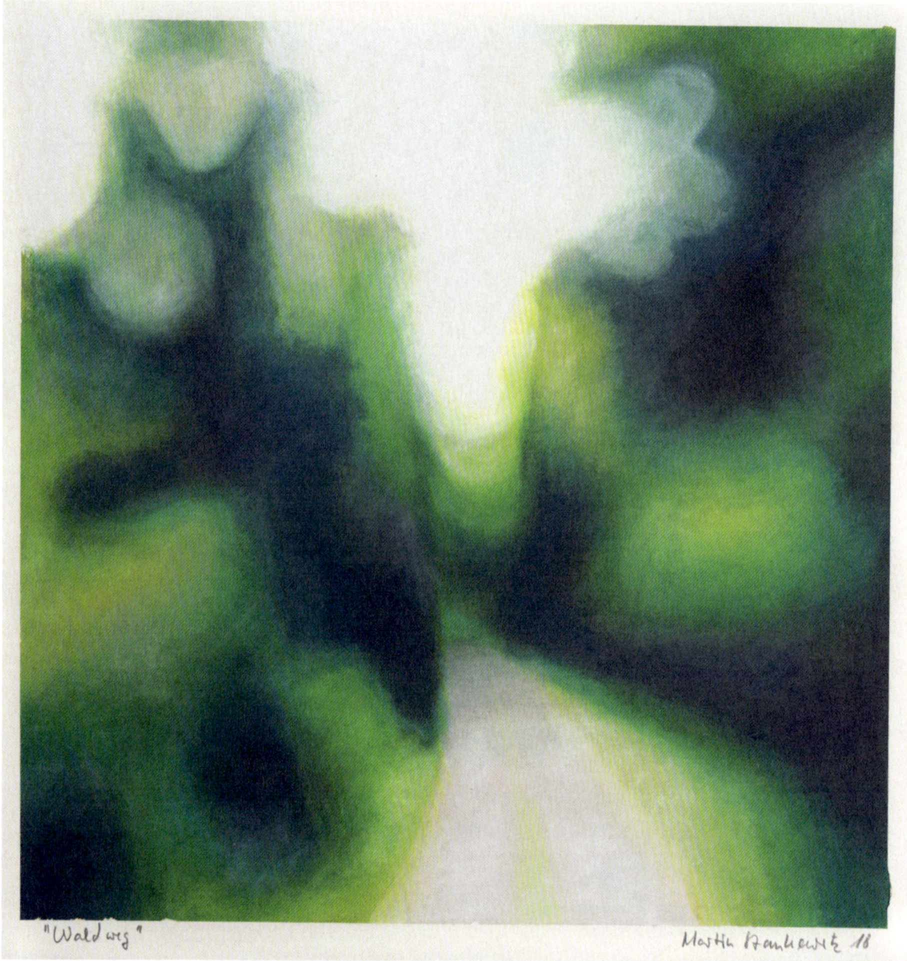

Waldweg. Ölpastell auf Papier, 50 × 50 cm und Foto

Das Bild eines Waldweges habe ich nach einer Fotografie gemalt. Mit meinem Mobiltelefon habe ich eine Serie von unscharfen Landschaftsbildern aufgenommen. Für eine Ausstellung über Landschaftsmalerei und Landschaftszeichnung habe ich einige dieser Motive in Ölpastell umgesetzt.

Die Vorgehensweise bei diesem Bild ist sehr einfach. Die Farben werden in Schichten aufgetragen. Jede Schicht wird nach dem Auftrag mit Tissue verrieben. Hier zahlt es sich natürlich aus, zu wissen, welche Farben und in welcher Reihenfolge man am besten aufträgt, um das gewünschte Resultat zu erzielen.

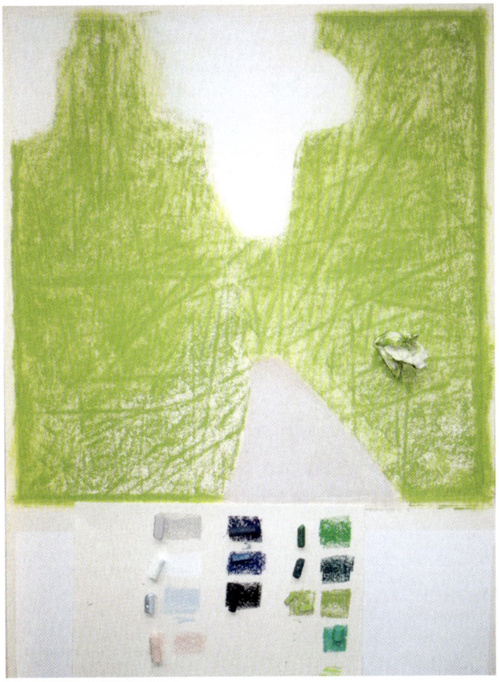

1

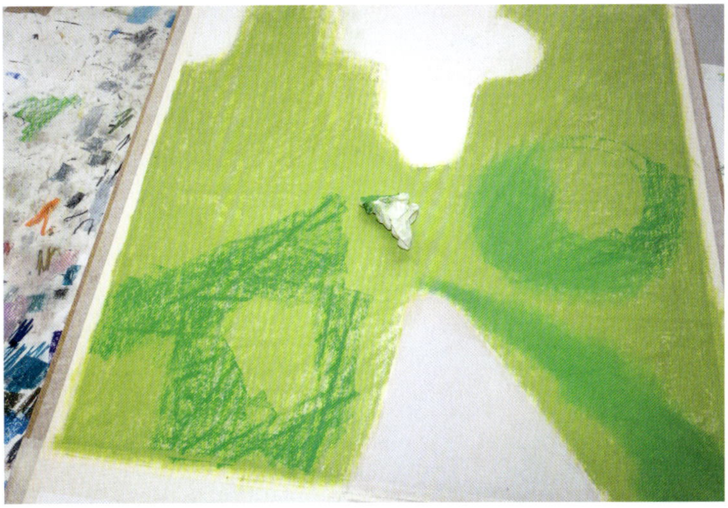

2

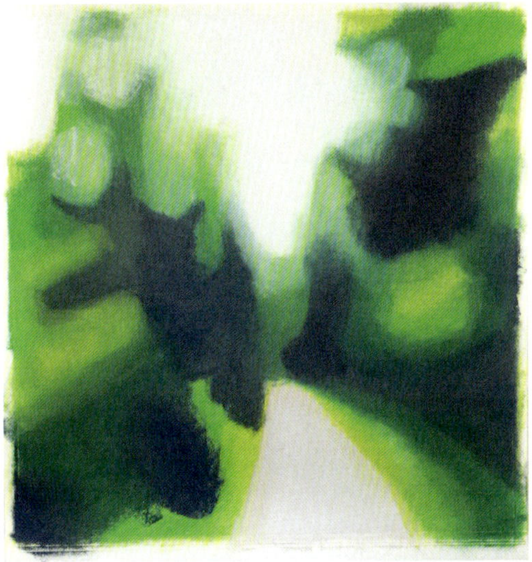

3

1 Zu Beginn habe ich die benötigten Farben ausgewählt. Nach dem Auftrag der ersten Farbschicht auf das unbehandelte Papier traten Unebenheiten in der Pressspanplatte hervor, auf der ich das Papier mit Klebeband befestigt hatte. Es empfiehlt sich, die Farbschichten zunächst nur mit leichtem Druck zu verreiben, um Unregelmäßigkeiten im Farbauftrag auszugleichen. Den Druck können Sie dann nach und nach erhöhen, um eine vollständige Abdeckung des Malgrundes zu erzielen. Wenn Sie gleich zu Beginn maximalen Druck ausüben, können Unregelmäßigkeiten im Farbauftrag zu fleckiger Verteilung der Farbschicht führen, die nur durch nachträglichen Farbauftrag an den hellen Stellen zu korrigieren ist. Besser ist es, mehrere dünne Schichten der gleichen Farbe hintereinander aufzutragen und sich so an den optimalen Farbauftrag heranzuarbeiten.

Die Streifen habe ich durch sorgfältiges Verreiben der Farbe in nachfolgenden Arbeitsschritten beseitigen können. Für solche Projekte sollten Sie eine möglichst glatte Unterlage wählen oder ein sehr dickes, glattes Papier, denn beim Verreiben der Farbe treten auch kleinere Unebenheiten deutlich hervor.

2 Nachdem die erste hellgrüne Schicht aufgetragen und verrieben war, folgte die nächste Farbschicht. Die Arbeitsweise ist hier sehr kontrolliert und sorgfältig. Insgesamt habe ich an vier Tagen jeweils zwei bis drei Stunden an diesem Bild gearbeitet. Die Farben müssen wohlüberlegt an den richtigen Stellen aufgebracht werden, denn nach dem Verreiben ist die Verbindung mit dem Papier so stark, dass Korrekturen kaum noch möglich sind.

3 Gegen Ende der Arbeit habe ich die dunklen Partien nach und nach ins Bild gebracht.

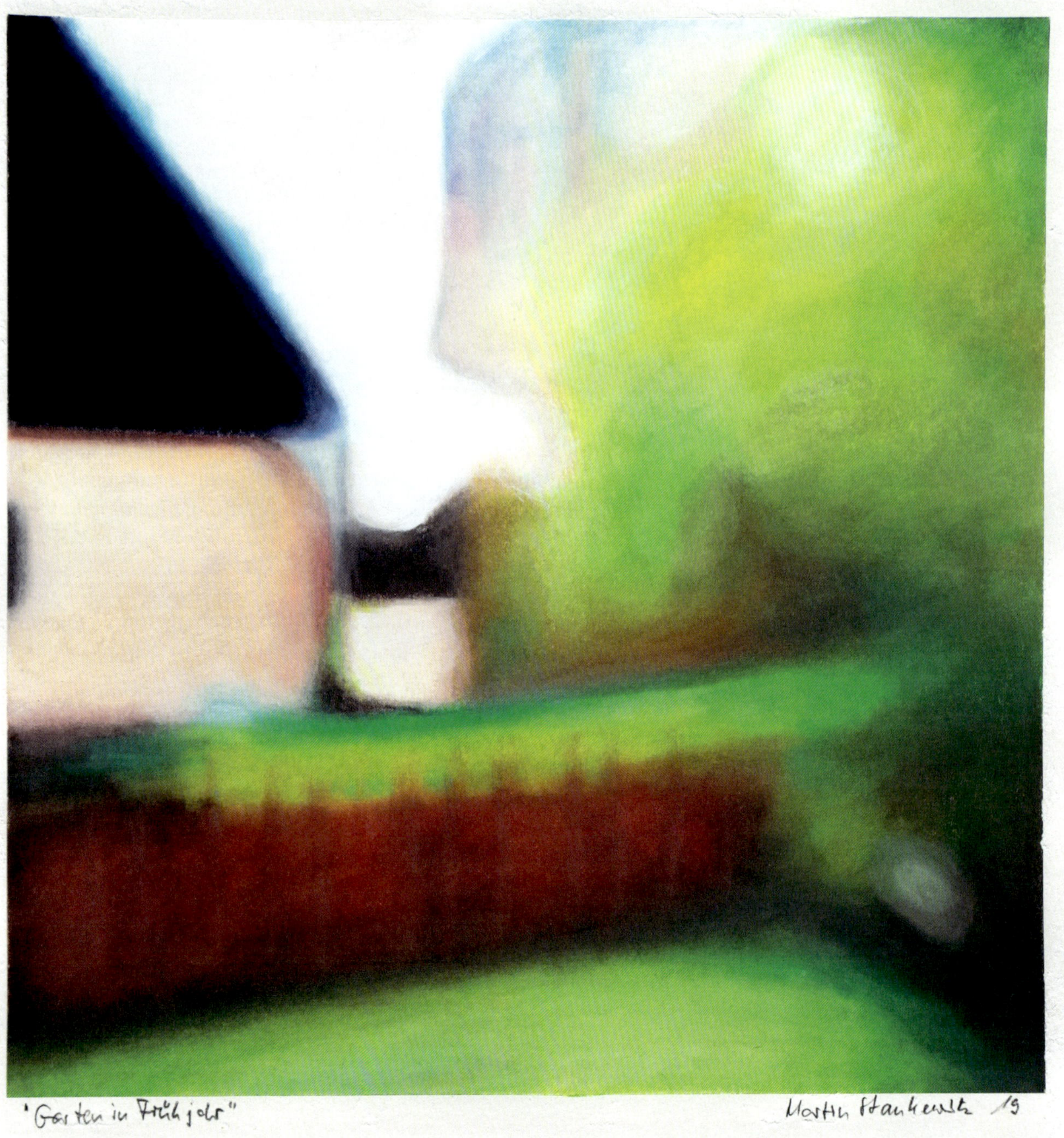

Garten im Frühjahr. Ölpastell auf Papier, 50 × 50 cm

Dieses Bild habe ich mit der gleichen Technik gemalt. Hier kommen die satten Ölpastellfarben zu ihrer vollen Wirkung. Fotografien können dies leider nur unzureichend wiedergeben. Die samtige, matte Oberfläche der Ölpastelle ist etwas ganz Besonderes.

Arbeiten mit verdünnten Ölpastellen

Sie können Ölpastelle ähnlich wie Ölfarben aus Tuben mischen, wenn sie mit für Ölfarben geeigneten Lösungsmitteln verdünnt werden. Meiner Erfahrung nach ist es am einfachsten, eine dünne Schicht Ölpastelle auf den Bildträger oder auch separat auf einer Palette aufzutragen und sie anschließend mit kleinen Mengen von Lösungsmittel auf einem Pinsel oder einem Tissuepapier weiterzubearbeiten bzw. in Mischung zu verreiben. Sie können auch hier in Schichten arbeiten und sich so langsam an den gewünschten Farbton herantasten. Verdünnte Ölpastellfarben bilden einen dünnen, eher transparenten Farbfilm. Diese Art, mit Ölpastellen zu arbeiten, widerspricht der typischen Anwendung von Ölpastellen in Form eines Farbstiftes, mit dem Sie eher zeichnerisch arbeiten. Das Auf- oder Anlösen von Ölpastellen ist recht mühsam und das Ergebnis ähnelt eher dem Malen mit Aquarellfarben. Speziell auf größeren Flächen ist das Arbeiten mit Ölfarben aus der Tube sehr viel einfacher und schneller. Für kleine Formate bis DIN A4 und für schnelles Skizzieren vor Ort ist diese Technik mit Ölpastellen aber durchaus geeignet und sehr reizvoll.

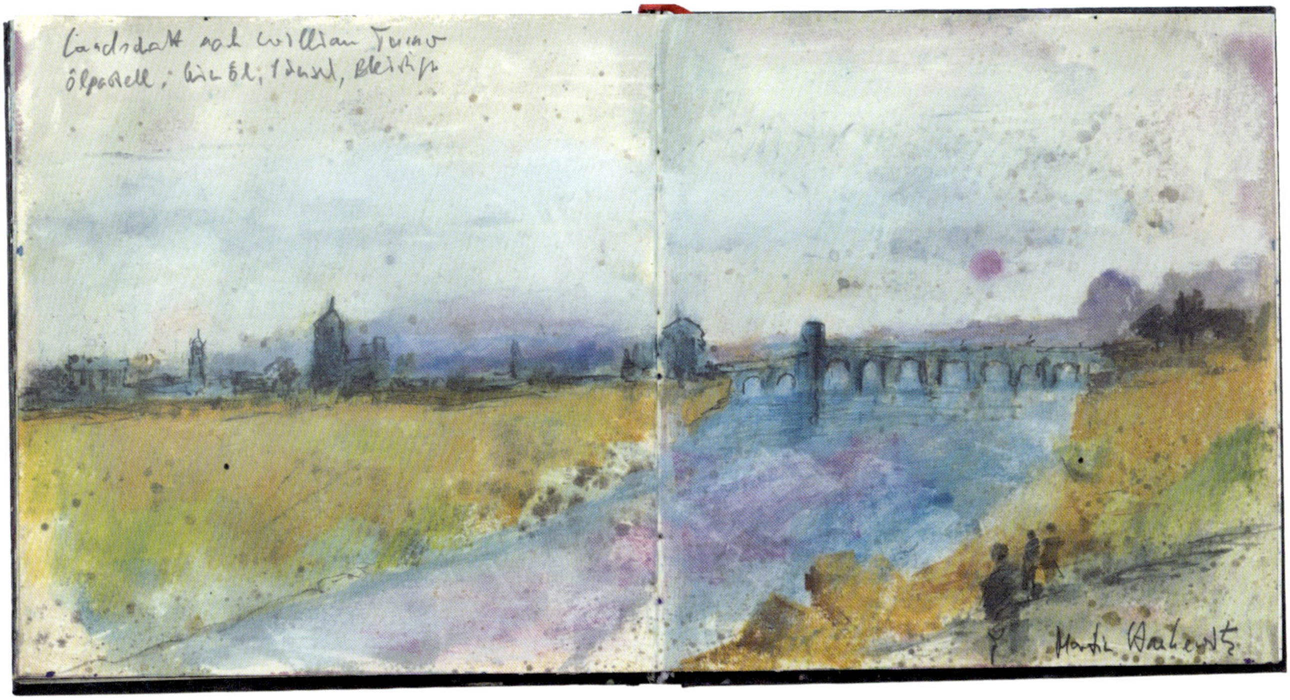

Landschaft nach William Turner. Skizzenbuch, 20 × 40 cm

Die Farben habe ich in dieser Skizze ganz leicht in dünnen Schichten aufgetragen. Anschließend habe ich die Farben mit einem in gebleichtem Mohnöl getränkten kleinen Borstenpinsel auf dem Papier gemischt. Im Grunde ist dies eine Laviertechnik, bei der Farben nachträglich auf dem Bild verdünnt und »verwaschen« werden. Diese Arbeitsschritte habe ich mehrfach wiederholt und das Bild so in mehreren Schichten aufgebaut.

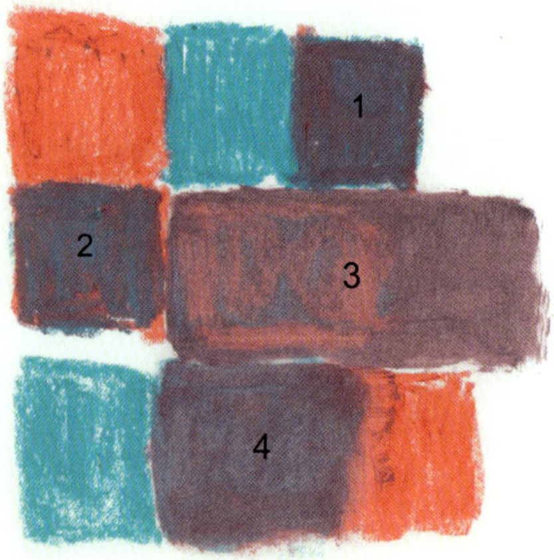

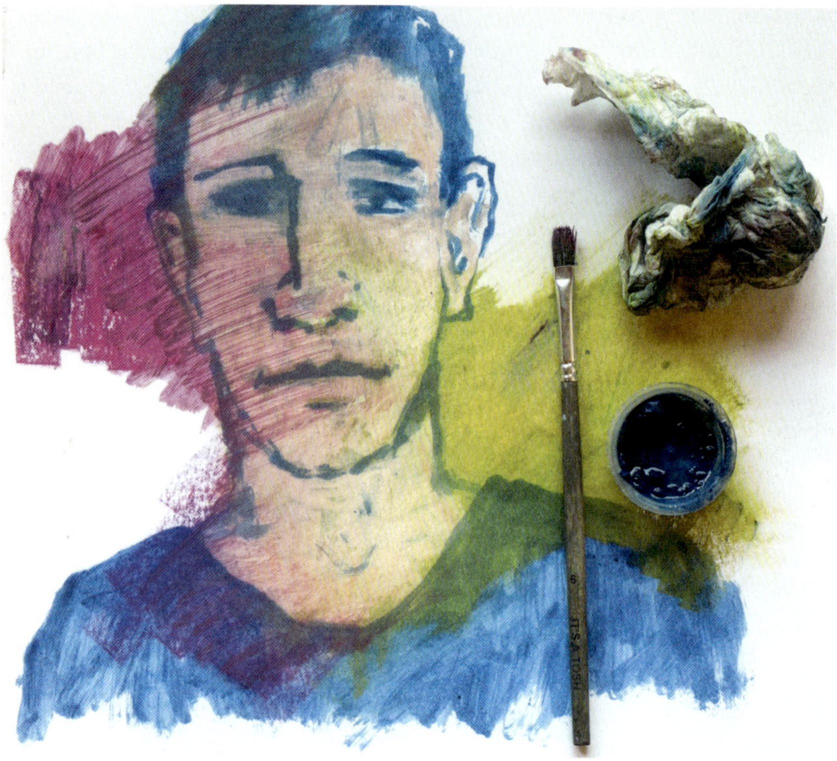

Pinselskizze mit verdünnten Ölpastellen

Die Farben Rot und Blau wurden hier in verschiedener Weise gemischt, um zu sehen, ob und wie sich die Reihenfolge des Farbauftrags und die Verdünnung mit gebleichtem Mohnöl auswirken:

1. Rot über Blau in Schichten aufgetragen
2. Blau über Rot in Schichten aufgetragen
3. Rot und Blau wurden nacheinander in Schichten aufgetragen und danach als Ganzes mit einem Pinsel und etwas gebleichtem Mohnöl verrieben.
4. Zuerst habe ich Blau aufgetragen und mit Mohnöl zu einer gleichmäßigen Schicht verteilt, danach habe ich Rot aufgetragen und dann mit Mohnöl zu einer dünnen Schicht vermalt.

Beim Vergleich von Nr. 1 und Nr. 2 ist erkennbar, dass die Reihenfolge des Farbauftrags das Ergebnis beeinflusst. Sie erhalten eine homogenere Mischung, wenn Sie die hellere oder transparentere Farbe über der dunkleren oder stärker deckenden Farbe auftragen.

Beim Mischen mithilfe von Mohnöl ist das Ergebnis gleichmäßiger, wenn Sie jede Farbschicht nach dem Auftrag sofort mit Mohnöl verreiben (Nr. 4). Verreiben Sie zwei trocken übereinandergelegte Schichten (Nr. 3) als Stapel gemeinsam mit Mohnöl, können manche Farbpartikel schon vorher so stark mit dem Papier verbunden sein, dass es nicht mehr möglich ist, zu einer homogenen Mischung zu kommen. Sie können diesem Effekt etwas entgegenwirken, indem Sie die Ölpastellfarbe nur ganz leicht auftragen.

In der Pinselskizze habe ich Stückchen von blauer Ölpastellfarbe mit gebleichtem Mohnöl in einem separaten Schälchen verdünnt. Mit der so verflüssigten Farbe habe ich mit einem kleinen Borstenpinsel die Umrisse eines Porträts skizziert. Rechts und links habe ich anschließend Ölpastellfarbe (Gelb und Purpur) auf das Papier aufgetragen und sie mit einem in Mohnöl getauchten Pinsel vermalt. Diese Farbschichten wurden zusätzlich mit einem Tissuepapier verrieben.

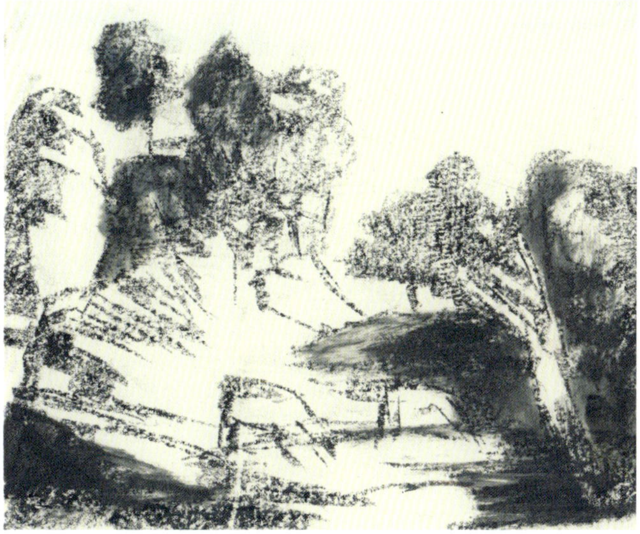

Landschaftsstudie nach William Turner.
Skizzenbuch, 20 × 20 cm

In dieser kleinen Studie nach William Turner habe ich die Farben in Schichten aufgetragen und mit gebleichtem Mohnöl auf dem Papier gemischt (laviert). Solange die Oberfläche noch feucht ist, lässt sich mit dem Ölpastellstift nur schlecht weitere Farbe auftragen. Wenn man saugfähiges Papier verwendet, dauert es aber nur wenige Minuten, bis die Oberfläche ausreichend trocken ist für den nächsten Farbauftrag. Eine Kombination von transparenten, verdünnten Farbschichten mit stärker deckenden Farbschichten, die direkt mit den Pastellstiften nach einer kurzen Trocknungszeit auf die verdünnte Farbe gesetzt werden, kann solche Arbeiten sehr reizvoll machen.

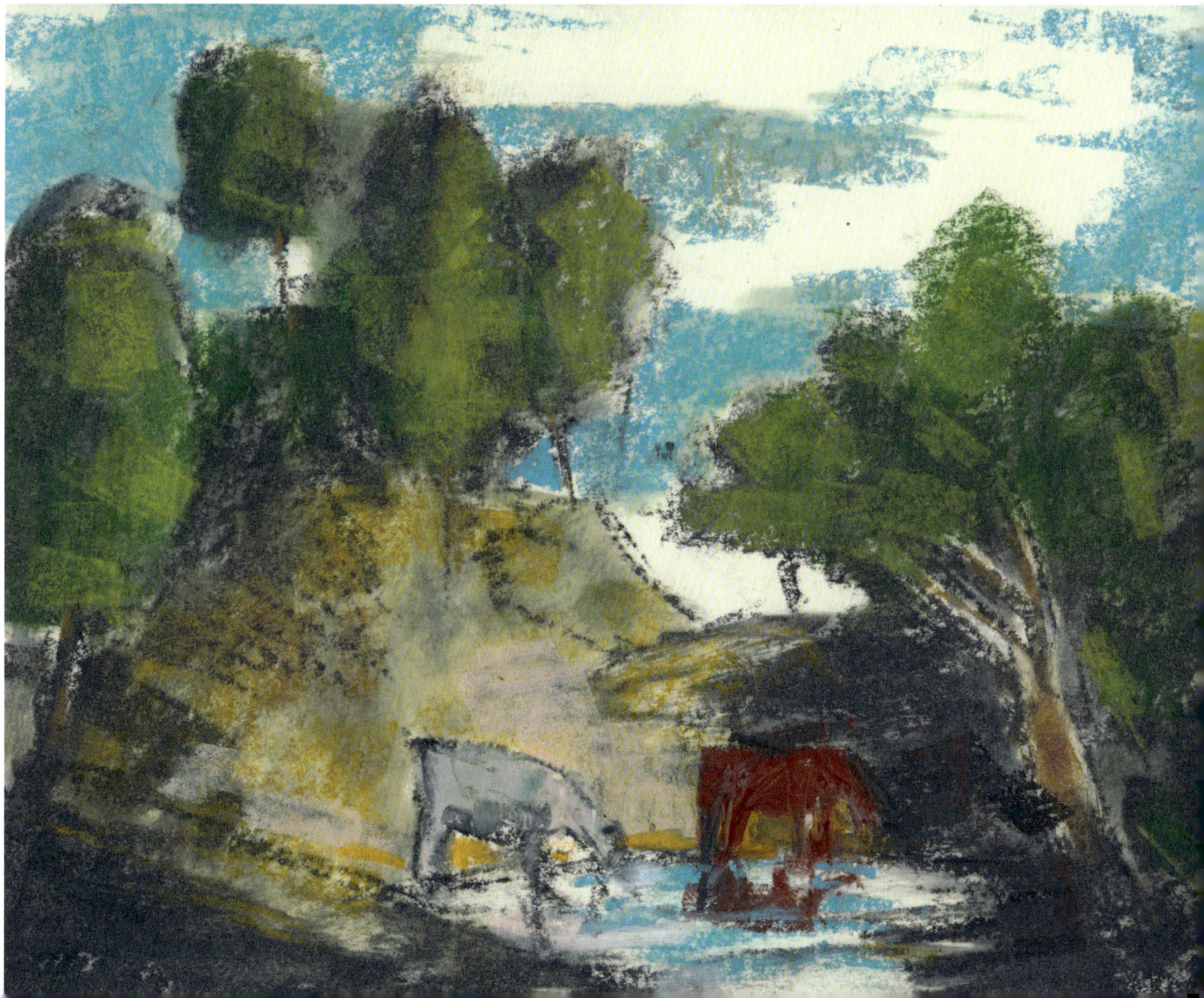

Mischen mit Schwarz und Weiß

Hellere oder dunklere Tonwerte einer Farbe sind theoretisch durch Beimischungen von Weiß und Schwarz zu erzielen. Schwarz und Weiß als »Nichtfarben« verändern – zumindest in der Theorie – den zur Mischung gewählten Farbton nicht, sondern bewirken eine Änderung der Helligkeit (des Tonwerts).

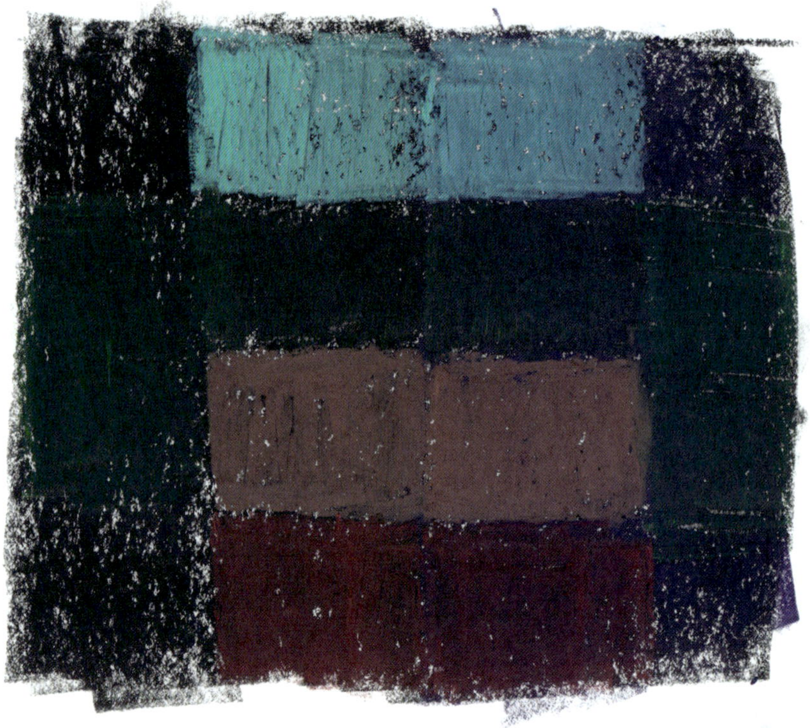

Abdunkeln mit Schwarz und Indigoblau

Mischen mit Schwarz

In der Praxis ist zumindest das Abdunkeln mit Schwarz aber nicht immer die beste Lösung. Durch Mischen mit Schwarz lässt sich zwar eine Farbe sehr gut abdunkeln, aber der Farbton wird dadurch unter Umständen getrübt und kann düster, stumpf oder schmutzig wirken. Mischen Sie zum Beispiel gelbe und schwarze Ölfarbe, so erhalten Sie ein stumpfes Grün.

Mischübung mit Schwarz und Gelb

Wenn Sie gelbe Ölpastelle mit Schwarz untermalen, können unerwünschte oder sogar unansehnliche Farbtöne entstehen. Viele Künstler haben Schwarz aus diesem Grund von der Palette verbannt und verwenden stattdessen eine Mischung aus Ultramarin mit Umbra. Aber selbst über die Verwendung von Umbra lässt sich (zumindest in der Ölmalerei) trefflich streiten.

Wenn ich eine Ölpastellfarbe abdunkeln möchte, untermale ich diese Farbe bevorzugt mit Indigoblau oder Preußischblau. Schwarz verwende ich nur, wenn ich die Deckschicht wirklich sehr stark abdunkeln möchte. Meist lege ich dann über Schwarz noch eine leichte Schicht einer anderen dunklen Farbe, z. B. Indigo oder Dunkelgrün, um das Schwarz lebendiger zu halten. Erst dann trage ich die Farbe auf, die ich abdunkeln möchte. Falls nötig, wiederhole ich den letzten Farbauftrag oder füge noch etwas von der dunklen Mischfarbe hinzu.

Die beiden linken Spalten in der Tabelle sind mit Schwarz untermalt, während bei den beiden rechten Spalten noch etwas Preußischblau auf die schwarze Untermalung gelegt wurde. Viel hängt davon ab, in welchem Verhältnis bzw. wie stark Schwarz und Indigoblau (oder Preußischblau) aufgetragen werden. Da die Oberfläche von Ölpastellfarben wie gesagt nach einigen Minuten etwas antrocknet und damit rauer wird, nimmt sie die nächste Farbschicht stärker an. Damit bekommt die neue Farbschicht eine höhere Deckkraft, was das Ergebnis natürlich beeinflusst.

Hier habe ich versucht, Übergänge zwischen Preußischblau und Weiß zu mischen: zunächst ohne zusätzliche Hilfsmittel, dann mit einem Shaper und anschließend mit einem gerollten Stück Tissuepapier. Bei Farbübergängen zwischen Weiß und einer dunklen Farbe ist es am besten, mit einer größeren Fläche Weiß zu beginnen, die die geplante Übergangszone einschließt, und einer kleineren Fläche der dunklen Farbe. Beim Mischen breitet sich nämlich die dunkle Farbe sehr schnell in der weißen Fläche aus. Es empfiehlt sich, von der weißen Fläche in die dunkle Farbe hinein zu arbeiten.

Man kann daher, wenn eine Stelle zu dunkel erscheint, fünf bis zehn Minuten (oder länger) abwarten und dann erneut Farbe auftragen, anstatt zu versuchen, mit viel Druck mehr Farbe auf das Papier zu quetschen. In der Regel wird dadurch nur die Untermalung an manchen Stellen freigelegt, während sich die obere Farbschicht an anderer Stelle ansammelt.

Anstelle von Schwarz und Indigoblau können Sie auch einmal Schiefergrau, Sepia, Umbra oder Bister für eine dunkle Untermalung ausprobieren.

Mischen mit Weiß

Die Schwierigkeit beim Aufhellen von Ölpastellfarben mit Weiß besteht darin, dass in der für Ölpastelle typischen Mischung in Schichten die obere Schicht bei Farben mit sehr unterschiedlicher Helligkeit meist als Farbschleier erkennbar bleibt – es sei denn, man erzwingt eine stärkere stoffliche Mischung durch mehrfaches Übermalen oder durch Verreiben der Farbschichten mit entsprechenden Werkzeugen.

Sehr helle Flächen oder gar weiße Bereiche in einem Ölpastell (z. B. Wolken am Himmel) sollten Sie möglichst umsichtig planen. Es ist sinnvoll, eine Fläche für diese Bereiche von anderen Farben freizuhalten, da es sehr viel einfacher ist, mit anderen Farben abzudunkeln, als mit Weiß aufzuhellen. Auch geringe Mengen einer anderen Farbe können in Weiß einen störenden Farbstich hinterlassen. Deshalb beginne ich Himmel immer mit den hellsten Partien. Um helle, weiße Wolken in einem blauen Himmel lasse ich gern zu Beginn eine schmale Randzone frei, die nicht von Farben bedeckt ist. Erst gegen Ende der Arbeiten am Himmel taste ich mich vorsichtig von den blauen Partien an die Ränder der Wolken heran. So vermeide ich, dass das Weiß der Wolken unbeabsichtigt durch dunklere Farben getrübt wird.

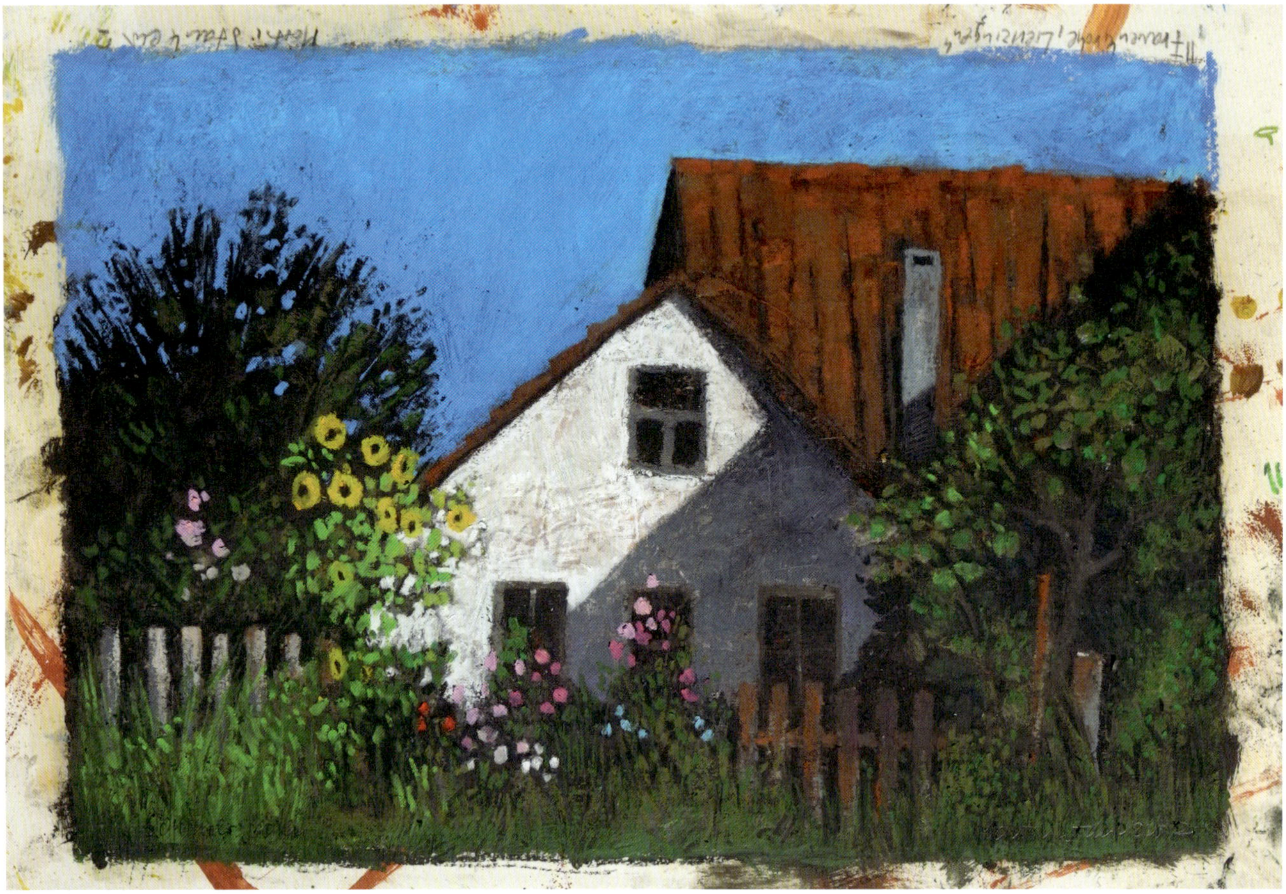

Schmie. Ölpastell über Ölfarbe, Format 35 × 50 cm

Licht und Schatten

Mischen mit Schwarz und Weiß steht in der Malerei eigentlich immer im Zusammenhang mit der Darstellung von Licht und Schatten. Gekonnte Lichtführung durch markante Modulation der Helligkeiten von Farben lässt ein Bild lebendig erscheinen. Bilder ohne ausgeprägte Licht- und Schattenpartien wirken eher langweilig.

Wie bringt man aber Licht und Schatten in ein Bild? Indem man helle Farben für die hell beleuchteten Partien und dunkle Farben für die Schattenpartien verwendet. Das in der Praxis auszuführen ist aber nicht so einfach; es erfordert nicht nur ständige Übung, man ist bei dieser Aufgabe auch immer wieder aufs Neue gefordert und lernt sozusagen nie aus.

Das Malen mit Ölpastellen nimmt auch in dieser Hinsicht eine besondere Position ein, da das Aufhellen oder das Abdunkeln von Farben nicht so einfach möglich ist wie zum Beispiel bei Acrylfarben oder Ölfarben aus der Tube.

Andererseits gibt es für die meisten Situationen schon ausreichend helle Varianten von Farbtönen, die rein, ohne irgendwelche Beimischungen für voll beleuchtete Flächen bzw. Objekte verwendet werden können. Mit der Zeit lernt man die Helligkeitswerte bestimmter Farben genau kennen und kann diese dann gezielt in der Kombination verschiedener Farbtöne einsetzen.

Außer bei Himmeln vermeide ich in meinen Ölpastellen möglichst das Aufhellen von Farben mit Weiß. Ich bevorzuge helle oder sehr helle Varianten von Farbtönen, die ich gegebenenfalls noch etwas

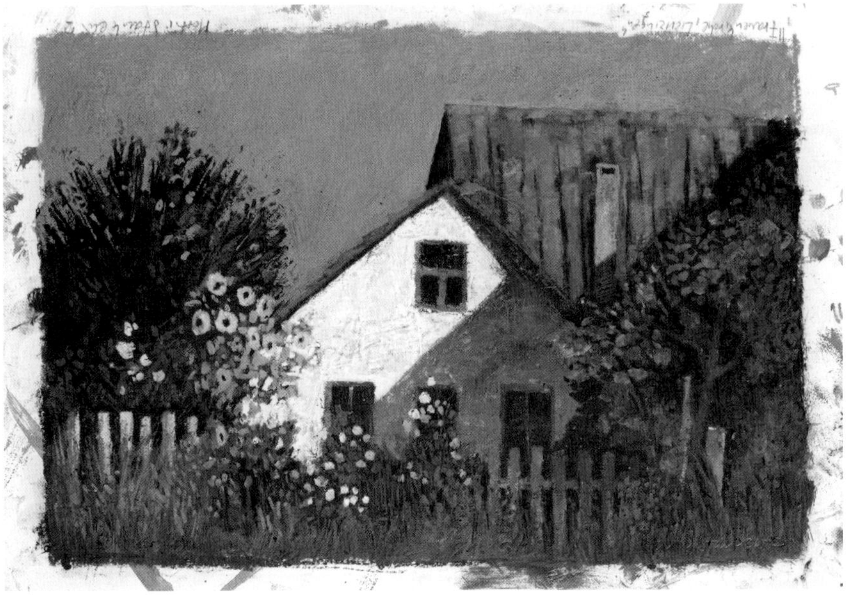

Wandelt man ein farbiges Bild digital in ein Schwarzweißbild um, so lassen sich die Tonwerte im Bild gut beurteilen.

abdunkeln kann, als Farben für vom Sonnenlicht bzw. hell beleuchtete Flächen.

Nur in den sogenannten Spitzlichtern, in kleinen, extrem hellen Lichtreflexen zum Beispiel, verwende ich Weiß. Ansonsten versuche den Kontrast zwischen Licht und Schatten so weit wie möglich durch dunkle Farben oder abgedunkelte Farbtöne in den Schattenbereichen zu erzielen. Ich versuche also, den Effekt von Licht und Schatten bevorzugt durch das Betonen von Schatten zu bewirken, anstatt möglichst helle Lichter zu malen. So wie zu viel Schwarz ein Bild stumpf oder grau erscheinen lassen kann, so hinterlässt zu viel Weiß nämlich oft einen kalkigen, blassen Eindruck.

Im Vergleich von farbiger Darstellung mit der digitalen Umwandlung in Schwarzweiß ist zu sehen, dass das Hellblau von Caran d'Ache als Farbe des Himmels einem mittleren Tonwert entspricht. Fotografen ermittelten früher bei wolkenlosem Himmel auf diese Weise das sogenannte Mittelgrau. Etwa 90° seitlich von der Sonne gedreht, bestimmten sie die optimale Belichtungszeit, indem sie den Belichtungsmesser auf das dunkle, gesättigte Blau am wolkenlosen Himmel richteten.

Das oben angesprochene Hellblau ist für mich beim Malen im Freien zum idealen Ausgangspunkt der Helligkeitsskala geworden. Nach einer Vorzeichnung oder Untermalung setze ich daher gern diesen Farbton beim Malen von Landschaften mit blauem Himmel frühzeitig an einigen Stellen ins Bild, um alle weiteren Farben im Vergleich in der Helligkeit daran zu orientieren. Das erleichtert die Beherrschung der hellen und dunklen Tonwerte besonders beim Malen im Freien sehr.

Je nach Umgebungslicht kann es recht schwierig sein, die verschiedenen Helligkeiten bzw. Tonwertstufen optimal zu treffen. Gerade bei strahlendem Sonnenschein besteht die Gefahr, zu hell zu malen. Wenn Sie sich zum Schutz vor der direkten Sonneneinstrahlung im Schatten von Bäumen oder Gebäuden aufhalten, verändert dieser Schatten auch die Farben auf Palette und Bild im Vergleich zur besonnten Szenerie, was die Sache nicht einfacher macht.

Die Farbe Hellblau gibt mir in solchen Situationen eine konstante, von allen Varianten des Umgebungslichtes unabhängige Orientierung mit dem bekannten mittleren Tonwert, der mir hilft, auch unter schwierigen Lichtverhältnissen Bilder zu malen, die dann unter normalen Lichtbedingungen in Innenräumen gut zur Geltung kommen.

Schatten lassen sich also sowohl durch vorausschauende Untermalung wie auch durch nachträgliche Bearbeitung beleuchteter Flächen darstellen. Allerdings sollte man nicht vergessen, dass es meist besser ist, helle Farben auf dunkle aufzutragen als dunkle Farben auf helle. An einem einfachen Beispiel möchte ich die Vorgehensweise beim Malen von Schatten demonstrieren.

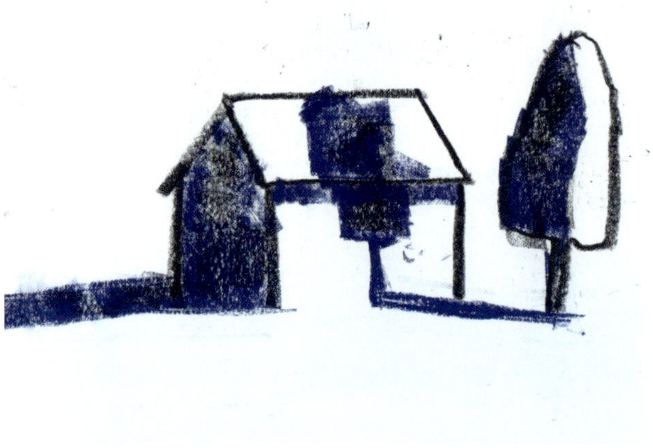

Mischübung für dunkle Schatten

1 In der Vorzeichnung habe ich die Schattenpartien mit Preußischblau und etwas Schwarz unterlegt.

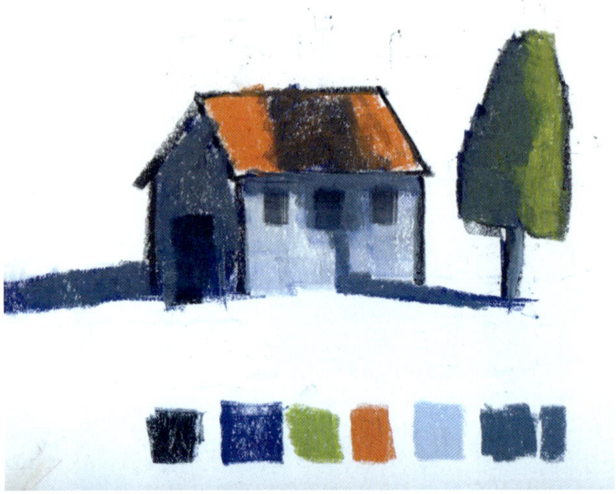

2 Im zweiten Schritt lege ich das Dach in Rotorange und die vordere Hauswand in Hellgrau an. Diese Farbtöne werden durch die Untermalung abgeschattet. Danach habe ich mit Schwarz die Fenster und die Tür eingesetzt.

Die im Schatten liegende Hauswand habe ich in Dunkelgrau ausgeführt. Mit diesem Farbton habe ich auch die Schatten auf der hellen Hauswand und am Boden nochmals leicht übermalt.

Die Baumkrone habe ich erst mit Helloliv abgedeckt und anschließend die Schattenpartie ebenfalls leicht mit Dunkelgrau zusätzlich abgedunkelt.

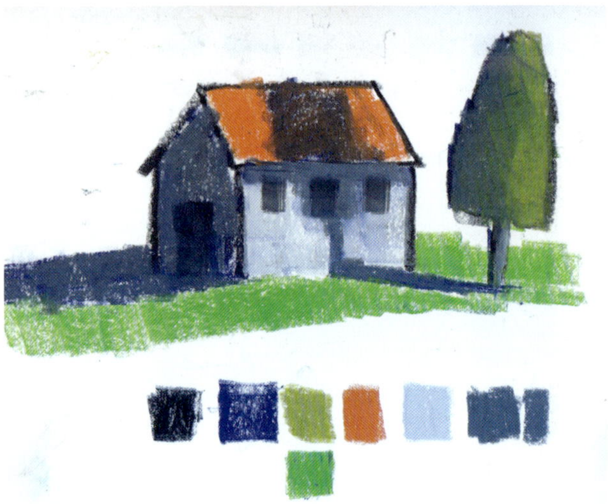

3 Die Beleuchtung wird noch intensiver, wenn man weitere besonnte Flächen mit hellen Farbtönen ins Bild setzt, zum Beispiel die Wiese in Maigrün.

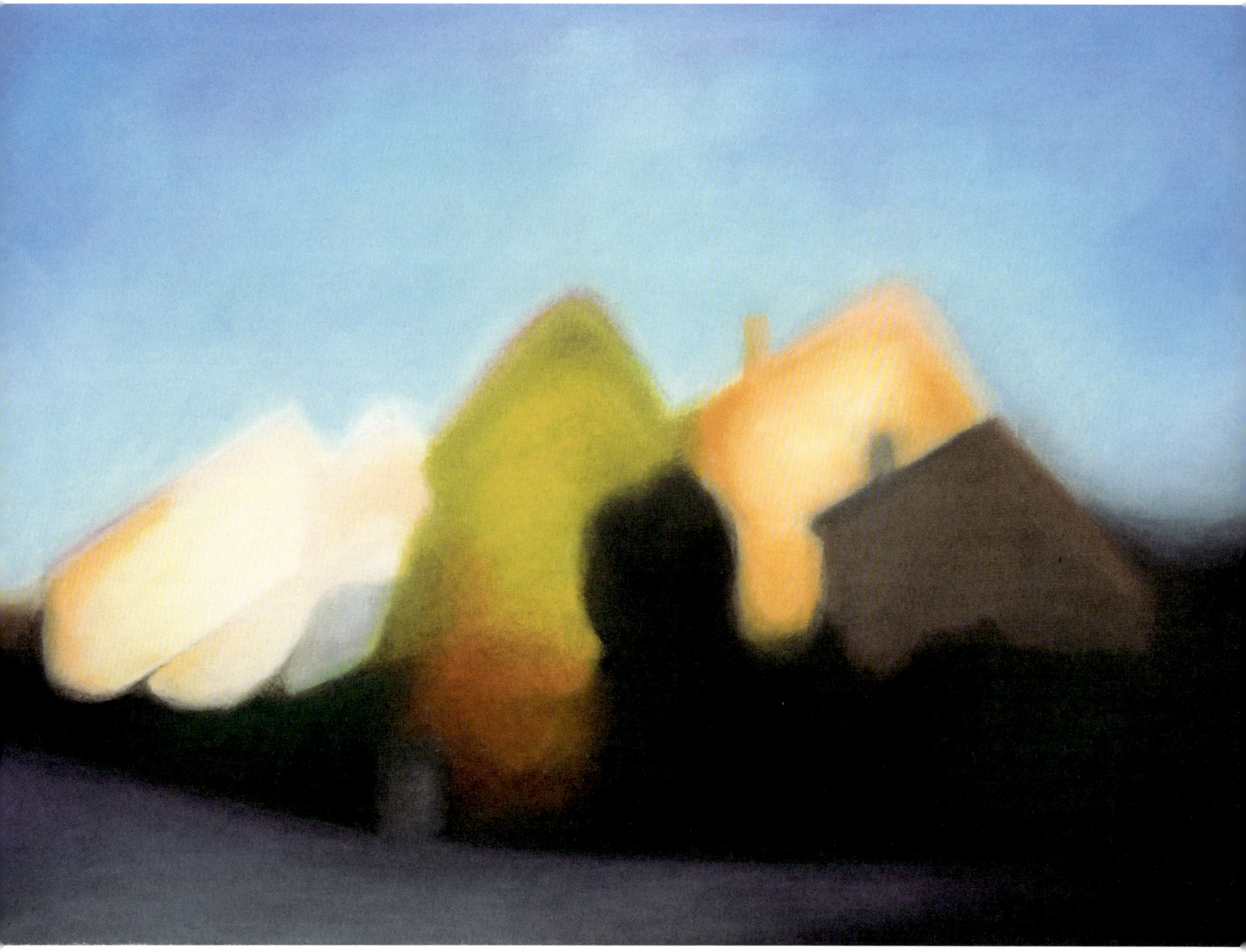

Buchenstraße, Maulbronn im Abendlicht. Ölpastell, 50 x 70 cm

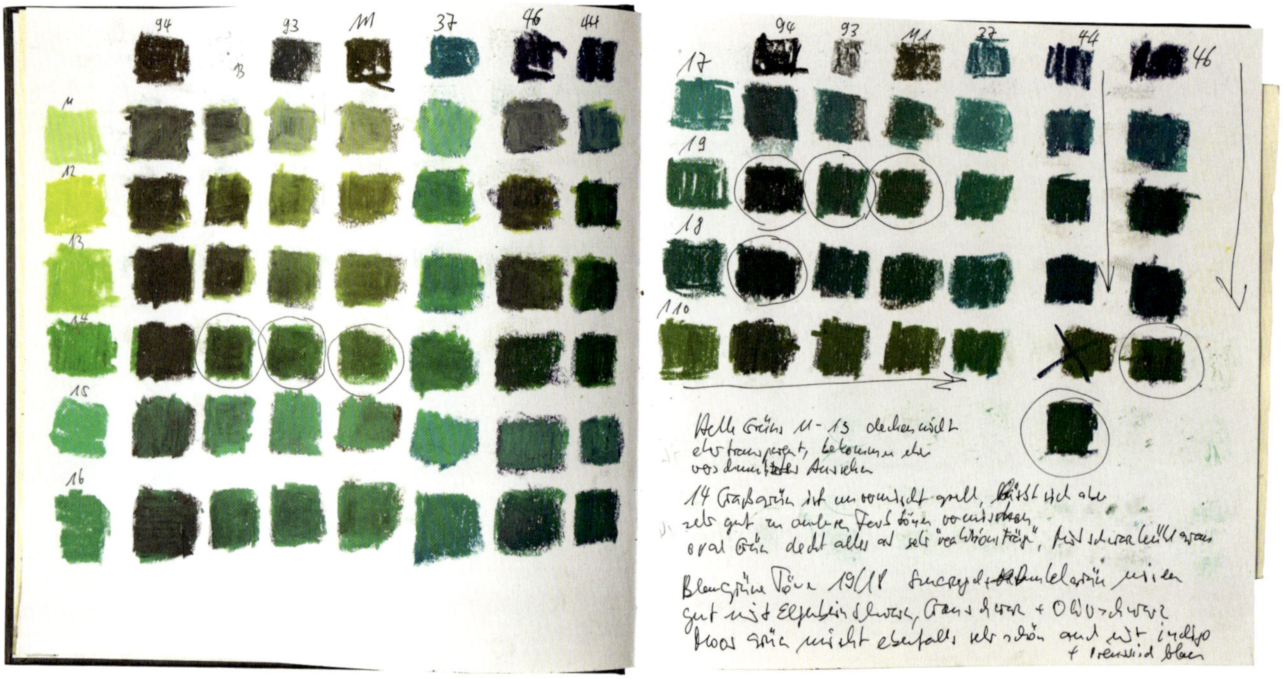

Mischtabellen: Untermalung mit Schwarz und anderen dunklen Farbtönen

Grün-Mischungen

Ich male hauptsächlich Landschaften. Deshalb habe ich die Mischung von Grüntönen, die ja sehr häufig und in vielen Variationen in Landschaften vorkommen, genauer untersucht. Dabei gewonnene Einsichten lassen sich auf viele andere Farben übertragen. Daher behandle ich die Erkundung von Grüntönen hier exemplarisch ausführlicher und beschränke mich bei anderen Farbtönen auf die aus meiner Sicht wichtigsten Erfahrungen.

Je nach Farbe und Beleuchtung eines Motivs werden hellere oder dunklere sowie kühlere oder wärmere Varianten eines Grüntons benötigt. Wie bei den meisten Farbtönen in der Natur sind auch die Grüntöne oft »gebrochene« Farbtöne mit einem mehr oder weniger deutlichen Grauanteil.

Um eine erste Vorstellung davon zu bekommen, welche Farben für die Mischung von verschiedenen natürlich wirkenden Grüntönen am besten geeignet sind, habe ich mehrere Mischtabellen in meinem Skizzenbuch angelegt. In der ersten Spalte links sind die Grüntöne zu sehen, die ich dann jeweils über die Untermalung gesetzt habe. In der Kopfzeile sind die Farben und/oder deren Nummern zu sehen, die ich als Untermalung in den weiteren Spalten verwendet habe. Die mit Kugelschreiber notierten Nummern identifizieren die Farben meines Farbkastens, die ich, wie zum Farbkasten erklärt, in einer Tabelle (siehe Seite 26–27) inventarisiert habe. Aus meiner Sicht besonders gelungene Mischungen habe ich durch Kreise markiert, und zusätzlich habe ich Notizen zu meinen Erfahrungen angelegt. Ausgehend davon habe ich dann weitere Mischtabellen mit speziell ausgewählten Farben angelegt, die ich hier zusammen mit der Auswertung der Notizen detaillierter vorstellen möchte.

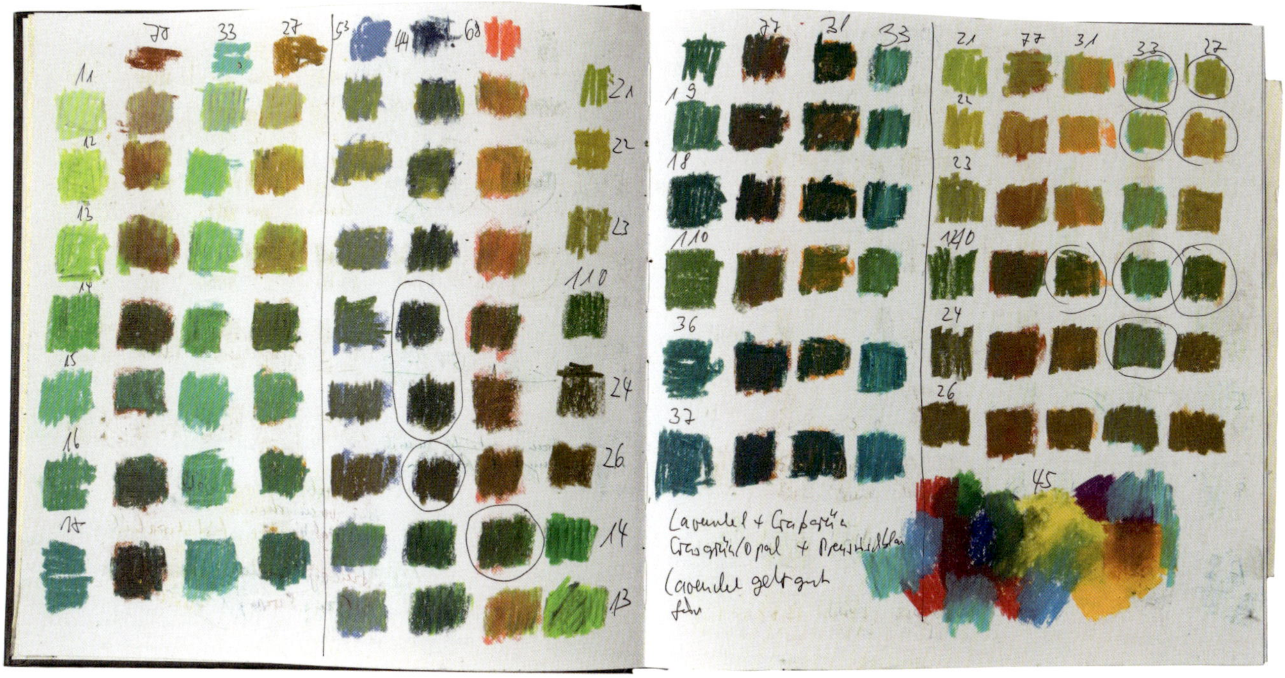

Mischtabellen: Untermalung mit Ocker, Blau- und Rottönen

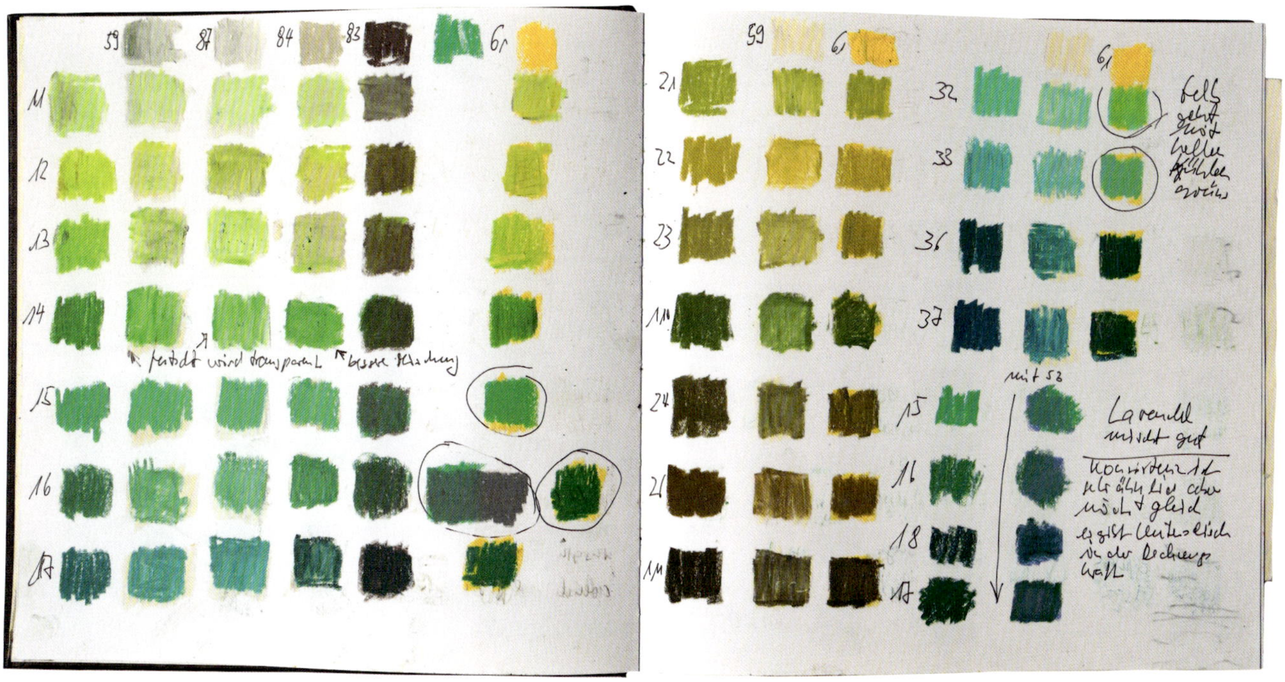

Mischtabellen: Mischtabellen im Skizzenbuch, 25 × 25 cm, Untermalung mit hellen Farben, Grautönen und Gelb

Helle Grüntöne

Die hellsten Grüntöne in meinem Farbkasten sind in den vertikalen Spalten von Tabelle 1 zu sehen: Lindengrün, Maigrün und Gelbgrün. Außerdem habe ich in dieser Tabelle das kräftige Grasgrün hinzugenommen (letzte Spalte). Die Untermalung besteht aus Türkisgrün, Türkisblau, Hellblau, Lavendel, Gelb und Gelboliv (horizontale Reihen von oben).

Helle Grüntöne können mit Untermalungen in hellen bis mittelhellen Farbtönen sehr schön verändert werden. Das an sich grelle Grasgrün ergibt in Mischung mit anderen Farben sehr angenehme Farbtöne. Bei Untermalung mit kühleren Blautönen erhält man kühlere Grüns, während eine Untermalung mit warmen Farben wie Gelb oder auch Lavendel wärme Grüntöne erzeugt. Durch Untermalen mit hellen Grautönen lassen sich gedämpfte helle Grüntöne erzeugen.

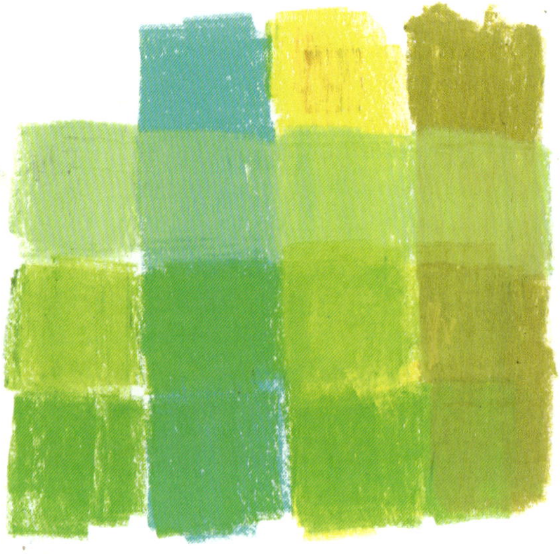

Tab. 2: Helle Grüntöne in Mischung mit anderen hellen Farben

Tab. 1: Helle Grüntöne untermalt mit Blautönen, Gelb und Gelboliv

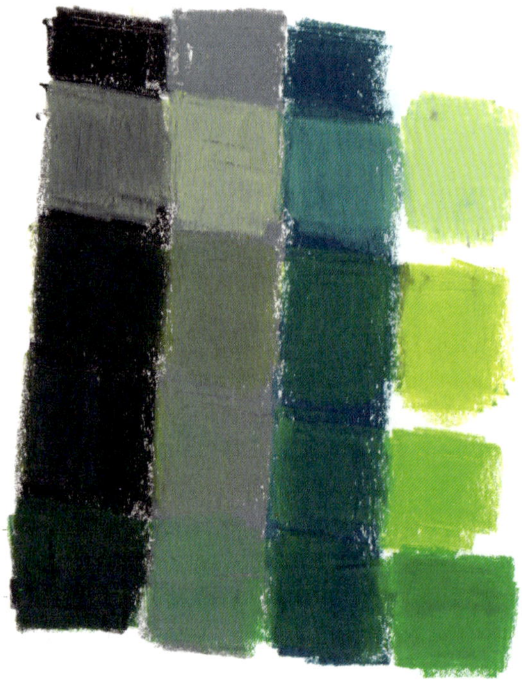

Tab. 3: Helle Grüntöne in Mischung mit Schwarz und anderen dunklen Farben

In Tabelle 2 sind die hellen Grüntöne Lindengrün, Maigrün und Gelbgrün (1. Spalte links von oben nach unten) mit Türkisgrün, Gelb und Gelboliv (oberste Reihe von links nach rechts) untermalt worden. Untermalungen mit Gelb harmonieren mit allen Grüntönen.

In Tabelle 3 habe ich die gleichen hellen Grüntöne und zusätzlich Grasgrün (letzte Spalte rechts) mit einer kräftigen Schicht Schwarz, Stahlgrau und Dunkelgrün untermalt (oberste Reihe von links nach rechts). Maigrün und Gelbgrün können sich gegen die schwarze Untermalung kaum durchsetzen. Die mit Dunkelgrün untermalten Mischtöne von Maigrün, Gelbgrün und sogar Grasgrün sind kaum voneinander zu unterscheiden. Mit Schwarz entstehen eher getrübte Farbtöne, gelegentlich auch dunkle, olivgrüne Grautöne. Wird die Untermalung in dunklen Farben zu stark aufgetragen, kommen helle Grüntöne darüber kaum zur Wirkung. Von solch einer Farbschichtung würde ich daher in den meisten Fällen abraten. Zum Mischen von dunkleren Grüntönen sollten Sie gleich mit mittleren oder dunklen Farbstiften aus der Auswahl an Grüntönen beginnen, anstatt zu versuchen, die hellsten Grüntöne abzudunkeln. In bestimmten Fällen können aber auch die »müden« Grau-Grüntöne sehr nützlich sein, zum Beispiel als Hintergrund bzw. Umgebungsfarbe von ungebrochenen Farbtönen, die dann noch strahlender wirken.

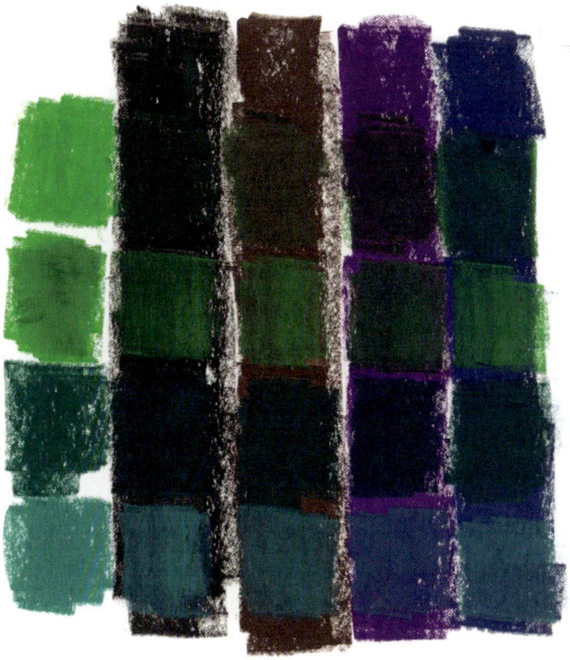

Tab. 4: Mischübung für dunkle Grüntöne

Mittlere und dunkle Grüntöne

In Tabelle 4 habe ich als dunkle Untermalung in den Spalten von links nach rechts folgende Farben verwendet: Schwarz, Bister, Violett und Preußischblau. Die Grüntöne von oben nach unten sind: Grasgrün in zwei Reihen, Dunkelgrün und Opalgrün.

Mittlere und dunkle Grüntöne vertragen sich mit einer Untermalung in mittleren oder dunkleren Farbtönen recht gut. Bei kräftiger Untermalung kommt allerdings selbst das leuchtende Grasgrün kaum zur Geltung (erste Reihe). Ich habe daher in den drei nachfolgenden Reihen die Untermalung mit dunklen Farben schwächer angelegt bzw. Farbe mit einem Palettmesser abgetragen, bevor die obere Farbschicht aufgetragen wurde. Dadurch kommen die Grüntöne in den unteren drei Reihen besser zur Geltung.

Sie können auch nach dem Auftragen der Farben abwarten, bis diese etwas abgetrocknet sind, und in einem zweiten Durchgang mit leichtem oder stärkerem Druck die obere Farbschicht auftragen oder eine zweite Lage der oberen Farbe zur besseren Abdeckung auftragen. Durch Übung lernen Sie, wie stark oder schwach Sie die Farbstifte auf das Papier drücken müssen, um den gewünschten Effekt zu erzielen. Hier ist Fingerspitzengefühl gefragt.

Manche Grüntöne – wie Veronesegrün, Opalgrün, aber auch Jadegrün – sind sehr stark deckende Farben, die auch dunkle Untermalungen überdecken können. Die Kombination von Opalgrün und Violett gefällt mir sehr gut. Mischt man Ölfarben oder Gouachen dieser Farbtöne miteinander, so erhält man ein schönes Taubengrau nach folgender Gleichung:

(Grün = Blau + Gelb) + (Violett = Rot + Blau)
= (Grau = Rot + Blau + Gelb) + Blau

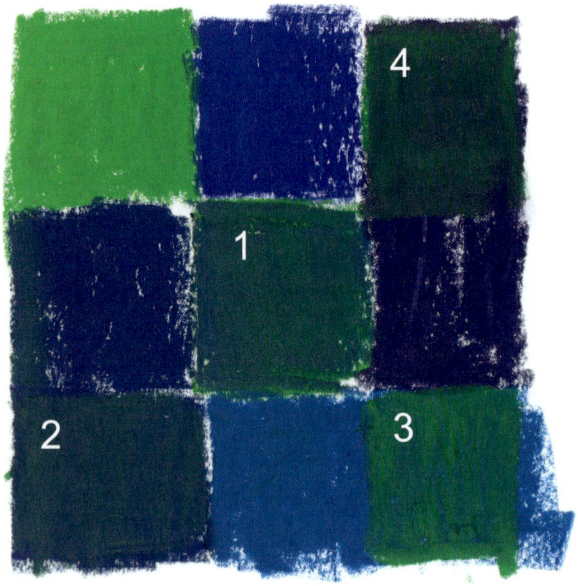

Tab. 5: Grün in Mischung mit starken Blautönen

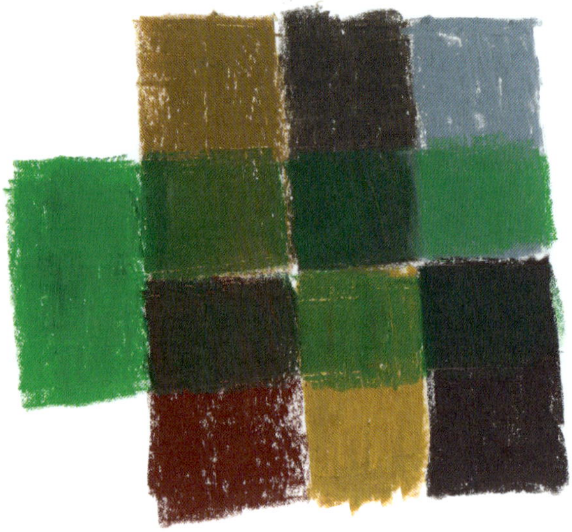

Tab. 6: Untermalung von Grün mit Erdfarben und Grautönen

Nachdem sich Grasgrün als gute Mischfarbe erwiesen hatte, habe ich die Untermalung von Grasgrün mit starken Blautönen ausprobiert. In Tabelle 5 sind Ultramarinblau (1), Preußischblau (2), Enzianblau (3) und Indigo (4) in Kombination mit Grasgrün zu sehen.

Grasgrün harmoniert auch sehr gut mit Erdfarben und Grautönen. In Tabelle 6 wurde Grasgrün mit Braunocker, Umbra, Stahlgrau, Siena gebrannt, Ocker und Bister untermalt. Dabei entstehen warme Grüntöne mit großer Ähnlichkeit zu den in der Natur im Sommer vorkommenden Laubfarben.

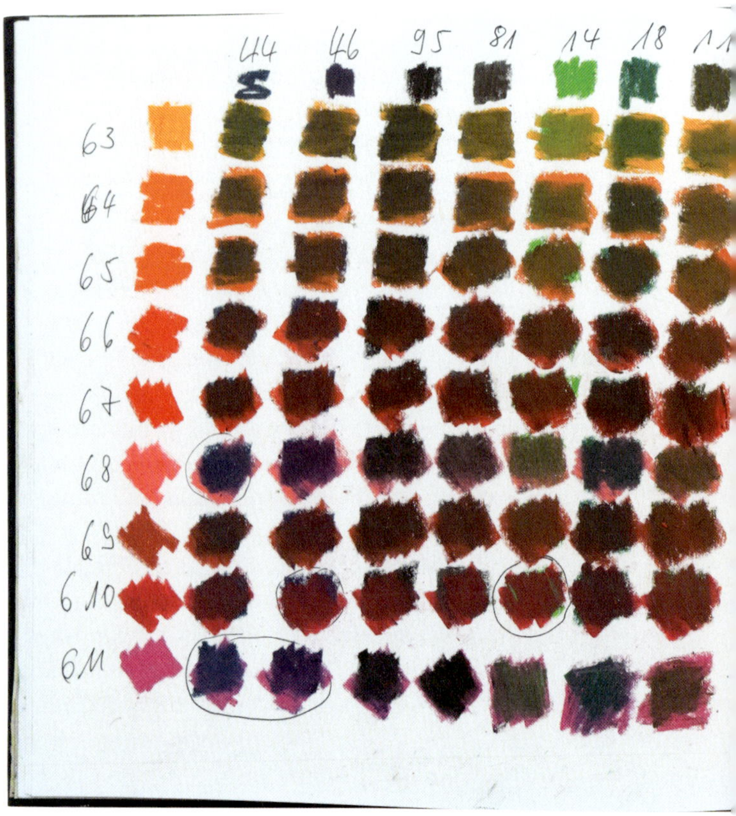

Rot-Mischungen

In meinem Skizzenbuch habe ich Orange- und verschiedene Rottöne (erste Spalte links) mit dunkleren Farbtönen von Blau, Schwarz und Grün sowie mit Grau, Hellblau und Violett untermalt (ab 2. Spalte von links), um zu sehen, wie am besten dunkle Rottöne in Farbschichten gemischt werden können.

Preußischblau (Nr. 44) und Indigoblau (Nr. 46), die für die Untermalung von Grün sehr geeignet sind, scheinen entweder zu dominant oder lenken den Rotton nach Violett ab – schön zu sehen in der Kombination mit Himbeerrot (Nr. 68) und Purpur (Nr. 611).

Hellere Rot- und Orangetöne (Nr. 63, 64, 65) lassen sich nur schlecht abdunkeln. Durch die Untermalungen ergeben sich meist unreine Rotbrauntöne.

Kräftige Rottöne wie Scharlachrot (Nr. 66), Karminrot (Nr. 610) und Indischrot (Nr. 69) lassen sich mit dunkler Untermalung in Blau, Grau und Schwarz (Nr. 95) abdunkeln. Besser gefällt mir aber die Untermalung mit Dunkelgrün (Nr. 18) und Olivschwarz (Nr. 111): Rot und Grün sind ja komplementäre Farben. In Mischungen ergibt sich bei einem Übergewicht von Rot ein dunkles Rot mit einem Grauanteil.

Auf der rechten Skizzenbuchseite habe ich Grau (Nr. 811), Mausgrau (Nr. 92), Hellblau (Nr. 310) und Lila (Nr. 411) in der Untermalung verwendet. Mit Grautönen lassen sich Rottöne auch sehr gut abdunkeln. Aber auch Hellblau und Lila erscheinen mir gut möglich, wenn man die Trübung der Rottöne durch Grauwerte vermeiden möchte.

In Tabelle 1 wurden die Rottöne Indischrot, Scharlachrot, Karminrot und Himbeerrot (1. Spalte links von oben) mit den helleren Farben Lavendelblau, Maigrün, Türkisgrün und Cremeweiß (ab 2. Spalte von links nach rechts) untermalt. In der Untermalung mit Cremeweiß sind die Unterschiede zwischen den verschiedenen Rottönen deutlich zu sehen. In den Untermalungen mit bunten Farben sind die Unterschiede weniger ausgeprägt.

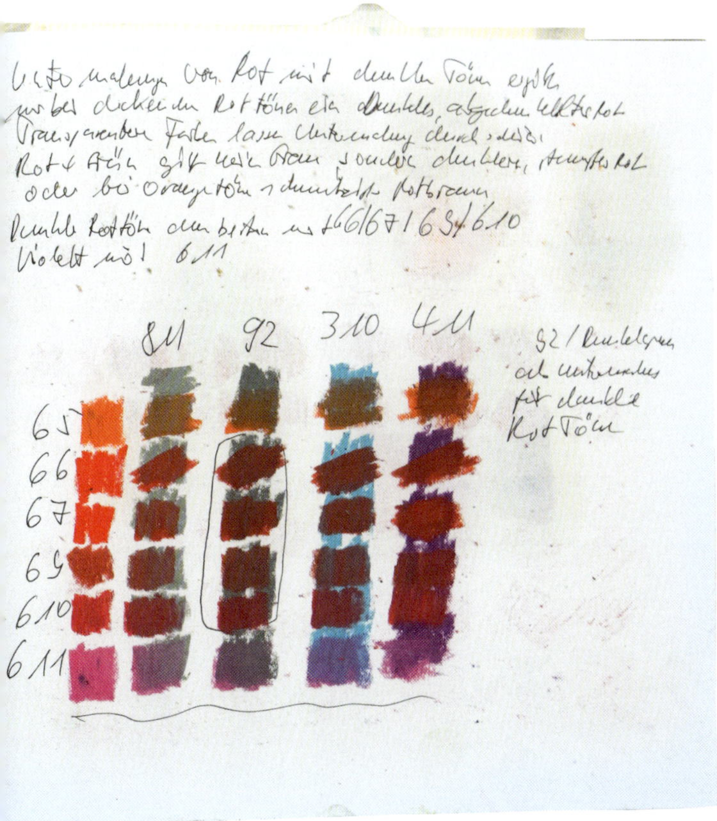

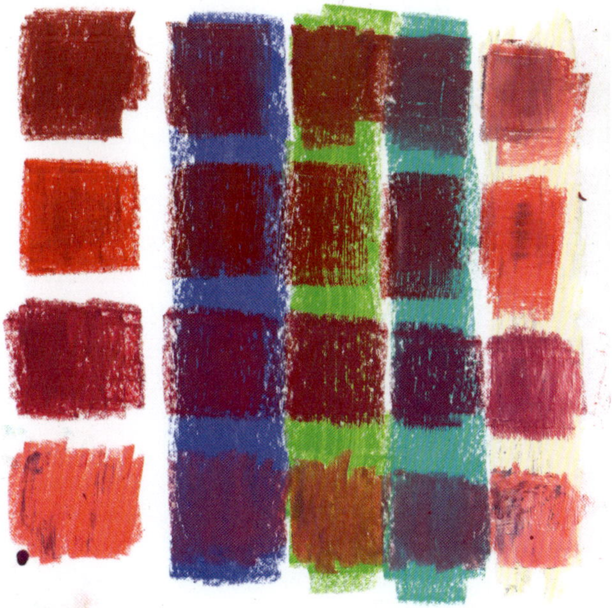

Tab. 1: Rot in Mischung mit helleren Farben

Mischtabelle mit Rottönen.
Skizzenbuch 25 × 25 cm

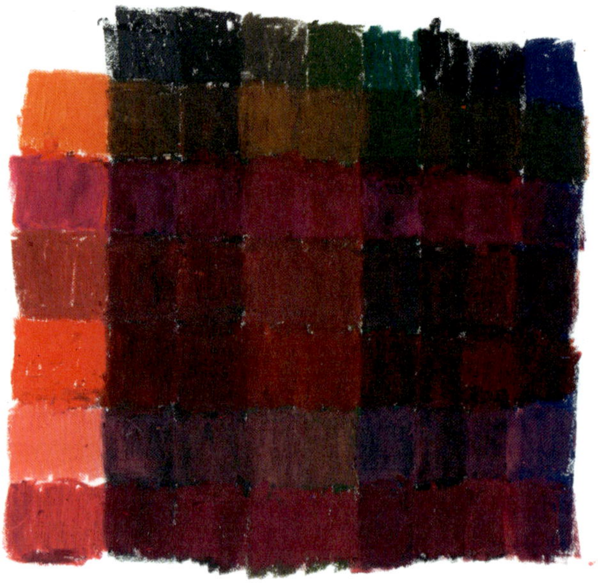

Tab. 2: Rot in Mischung mit dunklen Farben

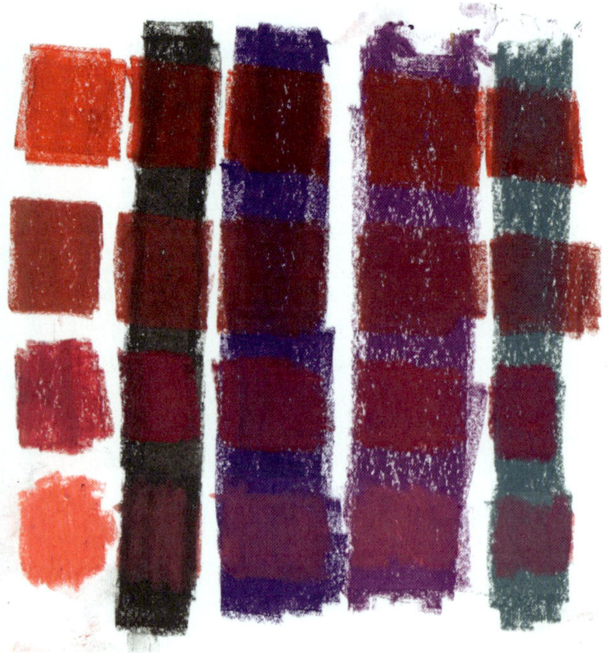

Tab. 3: Rottöne mit Untermalung in Bister, Violett, Lila und Dunkelgrau

In Tabelle 2 sind die Rottöne in der ersten Spalte von oben: Zinnoberrot, Purpur, Indischrot, Scharlachrot, Himbeerrot und Karminrot.

Die Untermalung ab der 2. Spalte besteht von links nach rechts aus: Schiefergrau, Sepia, Umbra, Olivschwarz, Dunkelgrün, Elfenbeinschwarz pur, Elfenbeinschwarz, überdeckt mit etwas Indigoblau, Indigoblau rein. Auch in dieser Mischtabelle erscheinen mir die Untermalungen mit Grüntönen am schönsten.

Wenn Sie dunklere Rottöne durch Mischung erzielen möchten, legen Sie die Untermalung danach am besten mit dunklen Grautönen oder aber in dunklen, warmen Grüntönen an. Rot und Grün gemischt, ergeben bei stofflicher Mischung eigentlich einen Grauton. Zwar wird auch bei den Ölpastellen der Rotton etwas neutralisiert, aber der Rotton bleibt doch sehr gut sichtbar. Falls der Rotton nach dem ersten Auftrag über der Untermalung zu dunkel erscheint, warten Sie einfach fünf bis zehn Minuten und tragen dann noch einmal den Rotton vorsichtig in einer dünnen Schicht auf. Alternativ dazu können Sie auch dunkle Erdfarben oder Brauntöne als Untermalung verwenden.

Die Unterschiede zwischen einer Untermalung in reinem Schwarz, Schwarz plus Indigo und reinem Indigoblau sind in der Tabelle vielleicht kaum sichtbar. Sie sollten sich davon aber nicht täuschen lassen. Größere Flächen mit unterschiedlichen Farben auf einer rein schwarzen Untermalung wirken eher stumpf und leblos.

Tabelle 3 zeigt die Rottöne Scharlachrot, Indischrot, Karminrot und Himbeerrot (1. Spalte links von oben), unterlegt mit Bister, Violett, Lila und Dunkelgrau (2. bis 5. Spalte von links nach rechts). Bister erzeugt dunkle, warme Rottöne. Die Untermalung mit Violett und Lila verschiebt die Rottöne in Richtung Purpur; die Untermalung mit Dunkelgrau ergibt dunklere, aber auch gedämpfte Rottöne.

Blau-Mischungen

Blautöne und Mischungen von blauen Farbtönen sind häufig in der Darstellung von Himmeln notwendig. Im Farbkasten der Firma Caran d'Ache fehlt meiner Auffassung nach ein helleres Himmelblau. Der Farbton Hellblau dort entspricht eher einer mittleren Helligkeit. Für Landschaften mit sattblauem Himmel im Sommer ist dies sehr gut geeignet, aber es fehlt ein zartes Himmelblau für Landschaften im Spätherbst und Winter. Die Firma Sennelier hat einen Farbton Nr. 207, cendre bleu (Aschblau), im Programm, den ich gern nutze, um diese Lücke zu schließen.

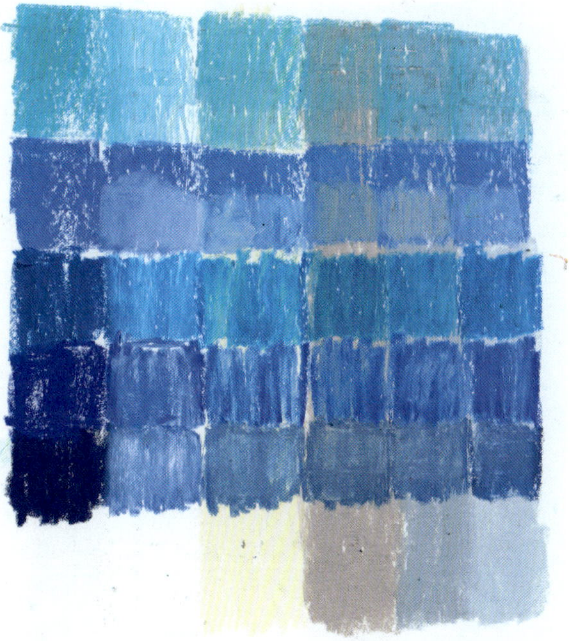

Tab. 1: Blautöne in Mischung mit Weiß und hellen Grautönen

Mischübung mit Blautönen: Aschblau von Sennelier links, Hellblau von Caran d'Ache rechts

Rechts im Bild habe ich das Hellblau von Caran d'Ache und Weiß zweimal übereinander aufgetragen und mit dem Shaper verrieben. Auf diese Weise lässt sich die Helligkeit zwar anheben, aber um das warme »Himmelblau« von Sennelier zu erreichen, müsste man zusätzlich einen warmen Farbton oder ein warmes Grau beimischen. Allerdings habe ich bisher noch kein »Rezept« gefunden, das vergleichbare Ergebnisse liefert.

Wollen Sie ein aufgehelltes, homogenes Blau durch Beimischung von Weiß oder Cremeweiß erreichen, ist es meist notwendig, die zur Mischung gewählten Farben entweder mehrfach im Wechsel aufzutragen und durch Druck auf die Farbstifte zu einer intensiveren Durchmischung zu gelangen oder aber die Farben mit Tissuepapier oder einem Shaper intensiver zu durchmischen.

Für das Malen von Himmeln in Landschaftsbildern verwende ich meistens die Blautöne Hellblau und Türkisblau. Diese Blautöne helle ich mit den hier vorgestellten Farben von Weiß bis Silbergrau auf. Weiß und Cremeweiß sind auch sehr gut für helle Partien von Wolken geeignet.

In Tabelle 1 stehen die Blautöne in der ersten Spalte: Türkisblau, Hellblau, Kobaltblau, Blau und Preußischblau (von oben nach unten). Diese wurden mit Weiß, Cremeweiß, Hellbeige, Hellgrau und Silbergrau (unten, ab 2. Spalte von links nach rechts) unter- und teilweise auch wieder übermalt. Die Schwierigkeit, eine homogene hellblaue Fläche durch Farbauftrag in Schichten zu erzeugen, wird deutlich sichtbar.

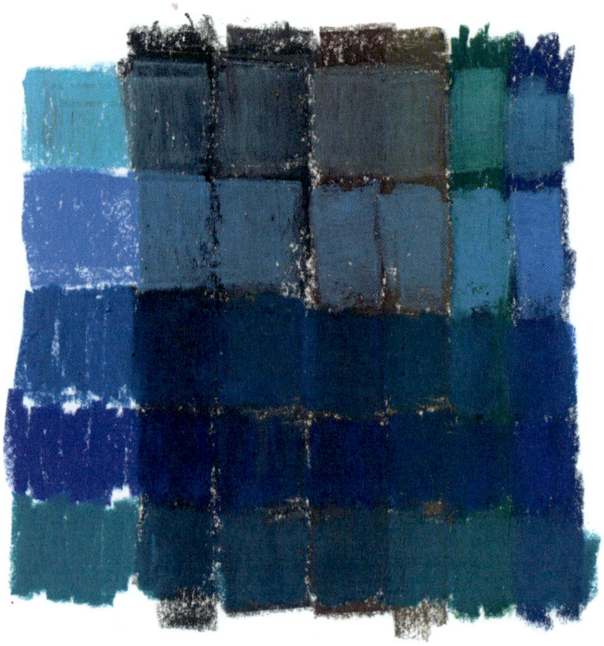

Tab. 2: Mischung von dunklen Blautönen durch Untermalung mit dunklen Farben

Tab. 3: Mischübung mit Blautönen

Es gibt zwar einige an sich schon dunkle Blautöne in meinem Farbkasten, z. B. Nachtblau, Preußischblau und Königsblau. Dennoch gibt es immer wieder Bedarf an anderen Varianten und noch tieferen Blautönen. In Tabelle 2 stehen in der 1. Spalte von oben nach unten: Türkisblau, Hellblau, Kobaltblau, Blau und Azurblau. Untermalt wurden diese mit Schwarz, Schiefergrau, Bister, Umbra, Dunkelgrün und Preußischblau (ab 2. Spalte von links nach rechts).

Durch die Untermalung mit Preußischblau (Spalte ganz rechts) wird die Leuchtkraft der Blautöne weniger stark gebrochen als durch die Untermalung mit den anderen Farben. Das ist auch gut bei der Untermalung des grünlich wirkenden Azurblaus zu sehen. In den beiden letzten Spalten ganz rechts sind meiner Meinung nach sehr schöne Blautöne entstanden. Es ist daher auch immer zu überlegen oder auszuprobieren, ob ein neuer, schöner Mischfarbton nicht durch Mischung verschiedener Tönungen ein und derselben Farbe erzielt werden kann.

In Tabelle 3 habe ich einmal ausschließlich Blautöne miteinander gemischt. In der Deckschicht sehen Sie in der 1. Spalte links von oben: Türkisblau, Hellblau, Kobaltblau Azurblau und Jeansblau. In der Untermalung (ab 2. Spalte von links nach rechts): Nachtblau, Preußischblau, Ultramarinblau und Königsblau. Selbst bei dieser beschränkten Auswahl ist die Vielfalt der Blaunuancen beeindruckend.

Zusammenfassung

Durch die Malpraxis und aus Übungen mit verschiedenen Farbschichtungen, die hier in Farbtabellen vorgestellt wurden, habe ich für das Mischen von Ölpastellen in Farbschichten Folgendes gelernt:

1. Es ist eine sehr wertvolle Hilfe, eine Farbtabelle als Verzeichnis aller vorhandenen Farben anzulegen, und Mischtabellen, um Erfahrungen zu sammeln und die Farbwahrnehmung zu üben.

2. Farben sollten zuerst mit leichter Hand aufgetragen werden. Es ist besser, den Farbauftrag kontrolliert zu wiederholen, als mit viel Kraftaufwand eine dicke, kaum noch zu korrigierende Farbschicht auf das Papier zu bringen.

3. Schichtungen von Farben in gleicher oder sehr ähnlicher Helligkeit und Sättigung eignen sich gut für Farbmischungen durch Untermalung bzw. Mischen in Farbschichtungen.

4. Sollen dunkle und helle Farben, d. h. Farben mit deutlichen Unterschieden in der Helligkeit, in Schichten gemischt werden, ist es ratsam, die hellere Farbe über die dunklere oder stärker deckende Farbe aufzutragen. Wird die dunkle Farbe in der oberen Schicht aufgebracht, deckt sie die helle Farbe meistens zu stark ab. Eine Untermalung mit sehr dunklen Farben kann zu einer Verschmutzung der hellen Farben führen. Wenn die hellere Farbe im ersten Auftrag nicht ausreichend deckt, sollten Sie etwas abwarten und sie erneut auf die dann abgetrocknete Oberfläche auftragen. Falls dies nicht hilft, können Sie die Farbe wieder abkratzen und die Schichtung neu auftragen, diesmal mit einer weniger starken Untermalung.

5. Manche Farben, die in reiner Form nicht besonders ansprechend wirken, können sich sehr gut für Farbmischungen eignen. Grasgrün eignet sich zum Beispiel sehr gut zum Mischen von neuen Grüntönen.

6. Zum Abdunkeln von Farben mittlerer Helligkeit sind Untermalungen in dunklen Farben wie Indigoblau, Dunkelgrün oder dunkle Grautöne gut geeignet. Eine Untermalung in Schwarz ist zwar sehr effektiv, trübt aber die Farben unter Umständen stark ein. Eine Kombination aus Schwarz und einer anderen dunklen Farbe wirkt der Trübung entgegen.

7. Das Aufhellen von Farben mit Weiß oder Cremeweiß ist nicht einfach. Es erfordert unter Umständen eine stärkere Durchmischung der Farbschichten in mehreren Lagen oder durch Verreiben der Farben. Einfacher ist es daher, im Farbkasten schon vorhandene reine helle Farbtöne einzusetzen.

8. Zahlreiche zusätzliche schöne Farbtöne können Sie durch Mischungen aus Varianten ein und desselben Farbtons erzeugen (zum Beispiel durch Türkisblau plus Ultramarinblau).

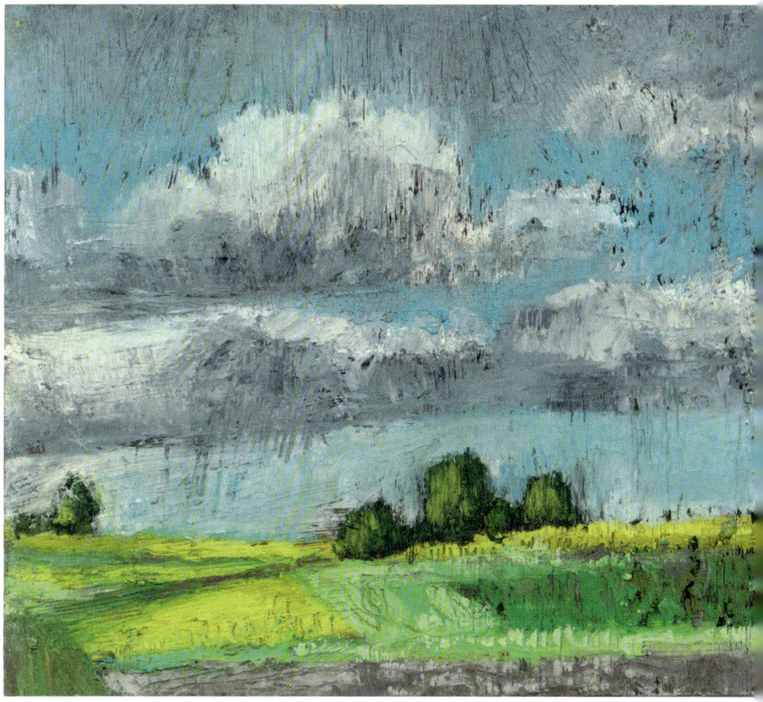

Rapsfelder im Regen, kleine Himmelsstudie, Plein Air. 12 × 14 cm

Für den Himmel in dieser kleinen Landschaftsstudie habe ich Hellblau, Türkisblau, Weiß, Cremeweiß und verschiedene Grautöne verwendet. Für leichte Grauschleier im Himmel oder auf Wolken verwende ich gern das sehr helle Silbergrau. Die Ölpastelle habe ich hier in mehrfachem Wechsel aufgetragen und zusätzlich mit einem Shaper zur besseren Durchmischung bearbeitet, bis das gewünschte Resultat erreicht war.

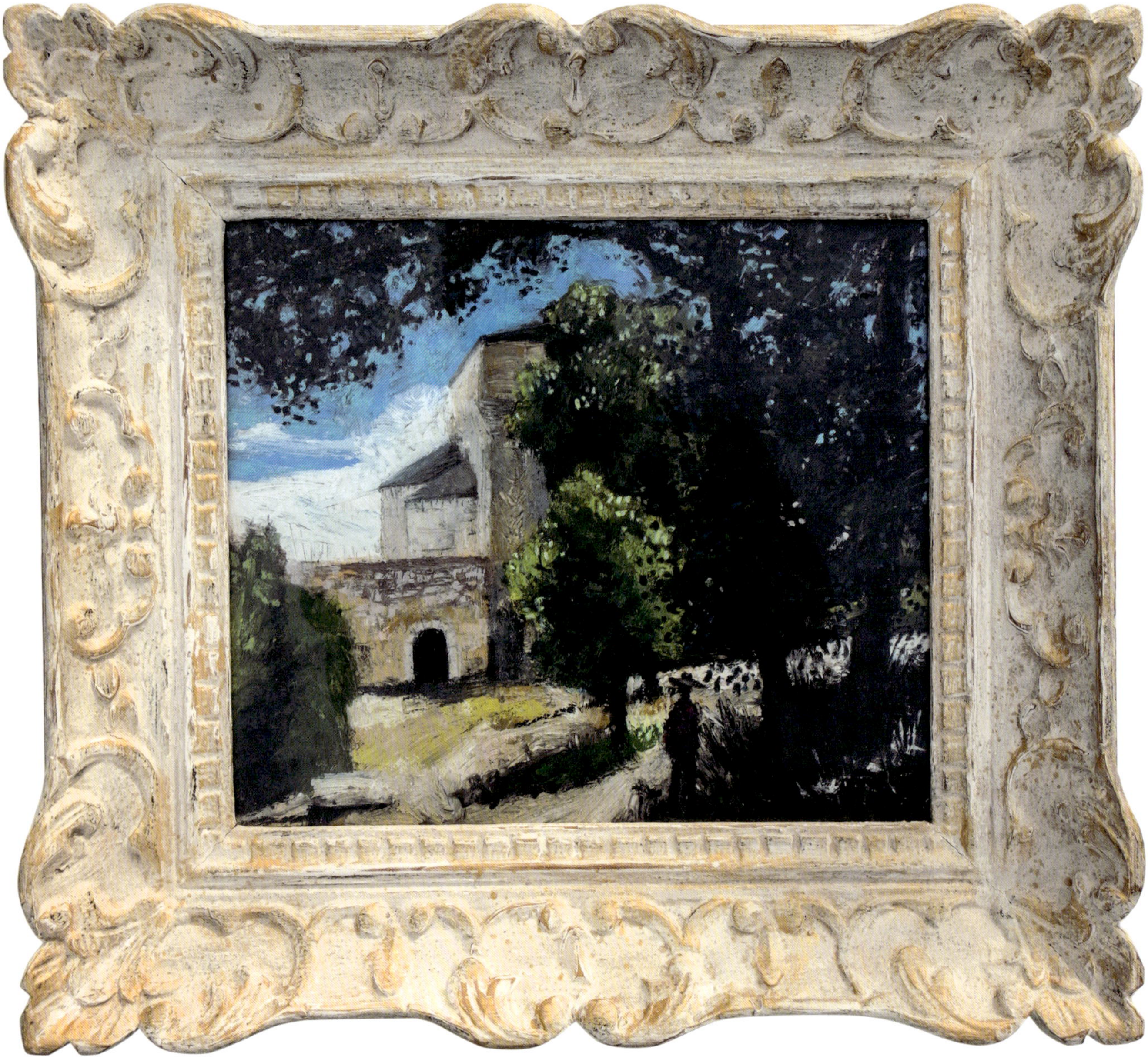

Ganagobie. Ölpastell über Ölfarbe, 26 × 31 cm; Ölpastell mit Acryllack gefirnisst und unter Acrylglas (»entspiegelt«) ohne Passepartout gerahmt

Ölpastelle schützen, lagern, präsentieren

Archivieren

Die Oberfläche von Ölpastellbildern bleibt immer berührungsempfindlich. Im Gegensatz zu Ölfarben »trocknen« Ölpastelle nie vollständig durch. Allerdings ist die Oberfläche nicht so empfindlich wie die von trockenen Pastellen, wo schon eine leichte Berührung nicht nur Farbspuren auf den Fingern, sondern auch Verwischungen in der Arbeit hinterlassen kann, selbst wenn diese mit einem Fixativspray behandelt wurde.

Dennoch ist es sinnvoll, Ölpastelle bei der Lagerung und Präsentation wie trockene Pastelle zu behandeln. Am besten schützen Sie Ölpastelle durch Aufbewahrung in sogenannten Klapp-Passepartouts, die einen Deckel mit Passepartout-Ausschnitt haben. Diese Passepartouts können gestapelt werden, wobei die Oberfläche der eingelegten Arbeiten nicht berührt wird.

Sie können Ölpastelle auch in Stapeln lagern, wenn Sie für Zwischenlagen aus Papierbögen sorgen oder Ihre Arbeiten in gefaltete Papierbögen stecken. Speziell bei kleinformatigen Arbeiten auf Papier, die ein geringes Eigengewicht haben, ist diese Art der Aufbewahrung unproblematisch. Wenn Sie einzelne Blätter entnehmen, sollten Sie die einzelnen Arbeiten nacheinander abheben, bis das gewünschte Exemplar oben liegt. Andernfalls kann es unter Umständen durch Reibung zu Beschädigungen an der Oberfläche der Arbeiten kommen. Die öligen Bestandteile von Ölpastellen können auch auf der Rückseite eines Bildes auf Papier durchschlagen. Auch deshalb ist es sinnvoll, eine Barriere aus Papier (am besten fettdichtem) zwischen gestapelte Bilder zu legen.

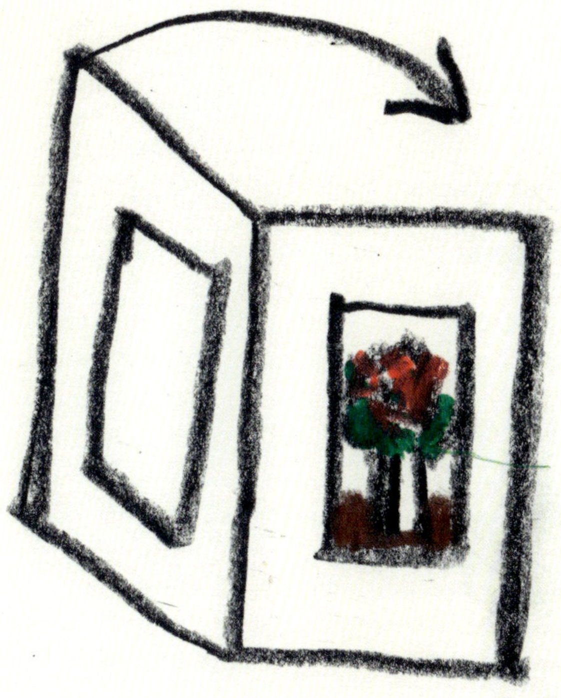

Klapp-Passepartout

Firnissen

Die Oberfläche von Ölpastellen kann mit einer Schicht (Firnis) von Acryllack (möglichst mit UV-Schutz) versiegelt werden. Ich verwende den Acryllack der Fa. Lascaux (Lascaux Transparentlack 2-UV 2063, empfohlen von Caran d'Ache), den ich gelegentlich auf Ölpastelle als Schutzschicht auftrage. Die Arbeiten lasse ich vorher mindestens ein bis zwei Wochen antrocknen.

Zuerst schüttele ich die Flasche mit dem milchig aussehenden Lack gut durch. Anschließend verdünne ich eine kleine Portion des Lacks in einem Plastikbecher mit etwas Wasser (ca. 4 Teile Lack auf 1 Teil Wasser) und rühre die Mischung kräftig mit einem Pinsel um.

Die dann recht flüssige Mischung trage ich vorsichtig mit einem Pinsel, den ich ganz flach über das Papier führe, auf das Ölpastell auf. An Stellen, an denen der Lackfilm nicht sofort flächendeckend aufzieht, ergänze ich mit dem Pinsel etwas Lack, bis das gesamte Bild durchgängig bedeckt ist. Lack an den Rändern des Bildes verklebt recht schnell mit dem Papier, das ich zum Schutz auf den Arbeitstisch lege. Deshalb hebe ich die Arbeit während und kurz nach dem Auftrag des Lackes ein paarmal vom Schutzpapier ab, streife den Lack an den Kanten von unten etwas ab und lege es an etwas anderer Stelle wieder auf das Schutzpapier.

Den Lack sollten Sie längere Zeit abtrocknen lassen – mindestens sechs bis acht Stunden (z. B. über Nacht). Danach können Sie eine weitere dünne Schicht auftragen. Dies ist vor allem sinnvoll, falls nach der Trocknung noch Lücken sichtbar sind. Die Lücken im Schutzfilm entdecken Sie, indem Sie die Arbeit bei starker Beleuchtung so halten, dass die Lackhaut das Licht reflektiert. Selbst kleine unbedeckte Stellen fallen dann als matte Flecken oder Streifen auf.

Manchmal bilden sich nach einiger Zeit kleine Blasen in dem Schutzfilm, die bei Arbeiten in

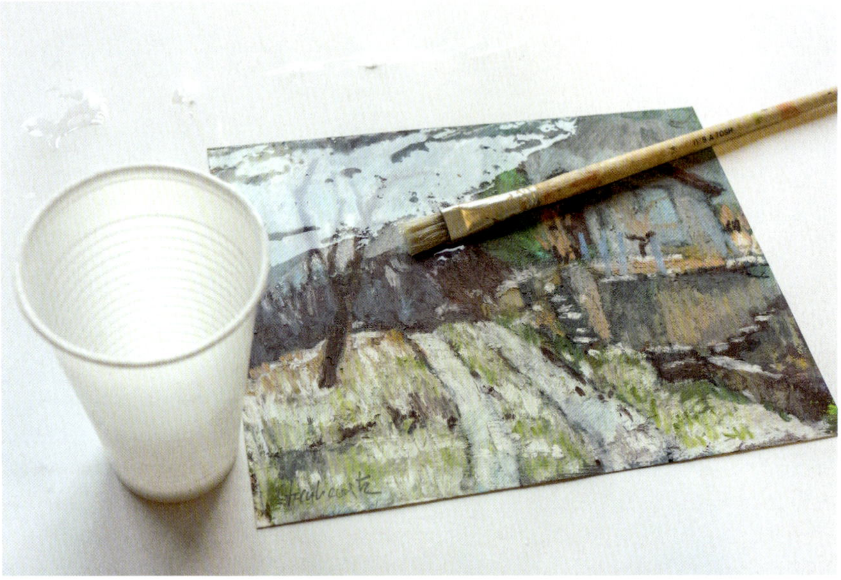

Ölpastell mit frischem Auftrag von Acryllack

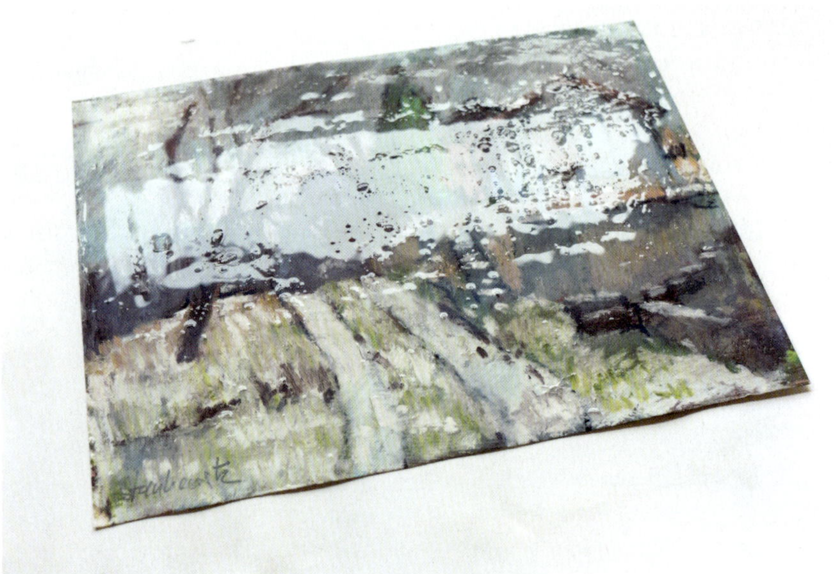

Vollständig mit frischem Lack abgedecktes Bild

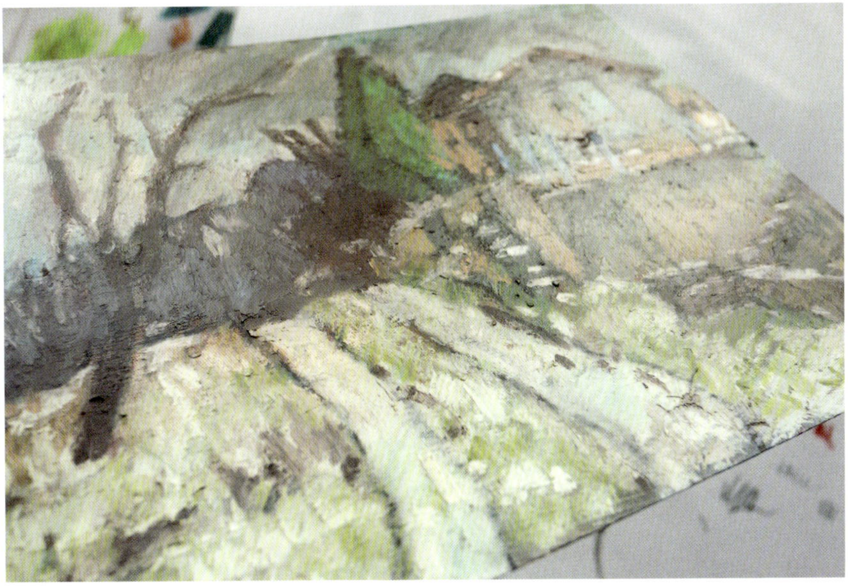

Bild mit abgetrockneter Lackschicht

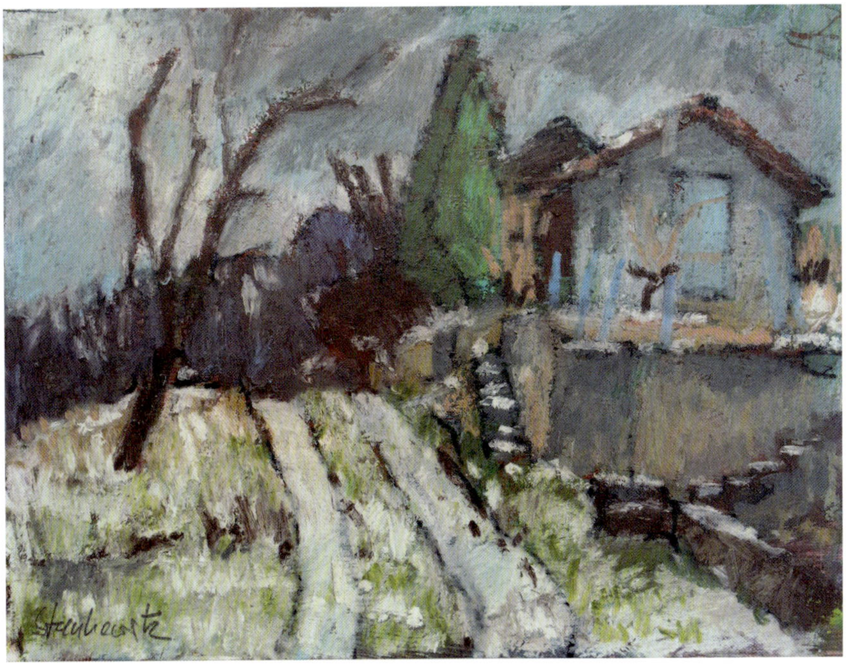

Das mit Lack versiegelte Bild in der Aufsicht

Skizzenbüchern oft mit der gegenüberliegenden Seite verkleben. Es kann dadurch zu Beschädigungen des Schutzfilms kommen, der dann durch eine neue Lackschicht ausgebessert werden muss. Die Blasenbildung scheint mir bei Arbeiten mit einer dickeren Untermalung von Ölfarben (Oilsticks) stärker ausgeprägt zu sein als bei Arbeiten ausschließlich auf Basis von Ölpastellen. Auch scheint sie durch höhere Temperaturen bei der Lagerung (heißer Sommer 2018) begünstigt zu werden. Ich denke, je frischer, »fetter« oder dicker die Farbschicht ist, umso länger sollten Sie mit dem Auftrag des Schutzlackes warten.

Der Lack ist transparent und verändert die Farben nicht. Dennoch ändert sich das Aussehen der Arbeiten etwas, auch wenn Sie die matte Version des Lacks verwenden. Die poröse Oberfläche des Ölpastells wird durch den Lack verschlossen. Damit wird Licht anders reflektiert als zuvor. Bei schräg einfallendem Licht erscheint die Oberfläche auch bei mattem Lack etwas glänzend.

Wenn Sie ein Ölpastell mit Acryllack schützen wollen, sollten Sie schon im Vorfeld darauf achten, ausreichend dickes Papier oder Karton als Bildträger zu verwenden. Der Malgrund wellt sich unter Umständen deutlich, nicht zuletzt durch den beigemischten Wasseranteil. Diese Erfahrung habe ich selbst bei dickeren Papieren gemacht, die mit Ölfarbe grundiert waren. Wollen Sie ganz sicher gehen, wählen Sie am besten ein starkes Aquarellpapier ab 250 g/m² aufwärts als Malgrund für solche Ölpastelle.

Wenn Sie Mixed-Media-Arbeiten mit Acryllack versiegeln wollen, sollten Sie darauf achten, keine Farben zu verwenden, die nach dem Abtrocknen immer noch wasserlöslich sind, wie Gouache oder bestimmte wasserlösliche Bunt- oder Wachsmalstifte. Beim Auftragen des Lackes könnten sich diese erneut lösen und die Arbeit mit unerwünschten Farbschlieren verderben.

Wenn der Lack durchgetrocknet ist, ist die Oberfläche des Ölpastells trocken. Bei leichten Berührungen wird keine Farbe vom Bild genommen. Es scheint sogar möglich zu sein, Staub von der Oberfläche mit einem Pinsel oder einem Baumwolltuch oder Schwamm vorsichtig abzuwischen. Allerdings bezweifle ich, ob ein versiegeltes Ölpastell so widerstandsfähig gegen mechanische Belastung sein kann wie ein Ölgemälde oder ein Acrylbild. Scharfkantige, harte Gegenstände hinterlassen jedenfalls in der dünnen Lackschicht über den immer noch weichen Ölpastellen eine Spur. Insofern kann die Firnis mit UV-Lack eine Rahmung unter Glas aus meiner Sicht nicht ersetzen.

Nach diesen Erfahrungen kann ich die Versiegelung mit Acryllack nicht uneingeschränkt empfehlen. In jedem Fall rate ich Ihnen, erst einige kleinere Testbilder mit UV-Lack zu behandeln, bevor Sie sich entschließen, wertvolle Bilder damit zu firnissen. Vor dem Auftrag des Lackes würde ich das Bild mindestens einen Monat lang abtrocknen lassen.

Ich nutze die Versiegelung bevorzugt in Skizzen- und Malbüchern, um Farbspuren oder den Farbabrieb auf gegenüberliegende Seiten zu vermeiden. Zudem versende ich ab und zu kleine Arbeiten als Postkarten. Auch hier schützt Acryllack die Arbeit vor Beschädigung. Gelegentlich möchte ich aber auch Arbeiten unter Acrylglas ohne Passepartout gerahmt präsentieren. Auch in diesen Fällen trage ich den Acryllack auf, damit das Bild nicht an der Acrylglasscheibe kleben bleibt und dort schwer zu entfernende Farbspuren hinterlässt. Bei Arbeiten, die ohnehin mit Passepartout hinter Glas gerahmt werden sollen, das leicht und ohne Kratzer zu verursachen bei Bedarf von Farbspuren gereinigt werden kann, verzichte ich auf eine Versiegelung.

Versiegeln mit Fixativsprays

Ich verwende kein Fixativspray für Ölpastelle. Nach einem misslungenen Versuch habe ich davon Abstand genommen. Die Fixativsprays enthalten zyklische Kohlenwasserstoffe bzw. Alkohole, die bei dem von mir behandelten Bild die Farben teilweise angelöst und zum Zerfließen gebracht haben. Die Anhaftung von Ölpastellfarben auf den Bildträgern ist so gut, dass ein Fixativ für diesen Zweck aus meiner Sicht nicht benötigt wird, und für den Oberflächenschutz ist der oben vorgestellte Acryllack besser geeignet.

Einrahmen

Ich präsentiere meine Ölpastelle meistens in Rahmen unter Glas bzw. Acrylglas und geschützt durch ein Passepartout.

Für Rahmen, in denen ich die Bilder des Öfteren wechseln möchte, bestelle ich normales Glas, weil dies leichter als das kratzempfindlichere Acrylglas gereinigt werden kann. Acrylglas wird mit Kunststofffolien auf beiden Seiten geliefert, die es vor Kratzern schützen. Nach dem Entfernen der Folien ist das Acrylglas stark elektrostatisch aufgeladen und zieht Staub und Fusseln geradezu magisch an. Aber auch bei normalem Glas können Staubfussel sehr lästig sein. Deshalb versuche ich meinen Arbeitstisch möglichst staubfrei zu halten. Ein großes Stück sauberer Karton deckt die Tischplatte ab.

Des Weiteren sollten Sie darauf achten, die Rahmungsmaterialien nur mit sauberen Fingern anzufassen. Selbst kleine Farbspuren von Ölpastell können hartnäckige Flecken auf einem schönen Passepartout hinterlassen.

Für das Passepartout wähle ich eine Dicke von 2 bis 3 mm. Damit ist sichergestellt, dass die auf das Passepartout gelegte Glasplatte die eingelegte Arbeit nicht berühren kann. Den Ausschnitt für das Passepartout wähle ich mindestens 1 cm größer als das Originalformat, weil ich das Blatt in voller Größe zeigen möchte. Leicht unregelmäßige Kanten machen die Betrachtung noch interessanter. Rings um das Blatt bleibt also ein freier Rand von ca. 5 mm bis zur Kante des Passepartouts.

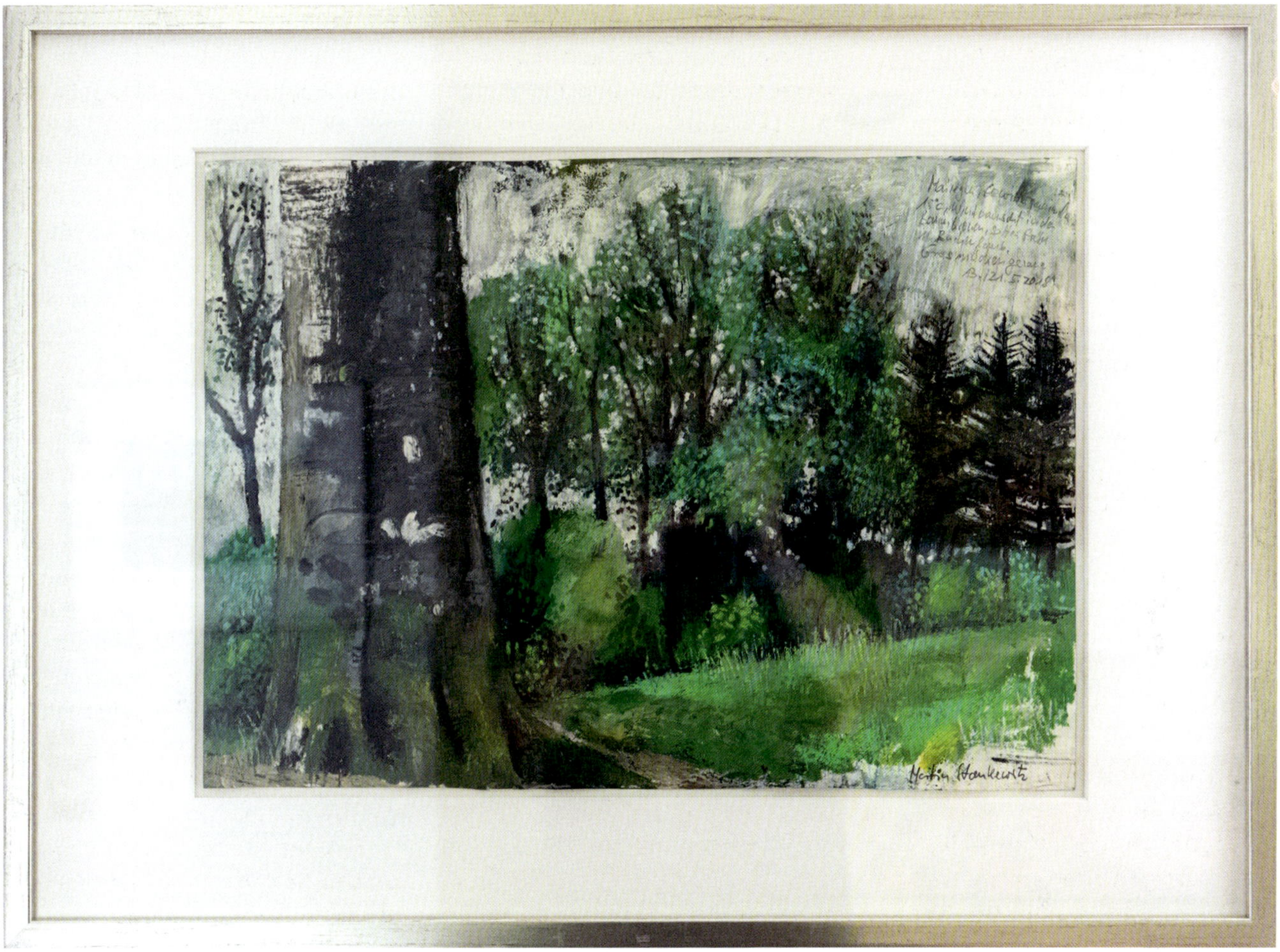

Ölpastell gerahmt unter Glas mit Passepartout, Rahmen 50 × 70 cm, Bildausschnitt 35 × 50 cm

Die Passepartouts, Rückwände und Glasscheiben lasse ich von einer professionellen Werkstatt schneiden (Passepartout-Werkstatt Kerstin Harms, Bäckerstraße 2, 21379 Echem, www.passepartout-werkstatt.de). Im Online-Shop kann man die Größe und Position des Passepartout-Ausschnitts gut bestimmen und das Ergebnis genau sehen.

Setzt man den Ausschnitt exakt in die Mitte zwischen Ober- und Unterkante des Rahmens, so hat der Betrachter den Eindruck, dass das Bild sich etwas näher am unteren Rand befindet als am oberen. Um dieser optischen Täuschung entgegenzuwirken, versetze ich den Bildausschnitt von der exakten Mitte etwas nach oben. Die Wirkung kontrolliere ich vor der Bestellung am Computerbildschirm. Je größer das Format ist, umso stärker tritt dieser Effekt auf. Die Passepartout-Werkstatt gibt dazu auf ihrer Webseite entsprechende Erläuterungen.

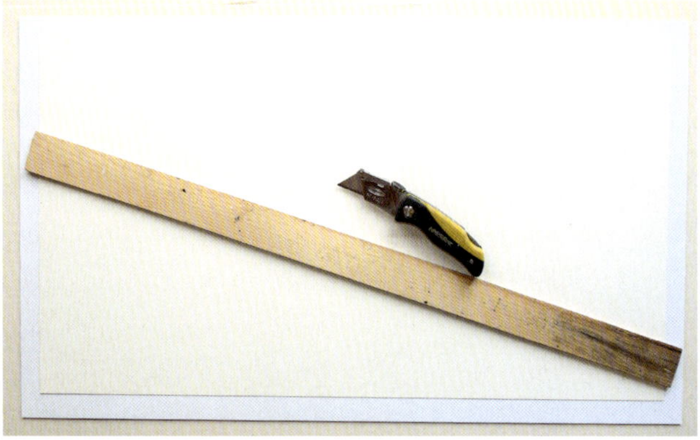

1 Hier ist die rein weiße Rückwand des Rahmens auf meiner Arbeitstischunterlage zu sehen. Darüber liegt der naturweiße Bildträgerkarton, auf den ich das Ölpastell montieren werde. Der Bildträgerkarton ist etwas kleiner als das Rahmenformat, damit ich diesen falls nötig auch nach der Montage des Ölpastells noch innerhalb des Rahmens etwas verschieben kann, um das Bild an der richtigen Stelle zu positionieren. Diesen Karton schneide ich mit einem Paketmesser aus einem Bogen säurefreien steifen Kartons.

2 Das Passepartout lege ich anschließend bündig auf die Rückwand auf, um die Lage des Bildausschnitts zu bestimmen. Der Trägerkarton in Naturweiß passt zur Farbe des Passepartouts.

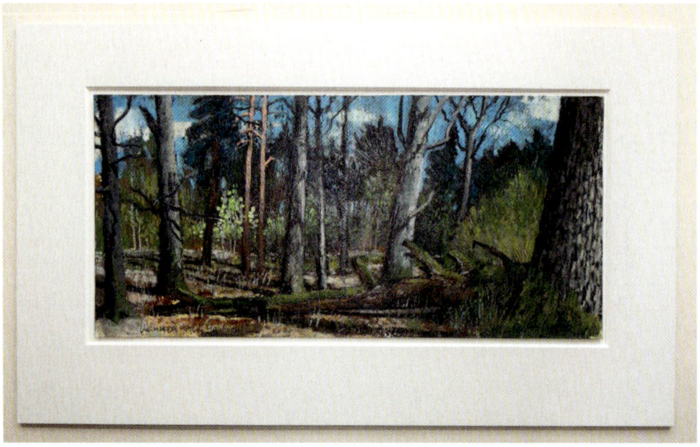

3 Das Bild wird zur Kontrolle in den Ausschnitt eingelegt.

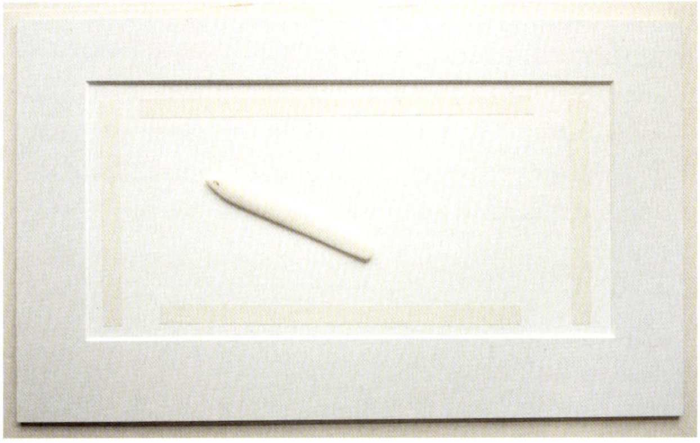

4 Jetzt bringe ich entlang der Bildränder umlaufend Streifen eines doppelseitigen Klebebandes an. Bei Bildern, die nicht ganz flach liegen, kann es sinnvoll sein, auch in der Mitte solche Klebestreifen anzubringen. Das Klebeband drücke ich mit einem Falzbein auf den Trägerkarton, damit es gut haftet.

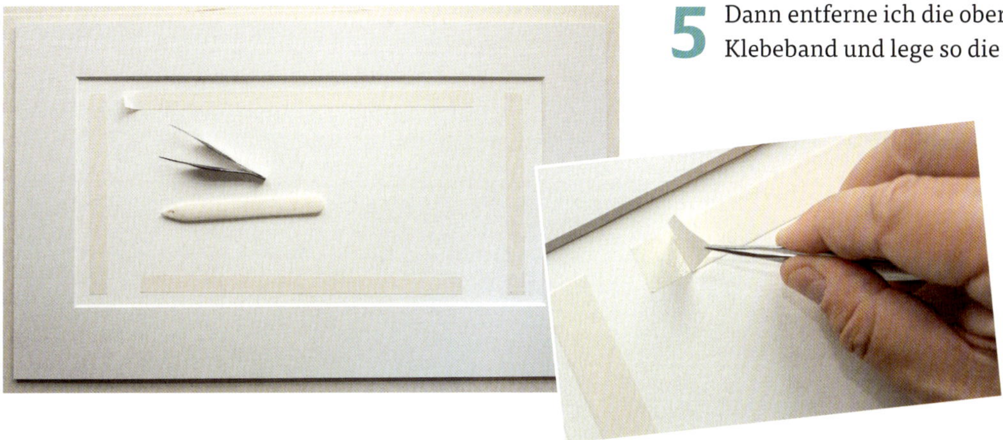

5 Dann entferne ich die obere Deckfolie von dem Klebeband und lege so die klebrigen Oberseiten frei.

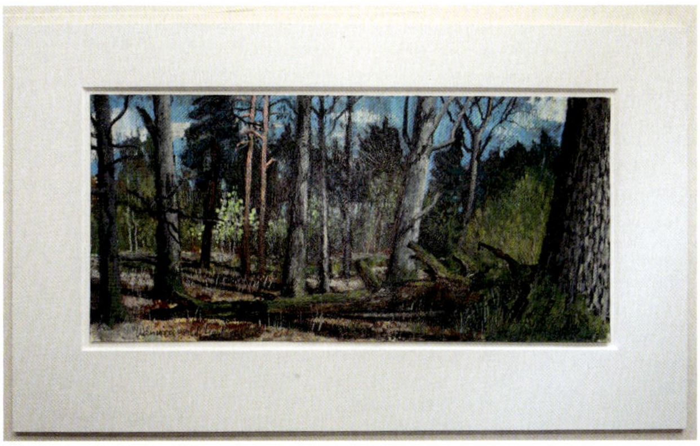

6 Jetzt lege ich das Bild ganz vorsichtig, locker und ohne Druck im Ausschnitt möglichst in der richtigen Position und flach auf dem Klebeband ab. Es kann notwendig sein, die Position noch einmal zu verändern. Wenn das Bild allerdings schon zu stark auf dem Klebeband fixiert wurde, ist das eventuell nur noch schwer möglich.

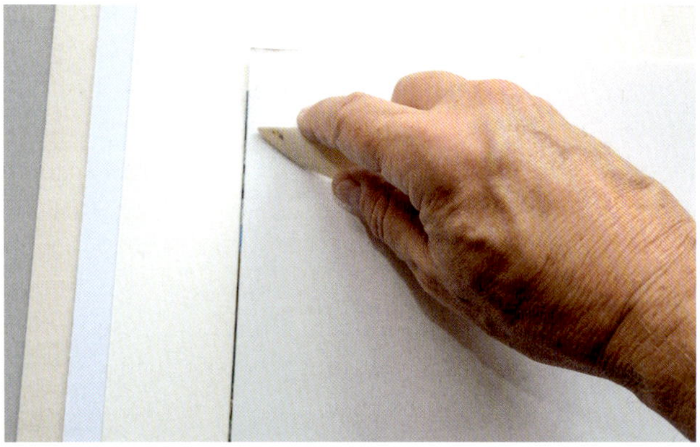

7 Hat das Bild die richtige Position, lege ich das Passepartout zur Seite. Dann lege ich ein glattes, sauberes Stück Papier (am besten gestrichenes Papier) auf das Bild und drücke dann wiederum mit dem Falzbein von oben auf das Abdeckpapier an den Stellen, wo das Klebeband verläuft, damit das Bild sich fest mit dem Klebeband darunter verbindet.

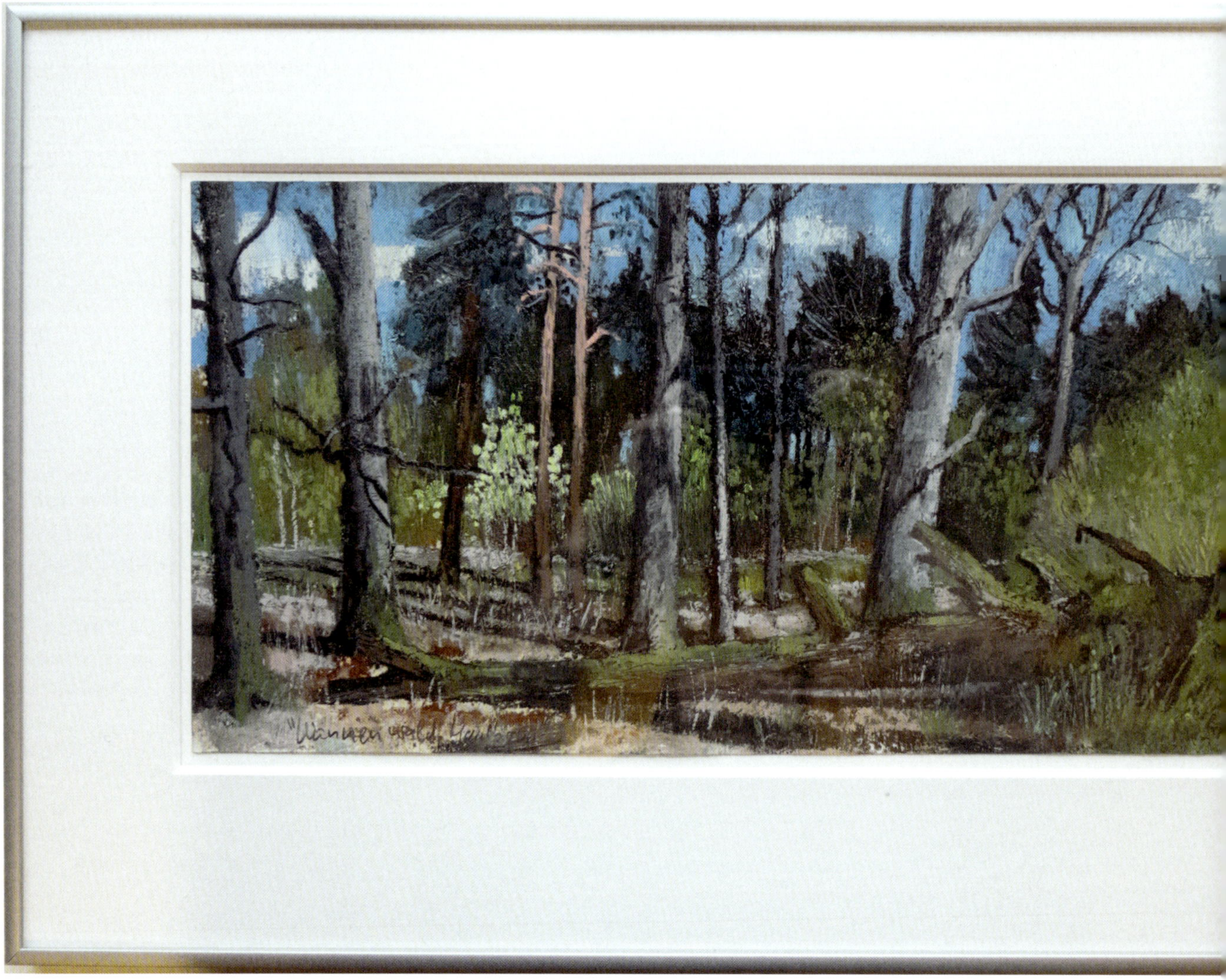

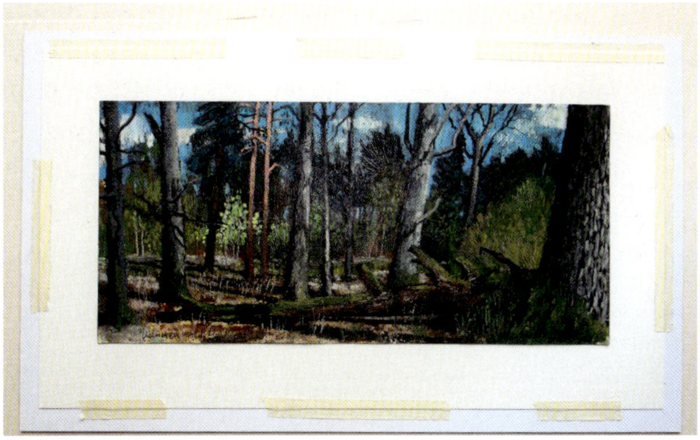

8 Anschließend lege ich das Passepartout wieder bündig auf die Rückwand auf und kontrolliere, ob die Position des Bildes im Ausschnitt in Ordnung ist. Falls erforderlich, korrigiere ich die Position des Bildes, indem ich den Trägerkarton unter dem Passepartout etwas verschiebe. Stimmt die Position des Bildes, entferne ich den Passpartout-Karton wieder und fixiere den Trägerkarton mit Klebeband auf der Rückwand.

Zuletzt lege ich das Passepartout wieder auf und setze den gesamten Stapel aus Rückwand, Trägerkarton, Bild und Passepartout in den gewählten Rahmen.

9 Das Bild ist fertig gerahmt.

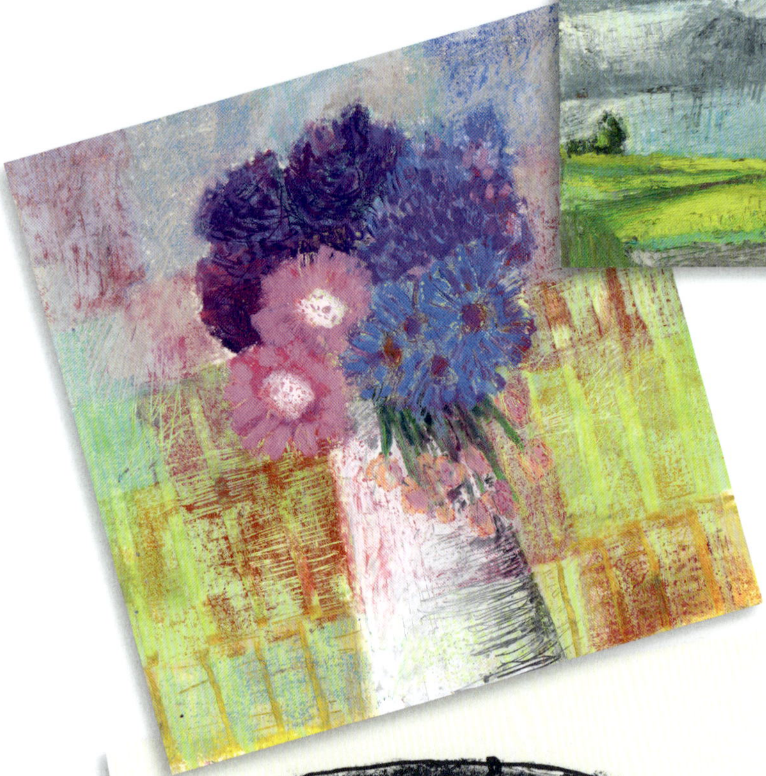
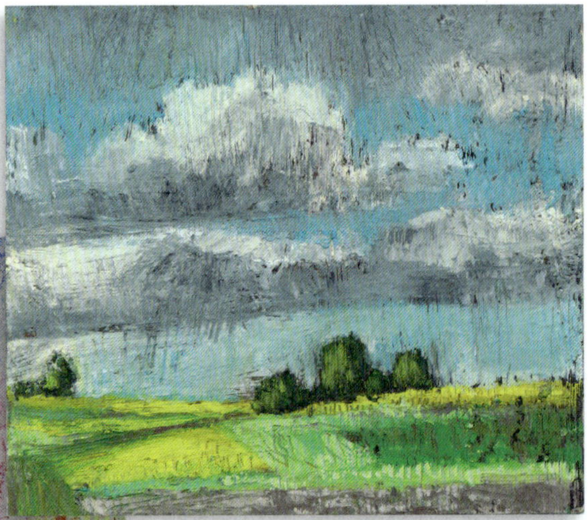
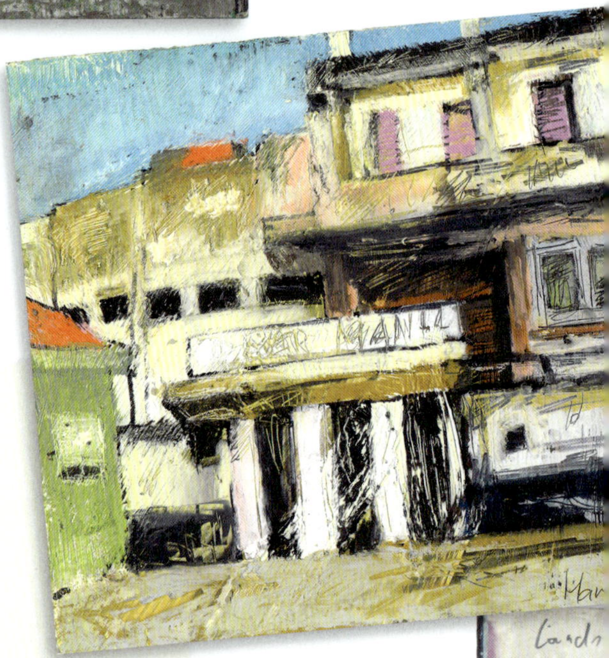
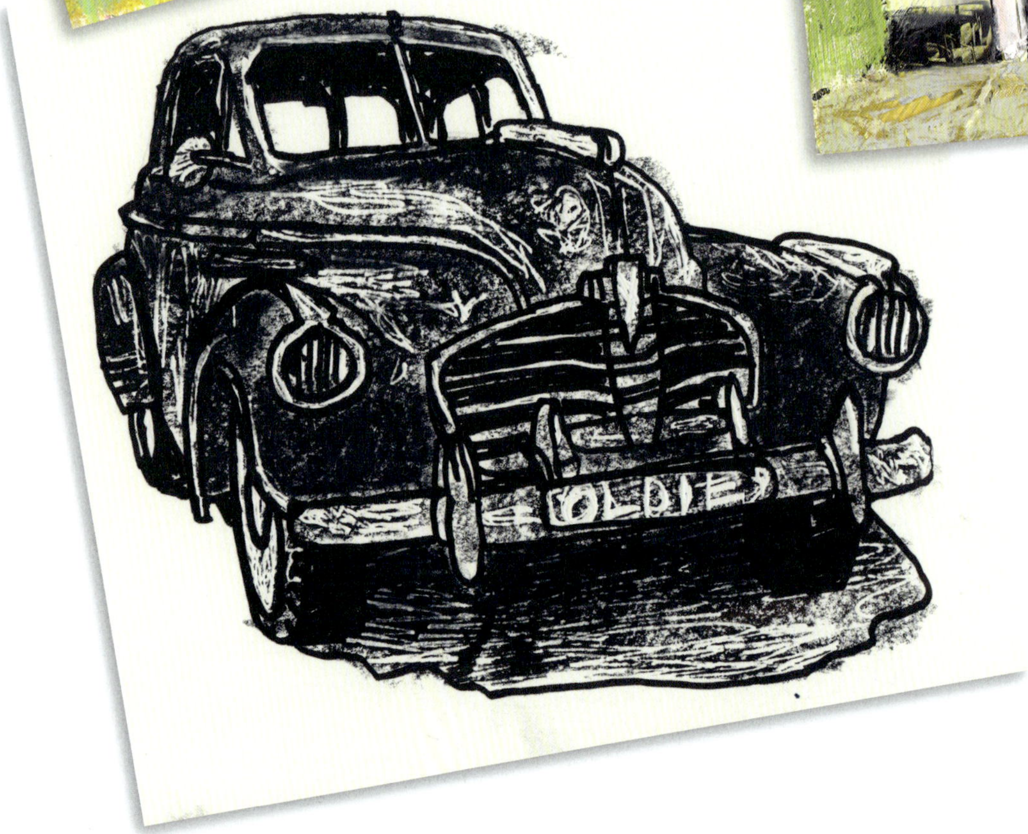

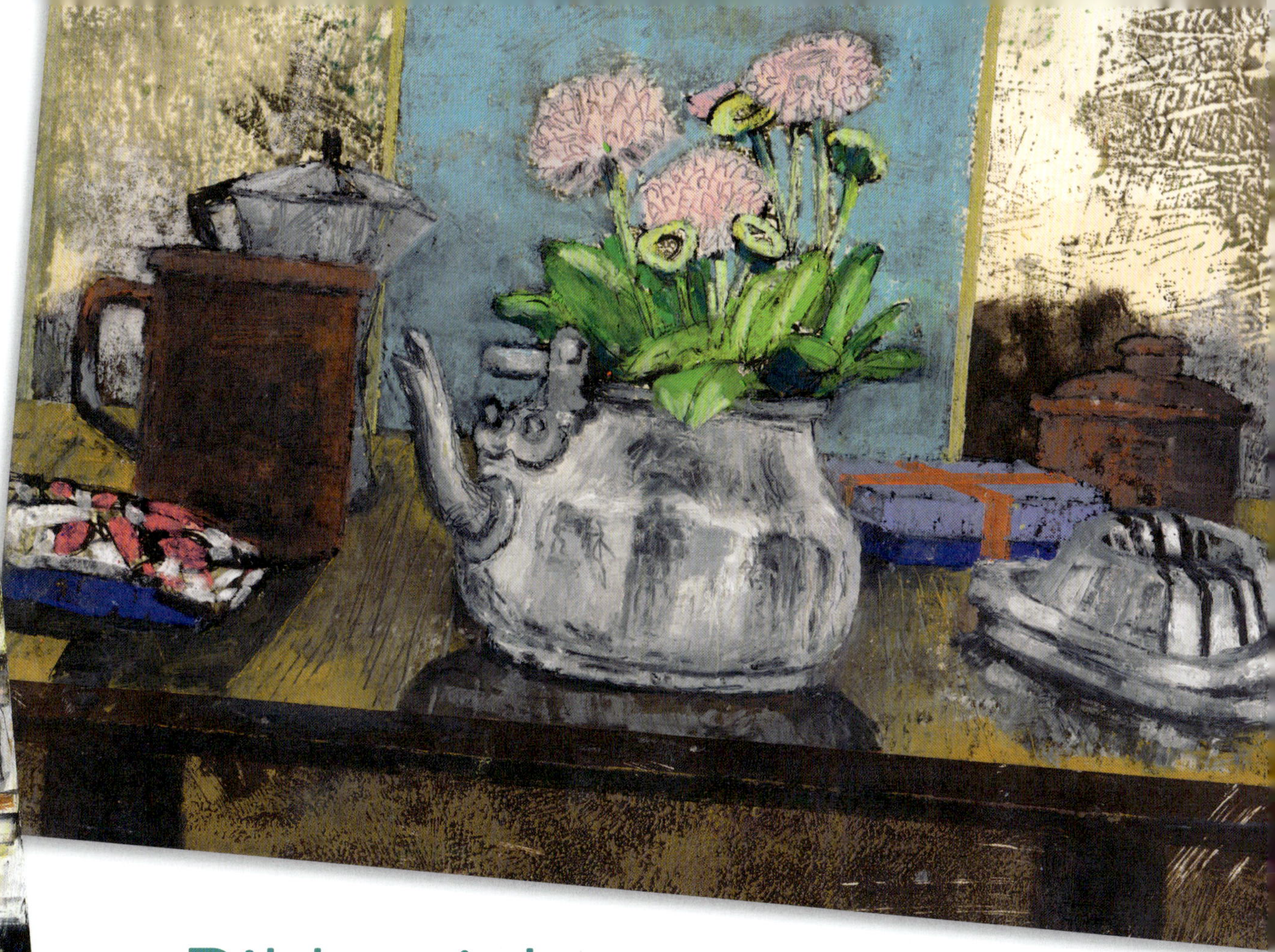

Bildprojekte

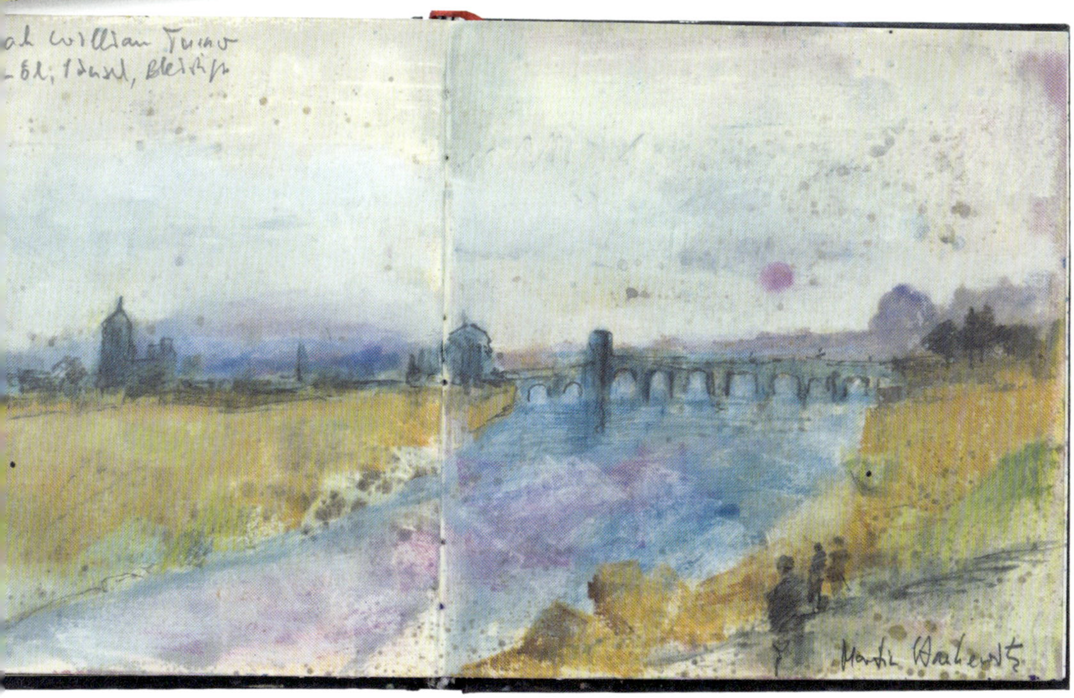

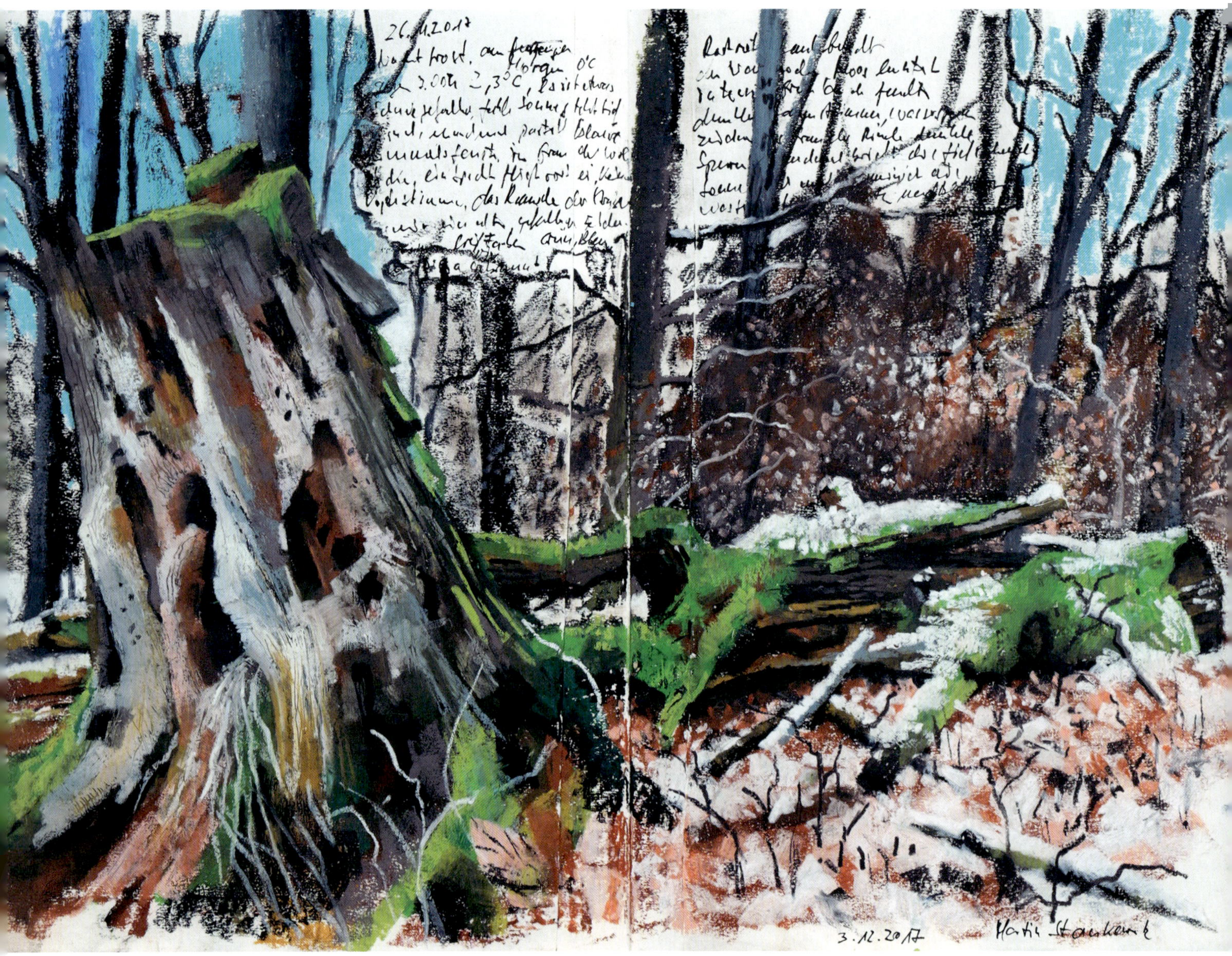

Plein-Air-Waldbild. Malbuch-Doppelseite, 42 × 60 cm

Von der Bildidee zum Bild

Zumindest bei gegenständlicher Malerei steht am Anfang immer eine Bildidee, danach geht es an die Umsetzung im Malprozess, zuletzt wird das Bild für die Präsentation vorbereitet. Dies ist ganz unabhängig davon, ob Sie z. B. draußen in der Landschaft malen oder im Atelier nach einer Vorlage, einem Foto oder einer eigenen Skizze arbeiten. Natürlich können Sie auch ganz frei ohne jede Vorlage aus der eigenen Fantasie schöpfen.

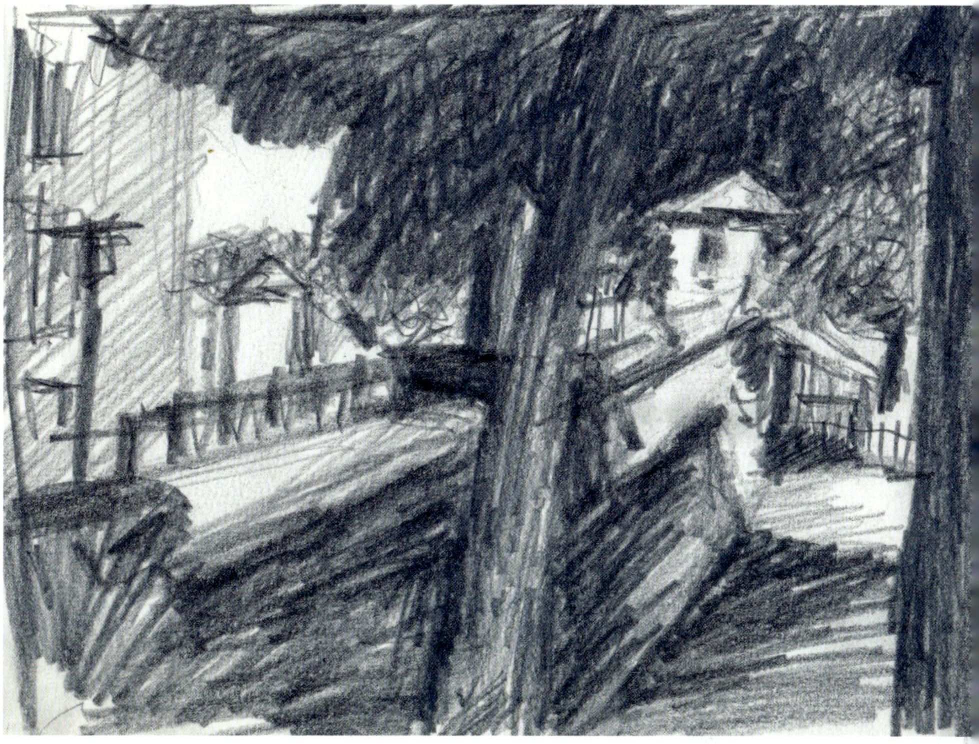

Kleine Tonwertskizze. Bleistift 8B, DIN A5

Bildidee und Bildausschnitt

Eine Bildidee kann sehr konkret sein, wenn Sie zum Beispiel draußen in der Landschaft auf eine sehr schöne Ansicht treffen, die Sie im Bild festhalten möchten. Obwohl in dieser Situation scheinbar alles schon zur Umsetzung bereitsteht, gilt es dennoch, den Blickwinkel genau prüfen, um die beste Komposition und den schönsten Ausschnitt für das Bild zu finden. Sie wollen ja genau das in Szene setzen, was die vorgefundene Ansicht so attraktiv macht, was den Blick so auf sich zieht.

Ich war oft genug zu ungeduldig und habe den Bildausschnitt zu unüberlegt gewählt. Nach getaner Arbeit habe ich nicht selten in nur geringer Entfernung auf dem Heimweg eine noch bessere Variante des gleichen Motivs entdeckt.

Steht der Bildausschnitt fest, ist zu prüfen, ob weitere Korrekturen notwendig oder sinnvoll sind, um die Bildaussage zu verbessern. Störende Elemente lassen Sie eventuell ganz weg, andere verändern Sie in Position und Form so, dass sie besser ins Bild passen.

Bei diesen Überlegungen kann eine kleine Tonwertskizze mit weichem Bleistift oder Kohle sehr wertvoll sein. Es geht bei solch einer Skizze nicht um eine perfekte, proportionsgetreue Umsetzung des Motivs, sondern darum, wünschenswerte Abweichungen vom Motiv zu prüfen oder zu finden und eventuelle Schwierigkeiten oder Besonderheiten des Motivs zu erkennen. Sie können erste Erfahrungen mit den Proportionen sammeln und die Farben mit ihren Hell-Dunkel-Werten studieren. Damit sind Sie besser auf die Ausführung des Bildes vorbereitet. Oft entdecken Sie dabei auch die beste Möglichkeit, ins Bild »einzusteigen«, d. h., die persönlich bevorzugte Stelle im Bild zu finden, mit der Sie auf dem leeren Blatt beginnen, um von dort aus die gesamte Bildfläche zu erarbeiten.

Zeichnen oder Malen lernt man am besten durch direkte Anschauung, sei es vor dem Motiv draußen in der Natur oder in Innenräumen. Aber auch beim Malen nach Fotografien ist es sehr wichtig, die Vorlage kritisch zu prüfen: Kann oder soll der Bildausschnitt und der Bildinhalt wie im Foto übernommen werden oder sollten Sie Veränderungen vornehmen? Wenn ich nach Fotografien male, geht es mir nicht darum, eine möglichst getreue Kopie des Fotos herzustellen. Ich benutze die Fotografie, um das Motiv und seine Eigenschaften, die mich begeistert haben, so gut wie möglich im Bild zur Geltung zu bringen. Wer eine Fotografie 1:1 kopiert, läuft Gefahr, sich auf eine rein handwerkliche Tätigkeit zu beschränken – alle Kreativität wird dann dem Fotografen überlassen. Mängel und Fehler der Fotografie gelangen so mit ins Gemälde.

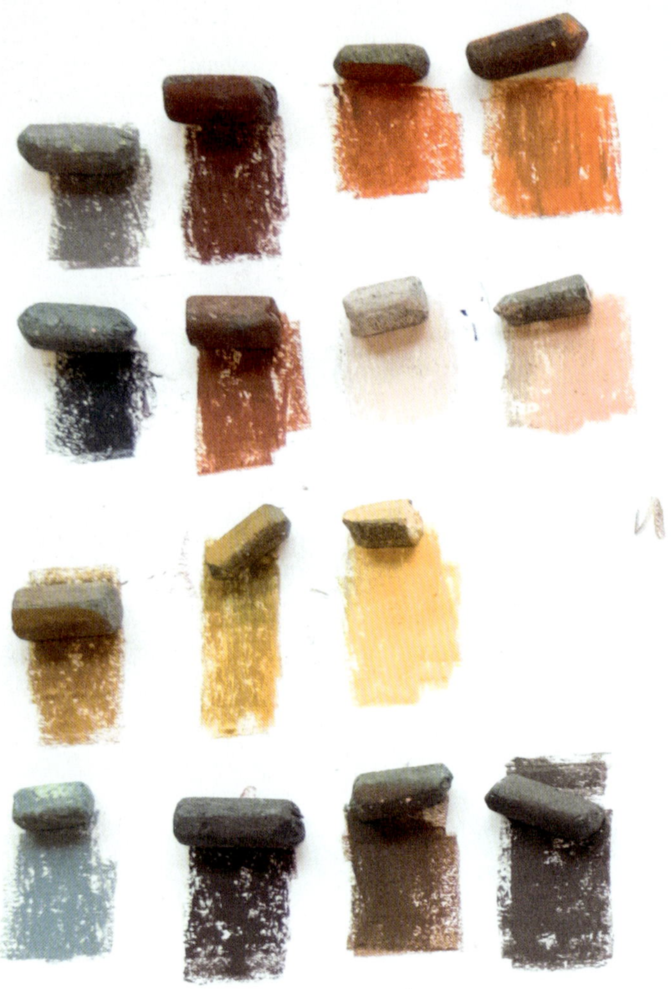

Auswahl von Farben für das Eichhörnchen-Projekt (siehe Seite 93)

Auswahl der Farben

Nach der Vorbereitung kann es an die Auswahl der Farben gehen. Hier gilt es Farben auszuwählen, die der geplanten Farbstimmung entsprechen. Auch die Entscheidung über eine farbige Grundierung und/oder eine eventuelle Untermalung ist jetzt zu treffen. Auf einem separaten Stück Papier lege ich mit den ausgewählten Farben kleine Quadrate an und lege die Ölpastellstückchen daneben. So kann ich die Farbzusammenstellung beurteilen und die Pastellstückchen von alten Farbanhaftungen säubern. Gleichzeitig hilft mir das, die richtige Farbe beim Malen sicher zu finden. Im Laufe des Malvorganges kann es natürlich zu Ergänzungen oder zum Austausch einzelner Farben kommen.

Ausführung

Für mich hat die Bildausführung eine gewisse Ähnlichkeit mit einem Schachspiel. Zu Beginn der Partie ist alles möglich, aber je mehr Züge man gemacht hat, d. h., je mehr Farben und Formen ins Bild gesetzt sind, desto kleiner werden die Spielräume. Gerade wenn Sie noch am Anfang stehen, ist es wichtig, sich nicht durch »verlorene Partien« entmutigen zu lassen – also durch Bilder, bei denen Sie einige unglückliche Entscheidungen getroffen haben. Vielmehr sollten Sie versuchen, Schwächen, die Sie entdecken, für sich als Entwicklungschancen zu nutzen. Am besten schreiben Sie auf und notieren sich für das nächste Projekt, was Sie beim nächsten Mal besser machen wollen. Dieses Scheitern ist ein unverzichtbarer Bestandteil bei der Entwicklung bildnerischer Fähigkeiten. Ohne an eigene Grenzen zu stoßen, sind Fortschritte ja gar nicht möglich.

Das Ende des Malprozesses ist von besonderer Bedeutung, gerade für die Ölpastellmalerei. Sobald Sie merken, dass sich Ihr Bild der Vollendung nähert, sollten Sie wieder besonders wachsam sein. Die Gefahr, zum guten Schluss noch dieses oder jenes Detail zu »verschlimmbessern«, ist sehr real. Hier ist es hilfreich, die Arbeit mal einen oder mehrere Tage ruhen zu lassen, um sich dann mit frischem Blick erneut damit zu befassen und dann nur noch die wirklich als notwendig erachteten Abschlussarbeiten ruhig zu durchdenken.

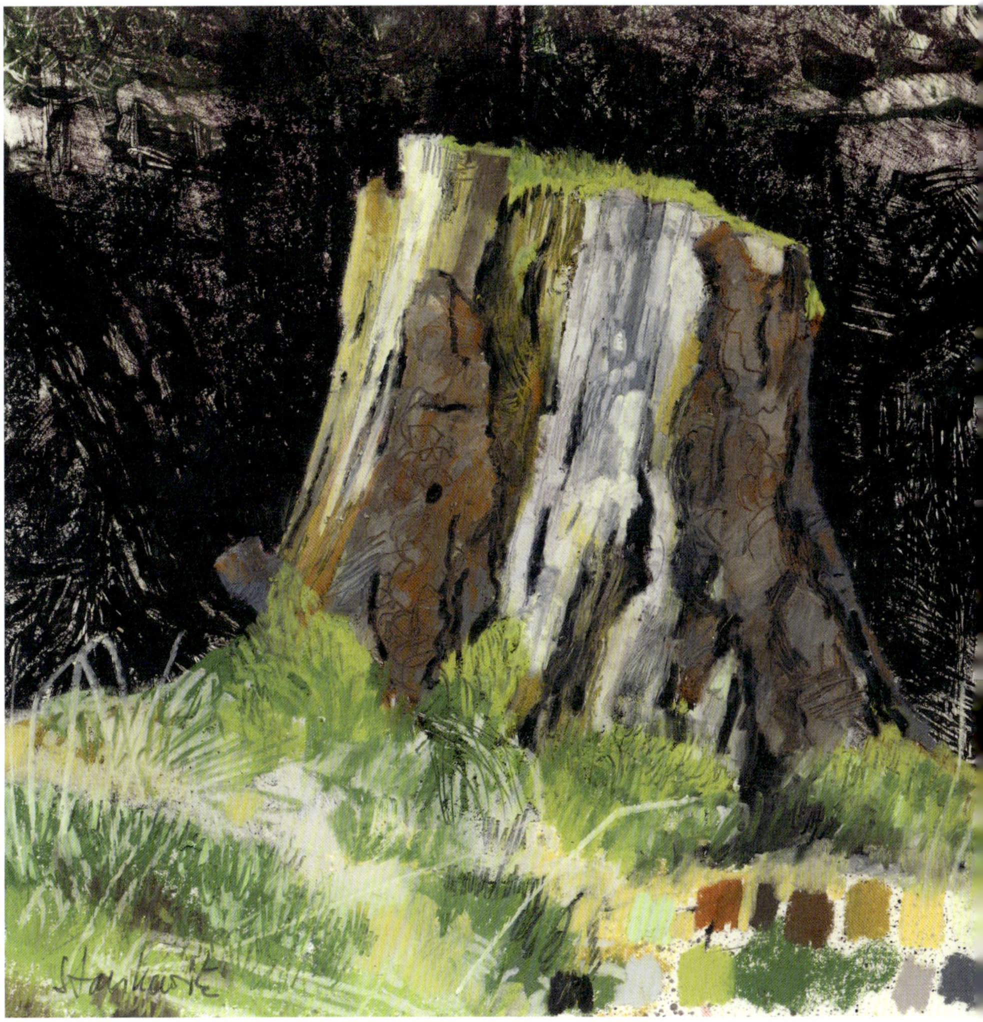

Baumstumpf. Plein-Air-Studie, 25 × 25 cm

Abschlussarbeiten

Wenn Sie Ihr Ölpastell auf die Präsentation vorbereiten, müssen Sie ganz zum Schluss die Bildfläche nach den für Ölpastellen typischen kleinen Farbschuppen absuchen, die sich beim Auftragen der Farbe bilden können. Ich empfehle, dazu mit der Bildkante des senkrecht gehaltenen Bildes leicht auf die Tischoberfläche zu klopfen. Locker sitzende Farbkrümel fallen dann ab. Anschließend können Sie noch vorhandene störende Reste mit einem Palettmesser oder einer Pinzette abheben. Das Abstreifen mit einem Stück dickem Papier sollten Sie vermeiden, da es unschöne Farbstreifen verursachen kann. Möchten Sie darüber hinaus bestimmte Stellen im Bild noch zusätzlich glätten, können Sie an diesen Stellen ein weißes Stück Papier auflegen und mit einem stumpfen Gegenstand vorsichtig darüberreiben.

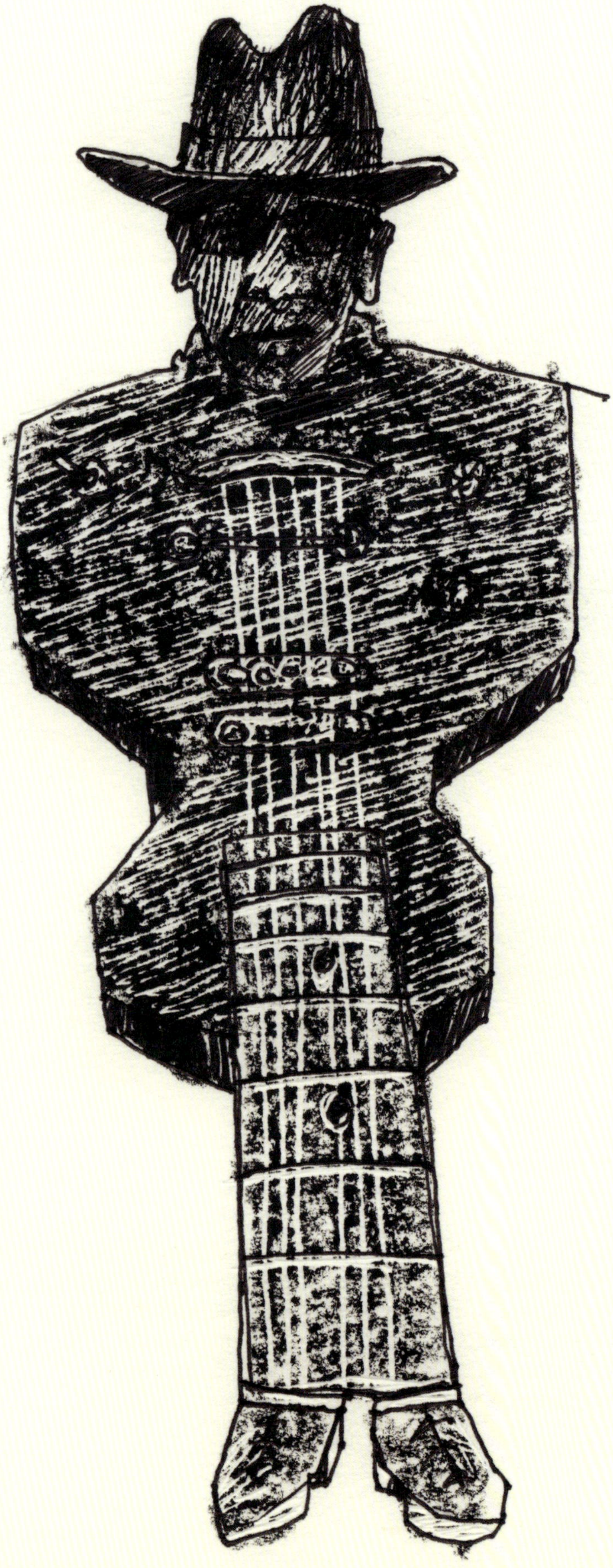

Schwarzweiß-techniken

Auf geeignetem Zeichenpapier lassen sich mit Ölpastellen interessante Effekte erzielen. Für die hier gezeigten Illustrationen habe ich ein 170 g/m² schweres Zeichenpapier mit hohem Volumen verwendet (Boesner »dorée«-Zeichenpapier, 170 g/m², naturweiß, Format 50 × 70 cm oder DIN A4). Dieses Papier zeichnet sich durch eine Oberfläche aus, in die sich Rillen eindrücken lassen, zum Beispiel mit einer leeren Kugelschreibermine oder einem angespitzten Stück Holz. Streicht man anschließend mit leichter Hand schwarzes Ölpastell über die so markierten Bereiche, bleiben die Vertiefungen der Rillen weiß, während die Umgebung die schwarze Farbe annimmt. Im Laufe der Zeit bilden sich die Rillen etwas zurück.

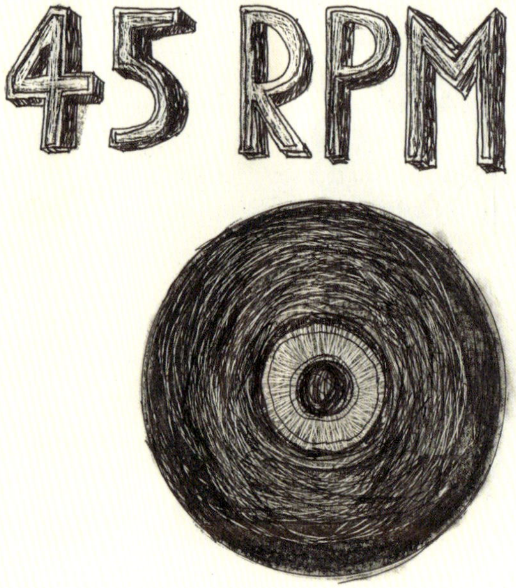

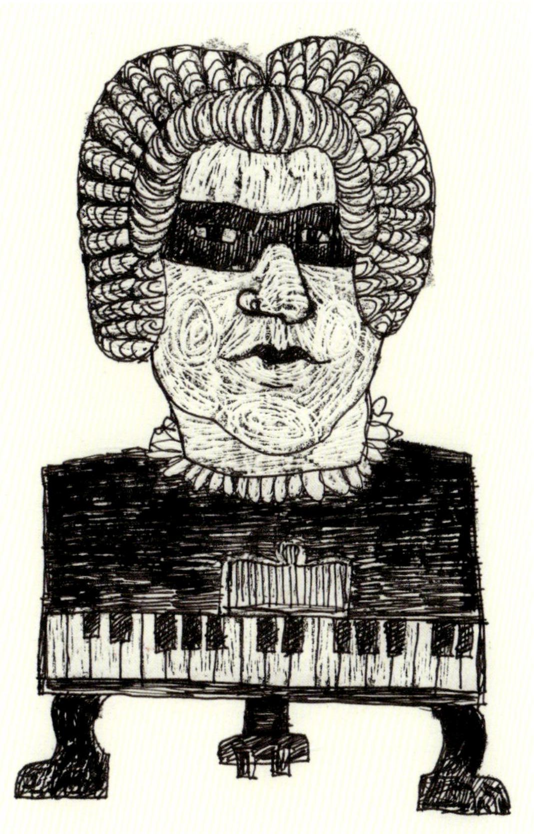

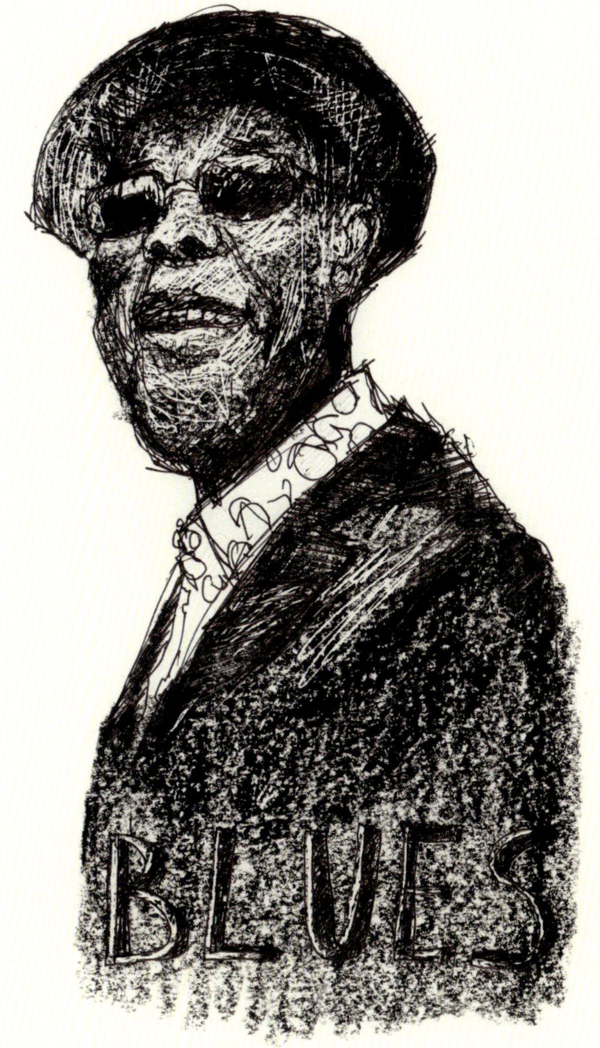

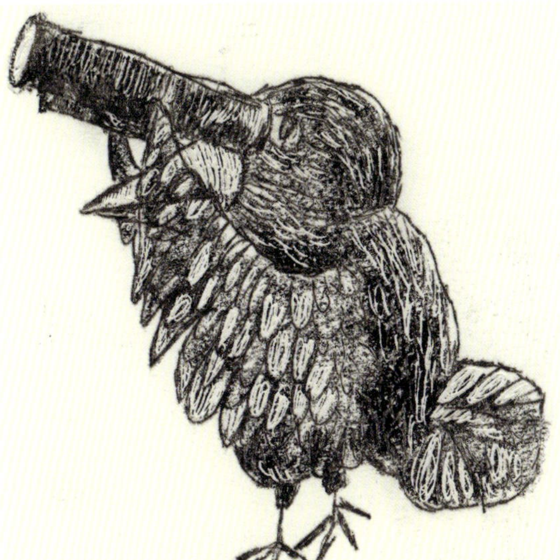

Die hier vorgestellten Illustrationen habe ich zunächst mit Gel- oder Acrylmarker gezeichnet. Als Nächstes habe ich die hellen Linien mit einer leeren Kugelschreibermine in das Papier eingezeichnet und anschließend die so präparierte Zeichnung vorsichtig mit schwarzer Ölpastellkreide abgedeckt.

1

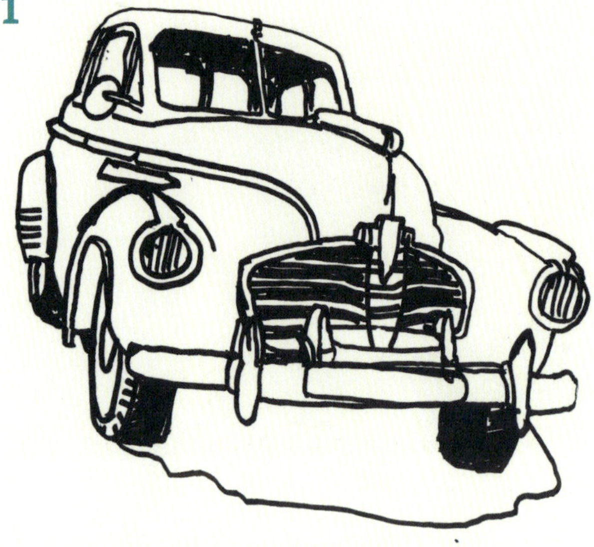

2

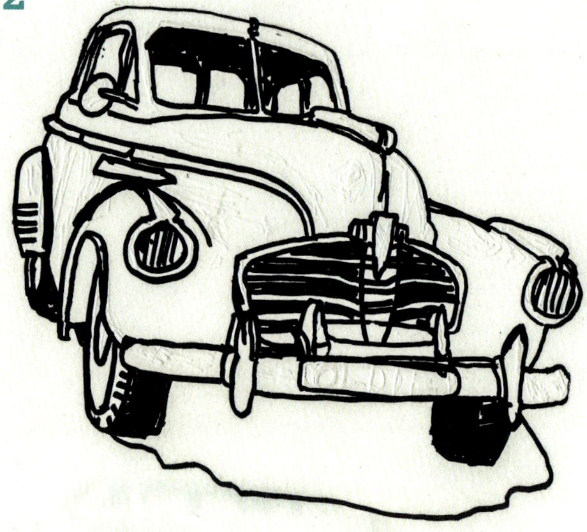

3

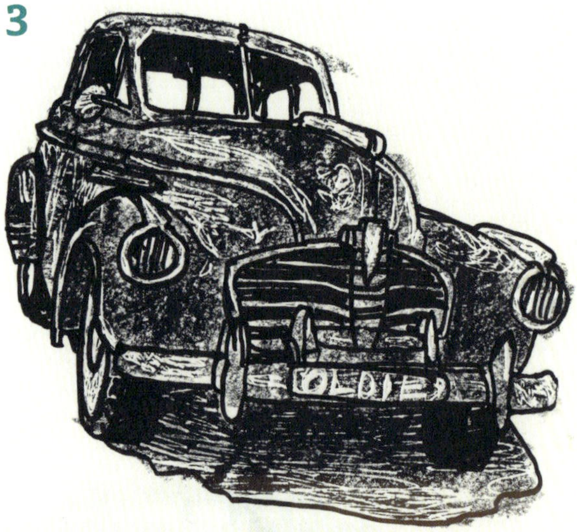

4

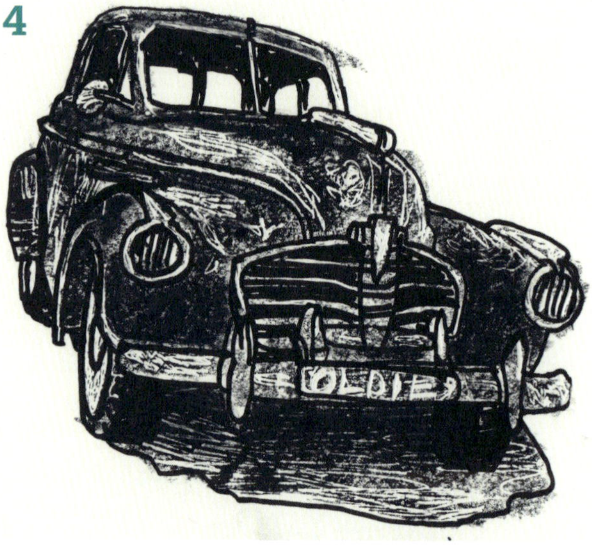

Die Umrisse eines Oldtimers habe ich mit Acrylmarkerstift gezeichnet (1), danach Rillen mit einem angespitzten Holzstück ins Papier eingedrückt (2). Die erste Schicht Ölpastell ist mit leichtem Druck aufgetragen (3), danach habe ich die Farbe an einigen Stellen mit einem Stück gerolltem Tissuepapier verrieben, um ein tieferes Schwarz zu erzeugen (4).

Es sind viele Varianten dieser Technik denkbar, nicht zuletzt auch für die Kombination mit Farben oder anderen Zeichenmaterialien. Stefano Ricci, ein hervorragender Illustrator, kombiniert sogar Tusche und Ölpastell in sehr ausdrucksstarken Schwarzweißbildern.

2a

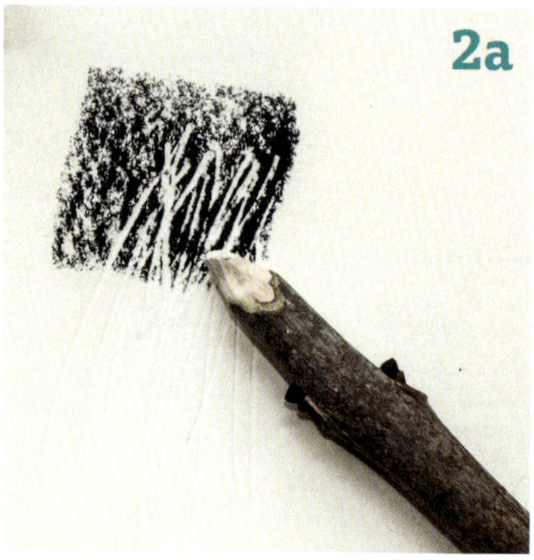

Derartige Zeichnungen kann man auch nachträglich noch mit Buntstiften kolorieren. Verwendet man einen wasserfesten Zeichenstift, kann man dazu auch Aquarell- oder Acrylfarben verwenden.

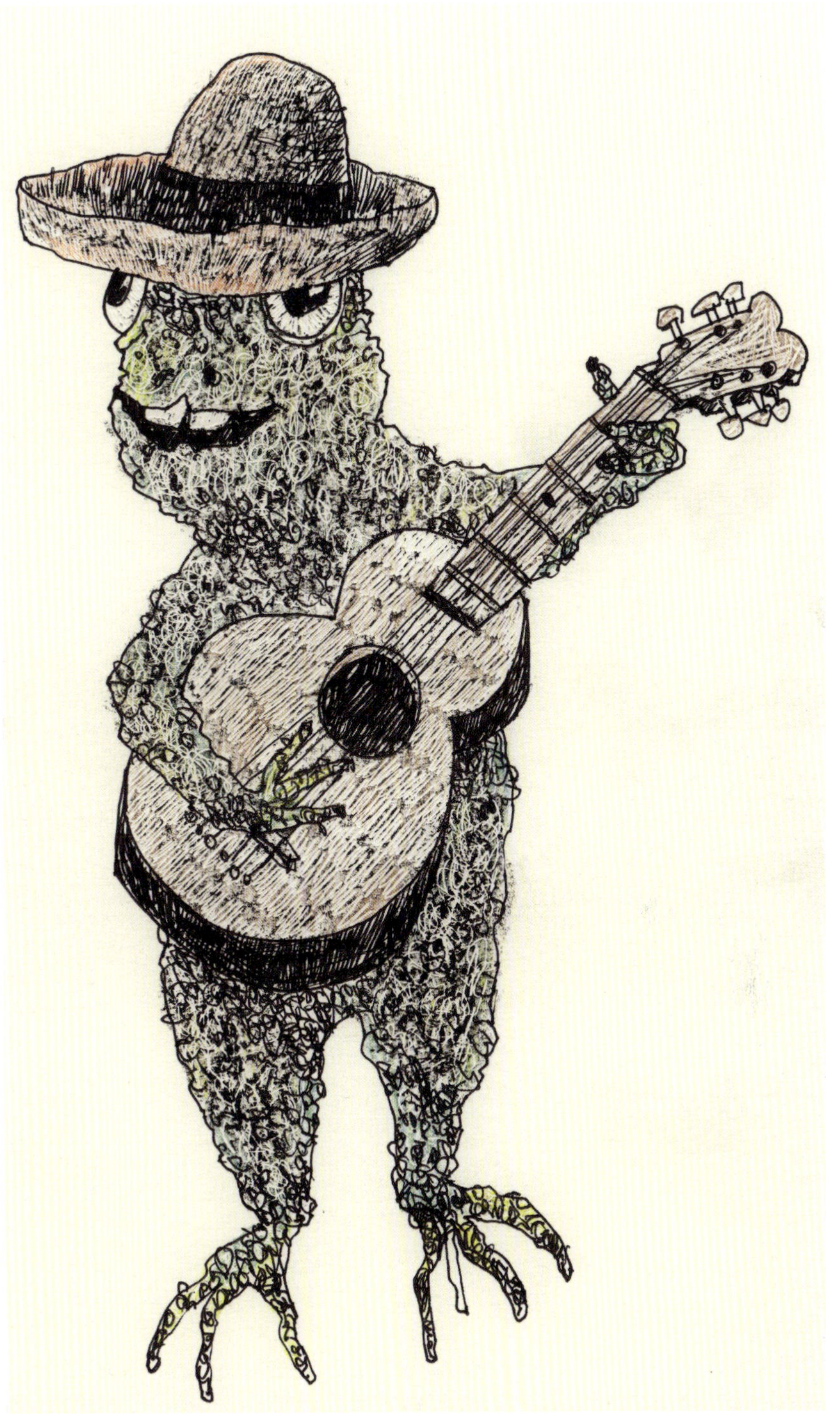

Kröte mit Gitarre. DIN A4

Zeichnungen mit Ölpastellen kolorieren

Ölpastelle eignen sich auch, um Zeichnungen zu kolorieren. Achten Sie jedoch darauf, dass Sie die Zeichnung möglichst mit wischfesten Farben anlegen, die sich bei der Überarbeitung mit Ölpastellen nicht verändern. Wenn die Linien der Zeichnung erhalten bleiben sollen, müssen Sie entweder sehr präzise arbeiten, um sie nicht mit Farbe zu überdecken. Oder Sie legen die Linien der Zeichnung in einem starken Farbton an und tragen die Ölpastellfarben in einem sehr dünnen Film auf, der die Linien durchscheinen lässt. Nachträglich auf Ölpastelle zu zeichnen (z. B. mit Acrylmarker), ist kaum möglich, weil die ölige Farbschicht die Farbe nicht oder nur schlecht annimmt und die Spitze von Farbstiften verschmutzt bzw. verstopft.

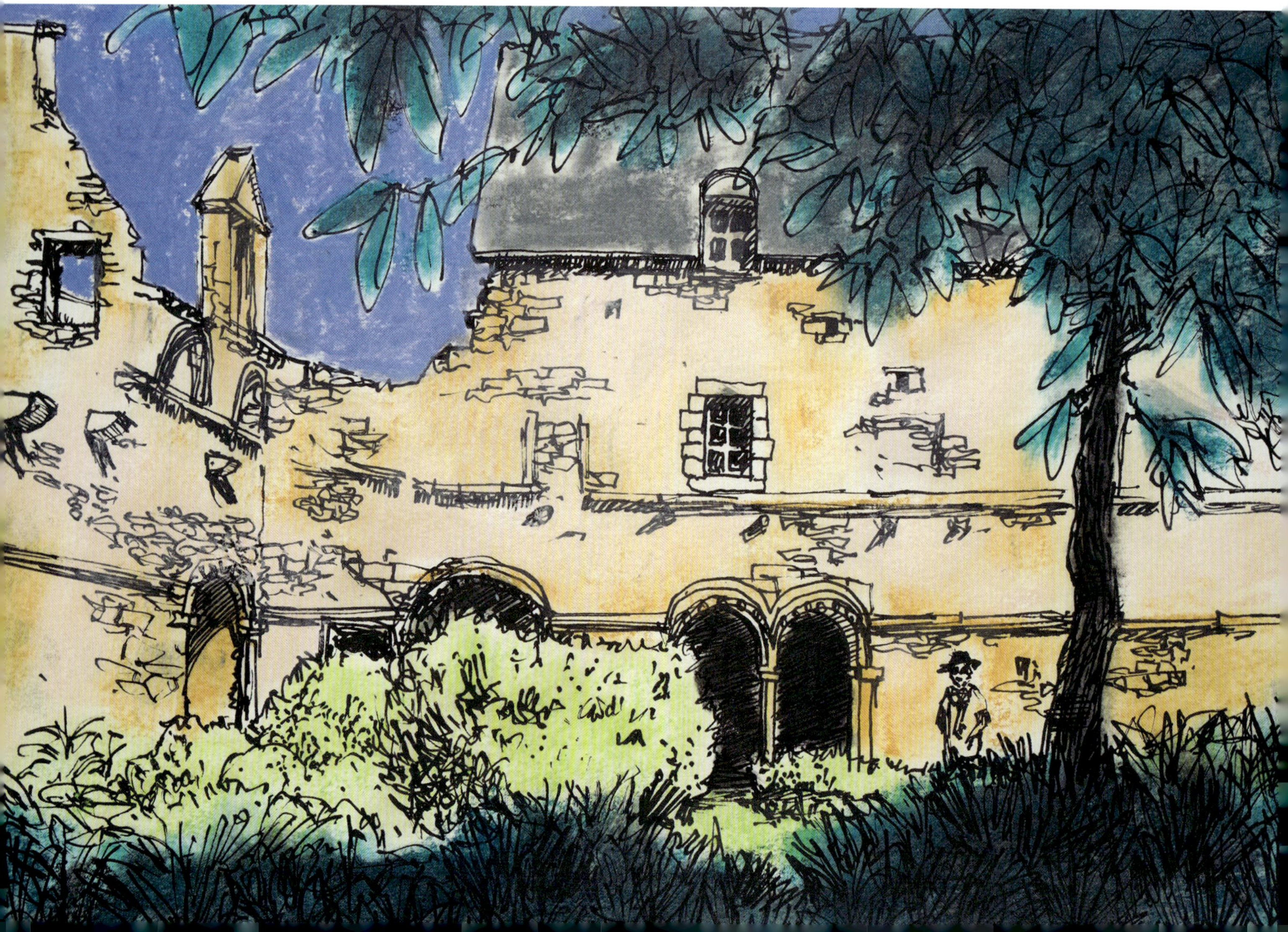

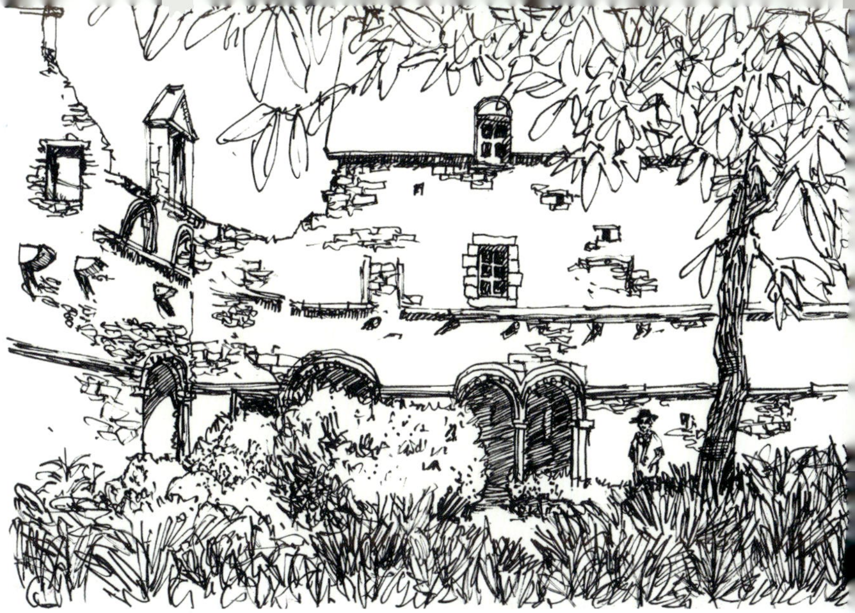

1 Das ist eine Zeichnung mit Acrylmarker nach einem Urlaubsfoto.

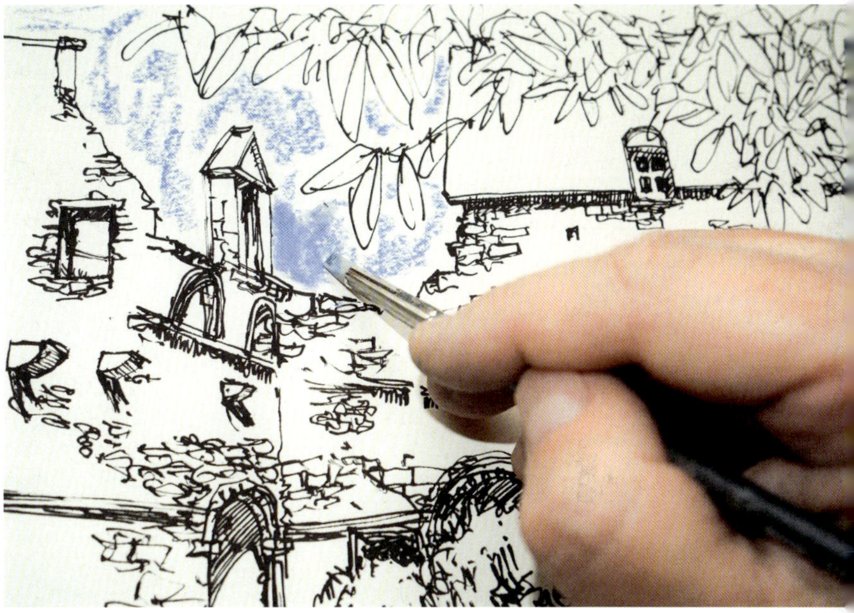

2 Das Blau für den Himmel habe ich ganz leicht aufgetragen und es anschließend gleichmäßig mit einem Shaper zu einem satten Blau verrieben. Mit dem Shaper lässt sich die Farbe sehr exakt entlang der Konturen von Architektur und Blättern verteilen.

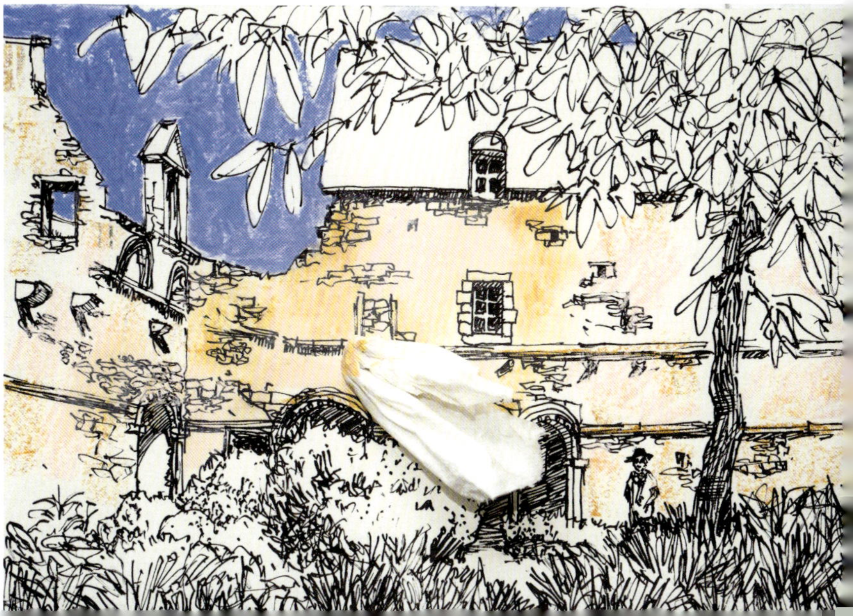

3 Für die Kolorierung des Gebäudes und die hellen Gebüsche habe ich nur wenig Farbe (Ocker, Grau und Grün) aufgetragen und sie mit einem zusammengerollten Stück Tissuepapier zu einer dünnen, hellen Schicht verrieben. Für die Blätter des Baumes und die Pflanzen im Schatten habe ich Dunkelgrün verwendet, das ich, wo nötig, mit etwas Schwarz untermalt habe.

Mit Ölpastellen kolorierte Acrylmarker-Zeichnung. DIN A4

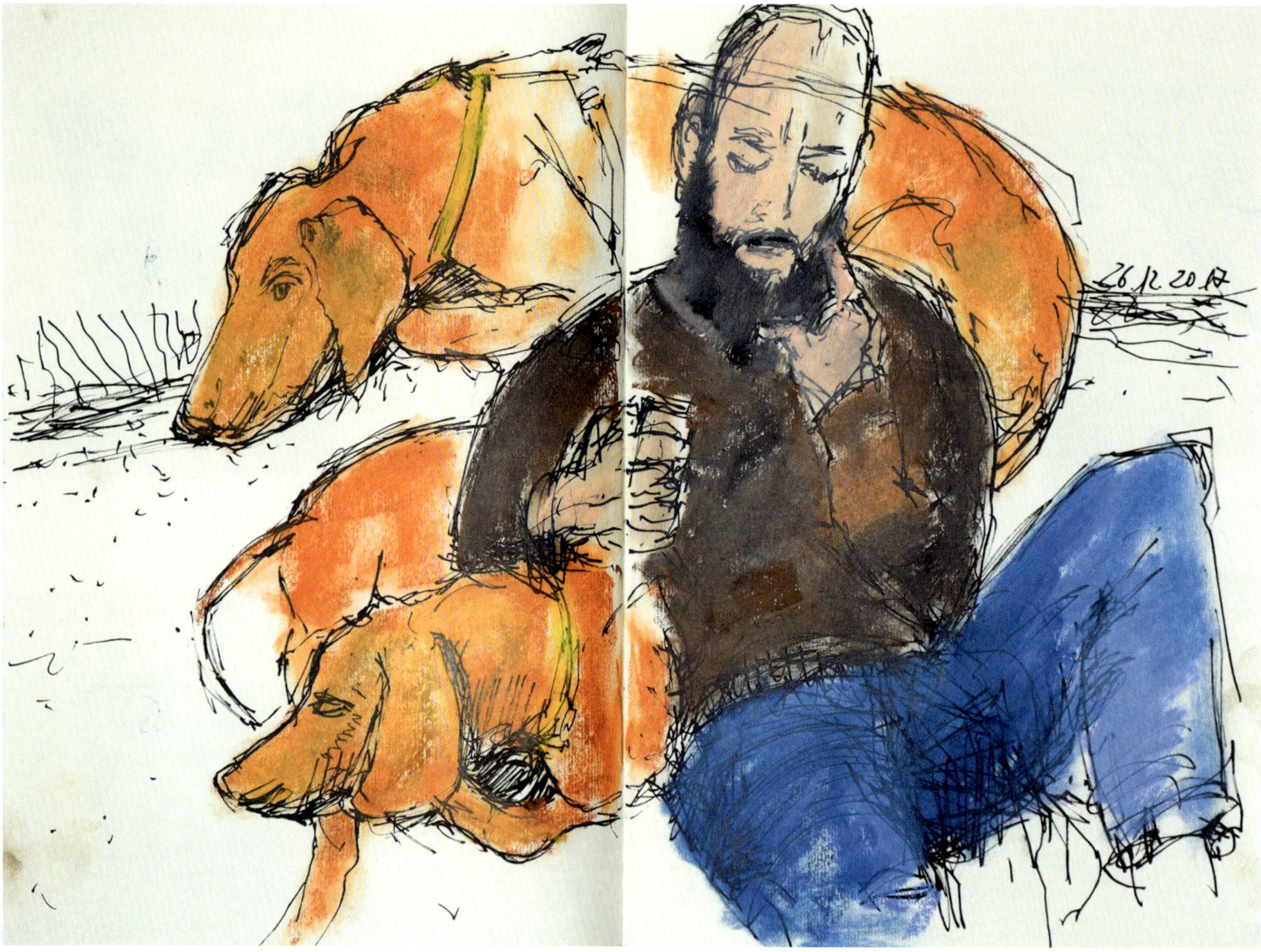

Tobi und Schorsch. Skizzenbuch 30 × 20 cm

In diesen Skizzen mit Acrylmarker habe ich nur wenige Farbflecken mit Ölpastellen ganz leicht in die Zeichnung gesetzt. Um die Farben flächig zu vermalen, habe ich ein Stück Tissuepapier mit etwas gebleichtem Mohnöl getränkt und es anschließend um den Zeigefinger gewickelt. Meiner Erfahrung nach wellt sich auch dünneres Papier bei dieser Art der Bearbeitung nicht.

Wenn Sie einen kleinen Pinsel verwenden, brauchen Sie nur sehr geringe Mengen an Öl, um den Pinsel für einen Farbwechsel zu reinigen. Ich tauche die Borsten kurz in das Öl ein und streife die Farben dann mit einem Tissuetaschentuch ab.

Reisen Sie gern mit dem Skizzenbuch, können Sie zum schnellen Kolorieren von Skizzen eine Schachtel mit kleinen Ölpastellstückchen mitnehmen.

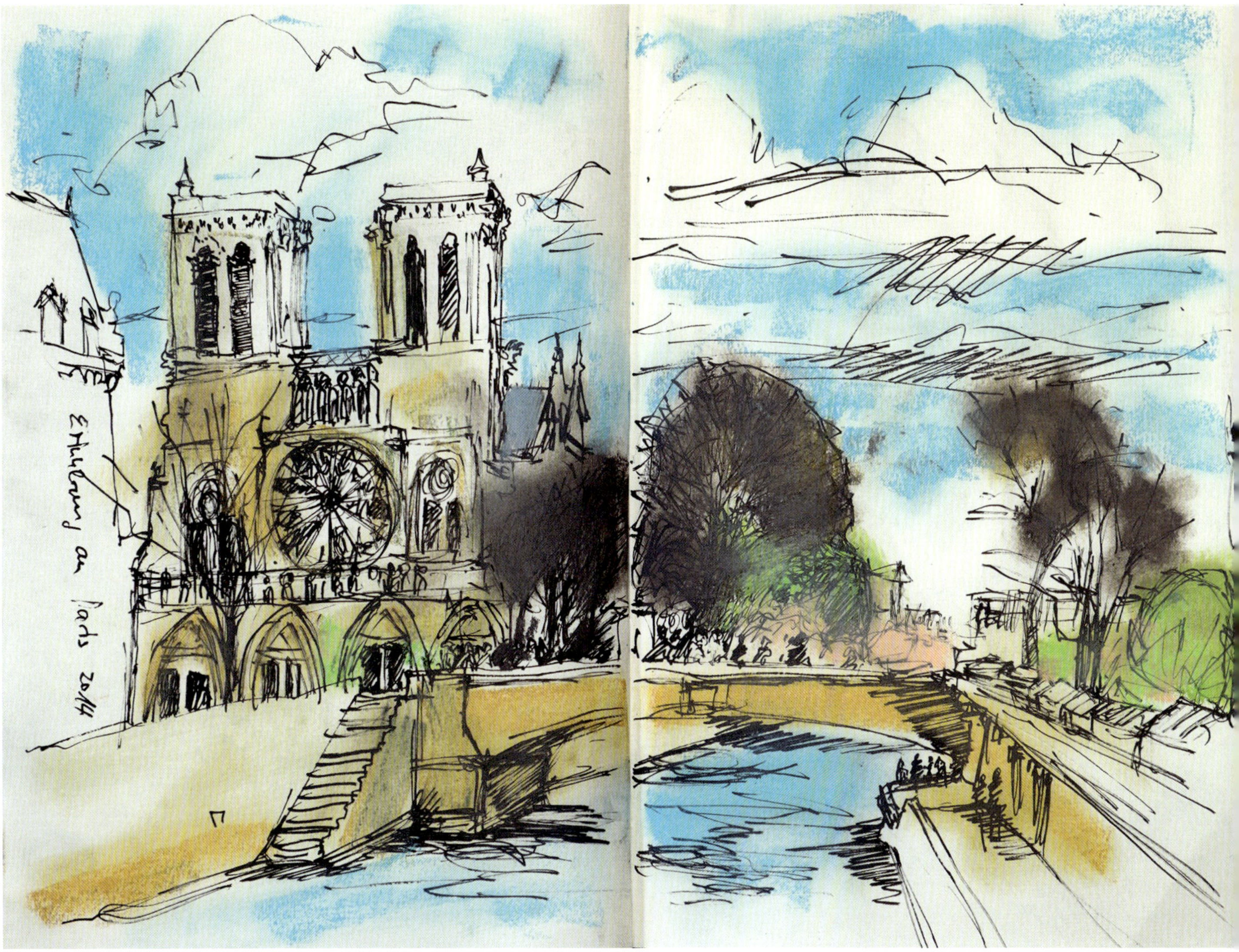

Erinnerung an Paris, Notre-Dame. Skizzenbuch 30 × 20 cm

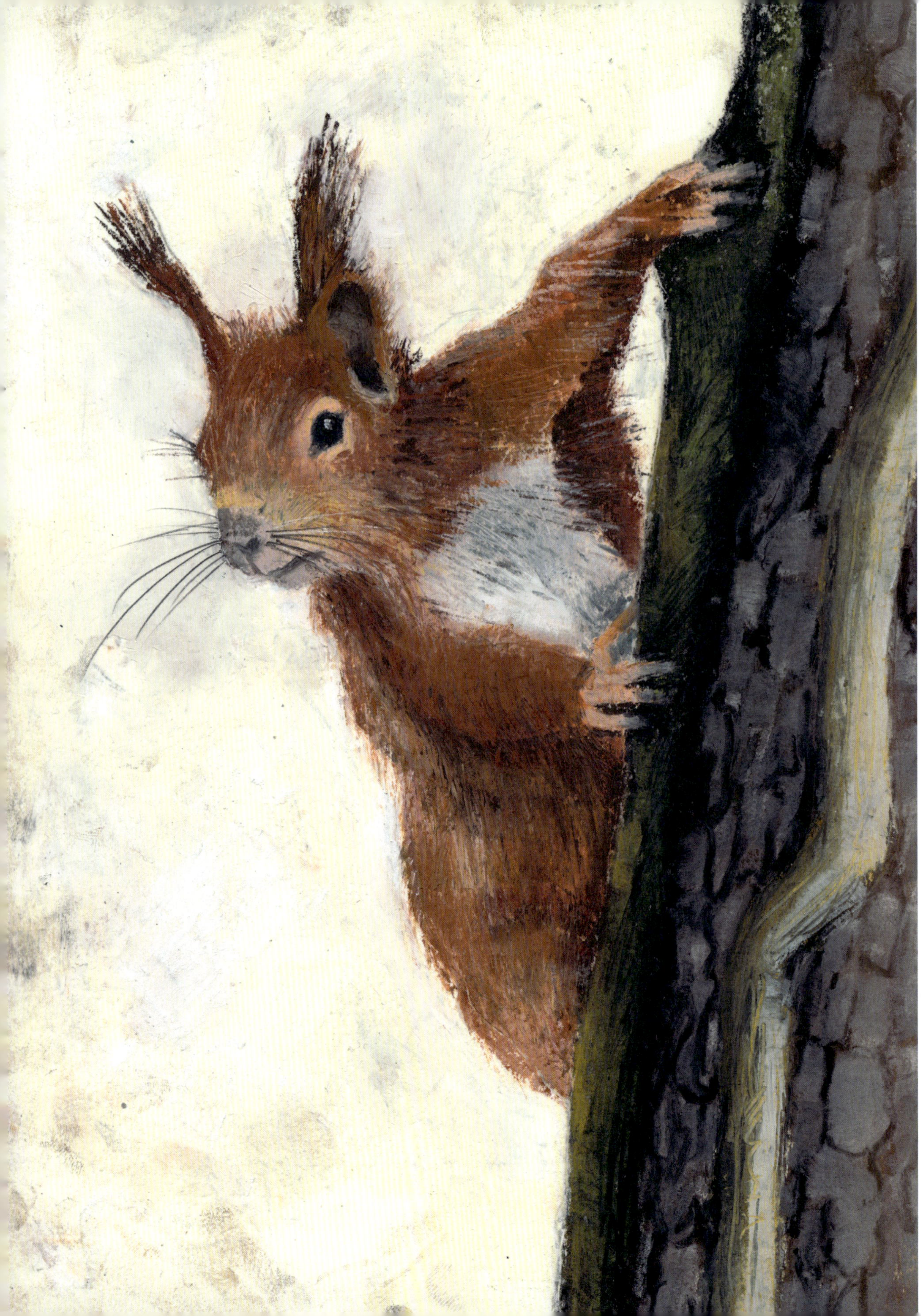

Reine Ölpastellbilder

Eichhörnchen

Mit Ölpastellen können Sie auch sehr gut Tiere malen. Ich selbst bin als Landschaftsmaler darin recht unerfahren. Dennoch möchte ich am Beispiel eines Eichhörnchens im Format DIN A4 zeigen, dass sich mit Ölpastellen auch das Fell von Tieren sehr gut zeichnen und malen lässt.

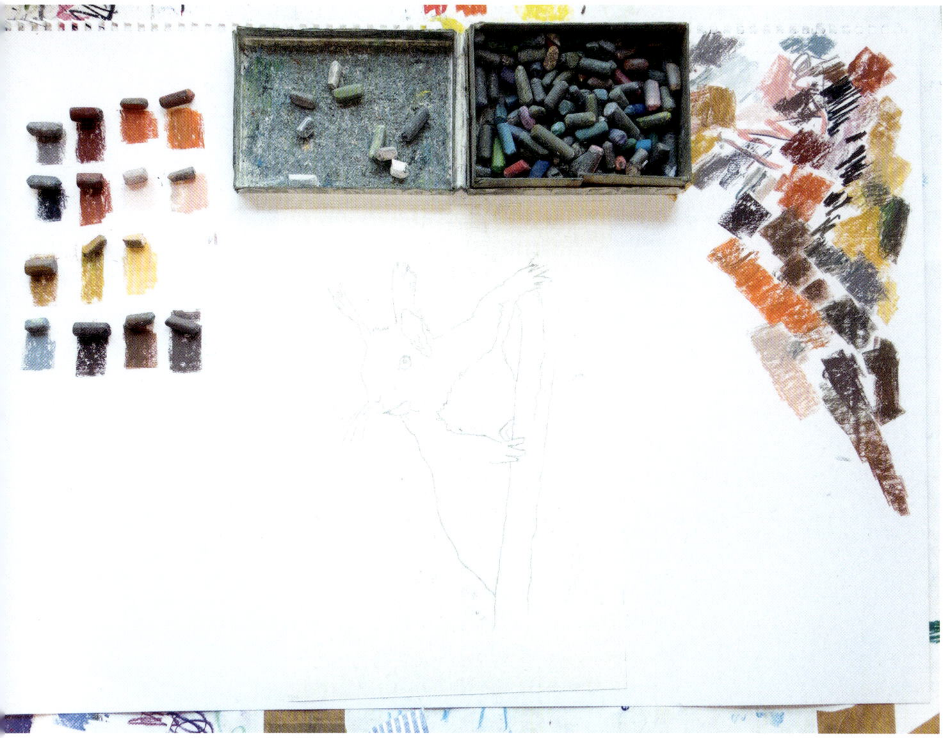

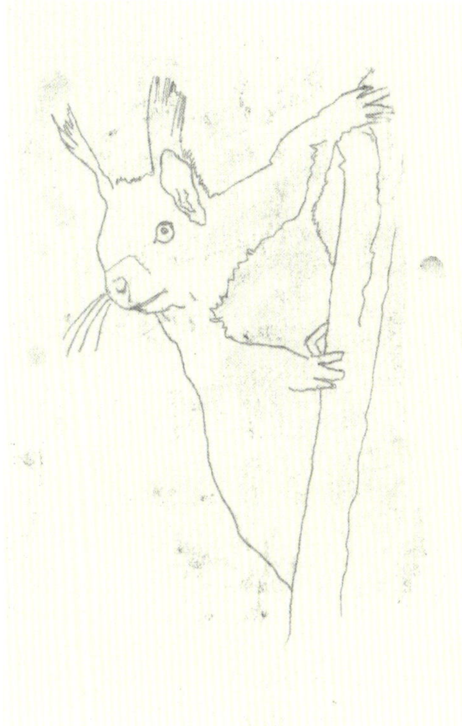

1 Hier sehen Sie den vorbereiteten Arbeitsplatz. Links liegen die für das Bild ausgewählten Farben, in der Mitte das DIN-A4-Blatt mit einer Umrisszeichnung des Motivs. Rechts sind die Farbflecken zu sehen, die beim Säubern bzw. Abstreifen der Farbstummel entstanden sind.

2 Das Motiv habe ich aus meinem Foto eines Eichhörnchens mit Photoshop Elements ausgeschnitten und dann in Schwarzweiß mit dem Laserdrucker in DIN-A4-Größe ausgedruckt. Die Rückseite des Ausdrucks habe ich kräftig mit Zeichenkohle bestrichen und diesen dann als Pauspapier benutzt. Mit einem Kugelschreiber habe ich die Konturen nachgezeichnet und so den Kohlestaub auf das Zeichenblatt übertragen.

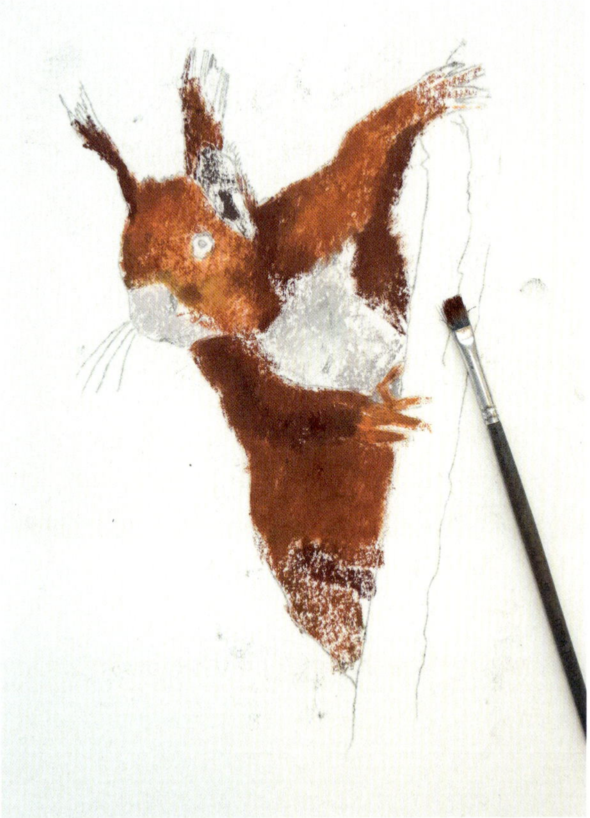

3 Zuerst habe ich eine geschlossene Farbfläche als Untermalung angelegt. Dafür habe ich die etwas dunkleren Varianten der Farbtöne für das Fell und ein helles Grau für den weißen Brustlatz ausgewählt. Nachdem ich die Farbe aufgetragen hatte, habe ich sie mit einem kleinen Borstenpinsel und etwas gebleichtem Mohnöl verrieben. Auf diesen Untergrund sollten danach die Details des Fells aufgetragen werden.

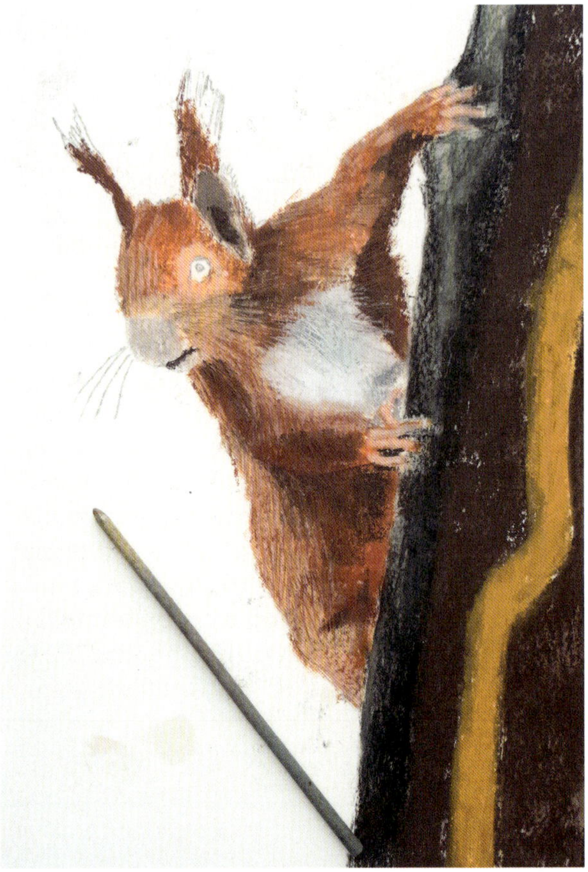

4 Hier sind einige Partien des Fells schon zu sehen: Ich setze die helleren Farbtöne in dünnen Strichen, die ich mit der Kante der Farbstummel andrücke oder zeichne, über die Untermalung. In manchen Partien trage ich die Farbe auch flächig auf und ritze diese Farbflächen anschließend mit einem angespitzten Holzstäbchen.

Um die Oberfläche des Fells zu imitieren, können Sie die Farbtöne im Wechsel auch von Hell nach Dunkel und umgekehrt übereinandersetzen und zusätzliche Textur durch Ritzungen erzeugen. Dabei ist zu bedenken, dass die Rillen aus Ritzungen bestehen bleiben. Das bedeutet, bei anschließendem Farbauftrag wird es schwierig, die Vertiefungen mit einer anderen Farbe zu füllen. Der Effekt lässt sich aber auch gezielt für die Darstellung von Texturen nutzen, wenn man nachfolgende Farbschichten nur mit leichtem Druck aufsetzt.

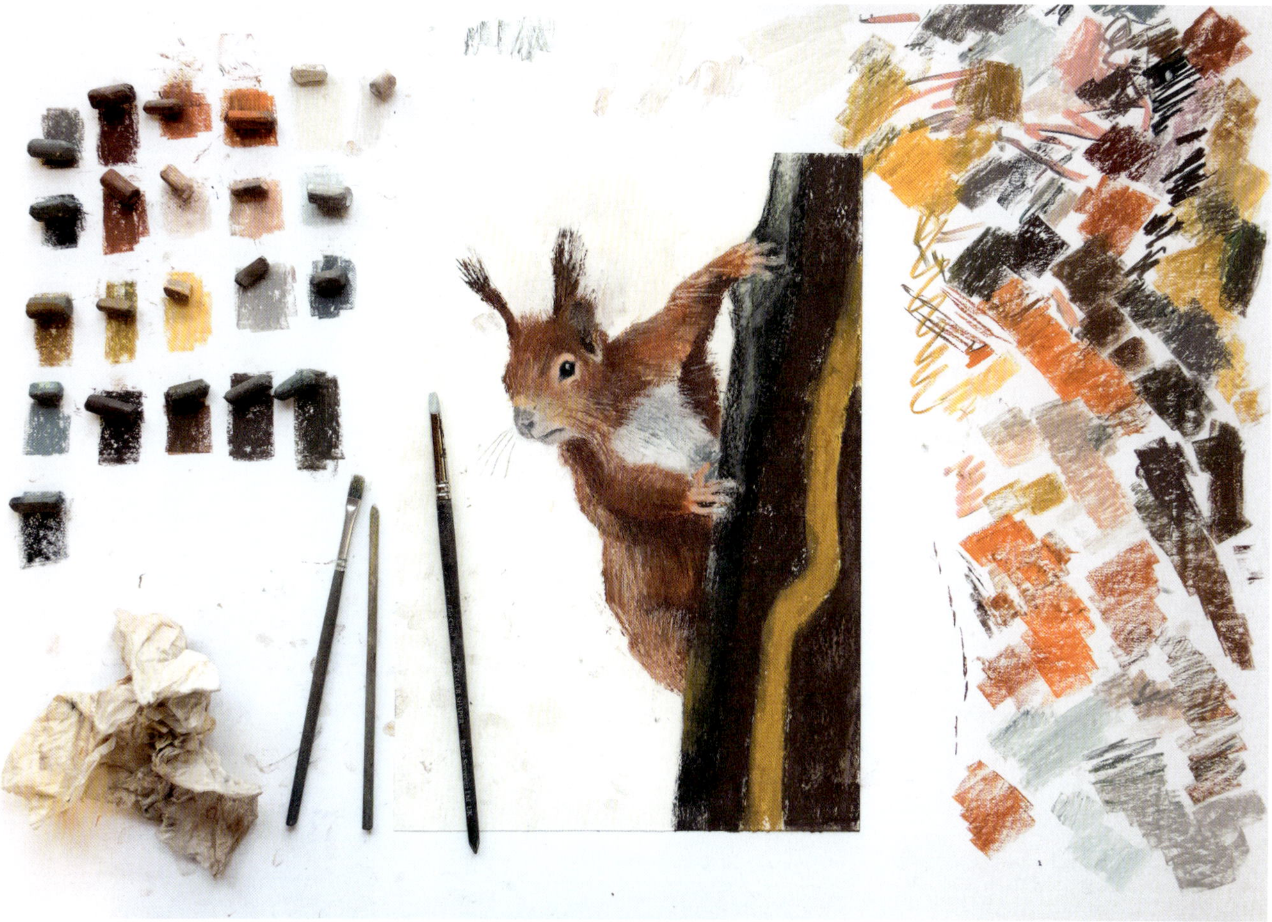

5 Hier ist die Arbeit am Fell schon recht weit fortgeschritten. Ich habe der Palette noch weitere Farben hinzugefügt.

Für das Auge habe ich zunächst einen schmalen Rand in dunklem Grau in die innere Kontur der freien Fläche gesetzt und die Augenwinkel links und rechts eingetragen. Danach habe ich das Auge als schwarze Kugel eingezeichnet. Die Kugel habe ich durch vorsichtiges Kreisen mit dem Farbstummel von innen so weit vergrößert, dass nur noch ein ganz schmaler grauer Rand um den schwarzen Augapfel zu sehen ist. Zuletzt habe ich dann vorsichtig einen kleinen Punkt in Hellgrau als Lichtreflex in die schwarze Kugel gesetzt.

Mit dem kleinen Shaper habe ich die Rillen am Ohr und an anderen Stellen, die beim Durchpausen der Vorlage entstanden sind, mit Farbe gefüllt. Um die Konturen des Tierkörpers klarer sichtbar zu machen, kratze ich so weit wie möglich störende Farbe an den Konturen mit einem Plastikmesser ab. Dann trage ich deckend weiße Farbe auf und anschließend überdecke ich diese Stellen noch mit Cremeweiß, um so einen dem Papierton sehr ähnlichen Farbton als Hintergrund zu behalten.

Ganz zum Schluss habe ich die Barthaare mit einem gut angespitzten 8B-Bleistift eingezeichnet. Vorher hatte ich die schwungvollen Linien auf einem separaten Bogen Papier einige Male ausprobiert und »eingeübt«.

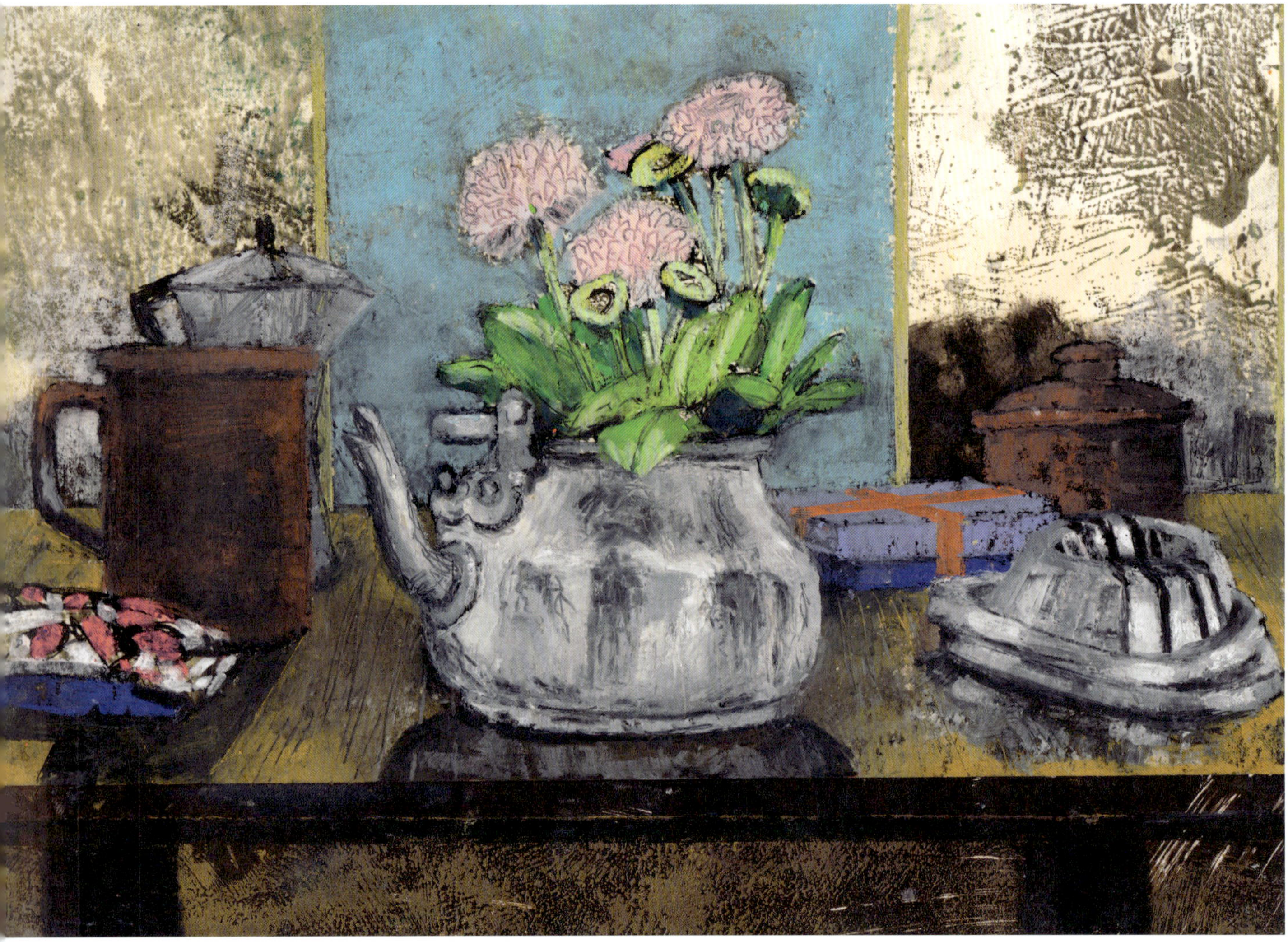

Stilleben nach einer Fotografie. Ölpastell auf mit Ölfarbe grundiertem Papier, DIN A4

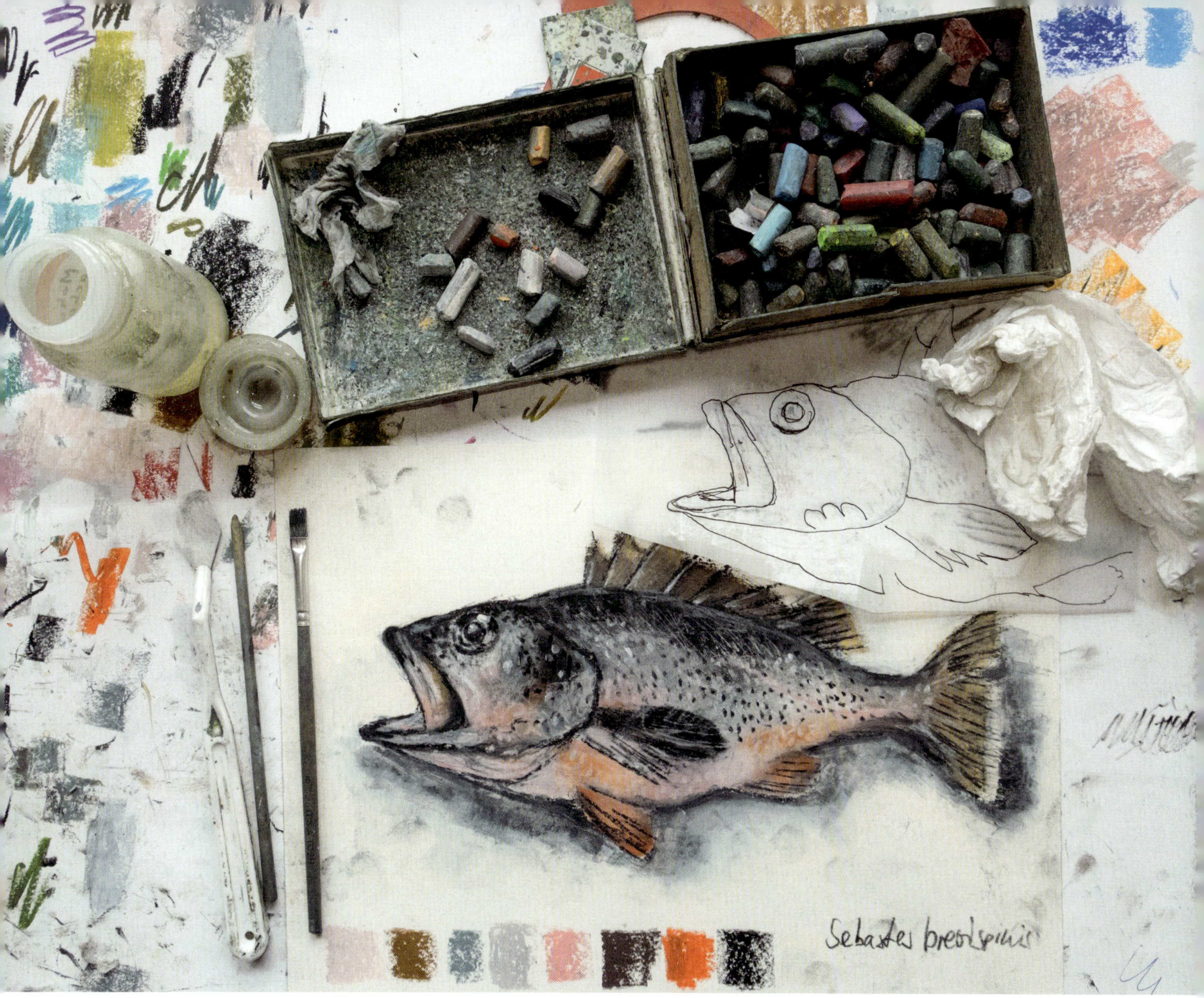

Motiv und Arbeitsutensilien

Rotbarsch

Für das Stillleben eines Fischs (nach einem Foto) habe ich ein DIN A4 großes Blatt Zeichenpapier gewählt. Insgesamt habe ich sieben verschiedene Farbtöne verwendet (zwei Grautöne, zwei Rosatöne, Rotorange, zwei Erdfarben) sowie zusätzlich Schwarz und Weiß.

Die Farben wurden mit verschiedenen Werkzeugen auf dem Papier bearbeitet. Teilweise habe ich die Farben mit einem kleinen Pinsel und etwas gebleichtem Mohnöl aufgetragen und miteinander vermischt.

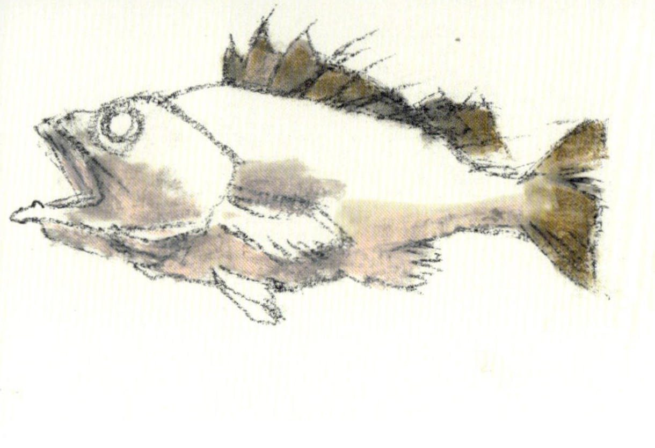

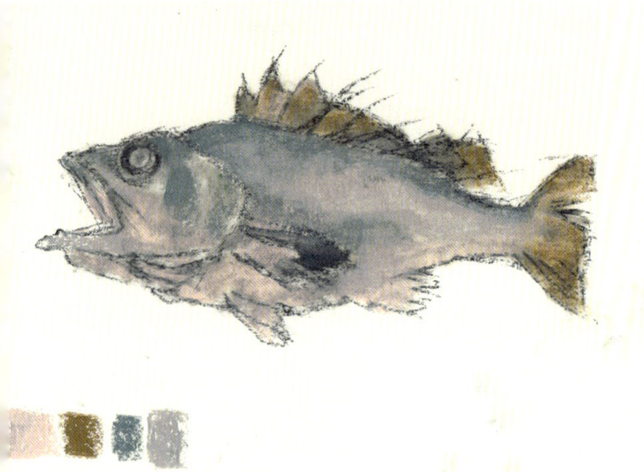

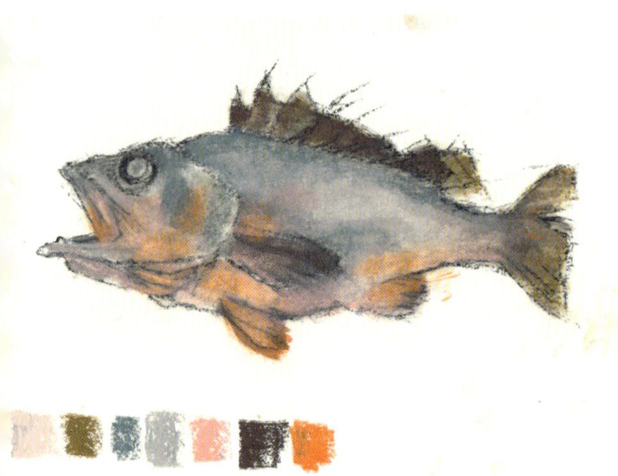

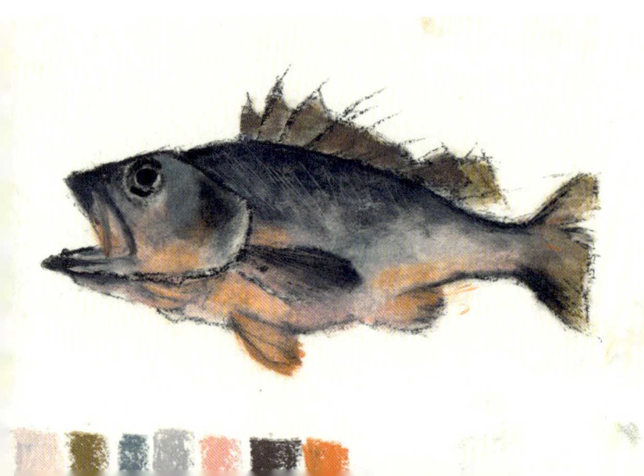

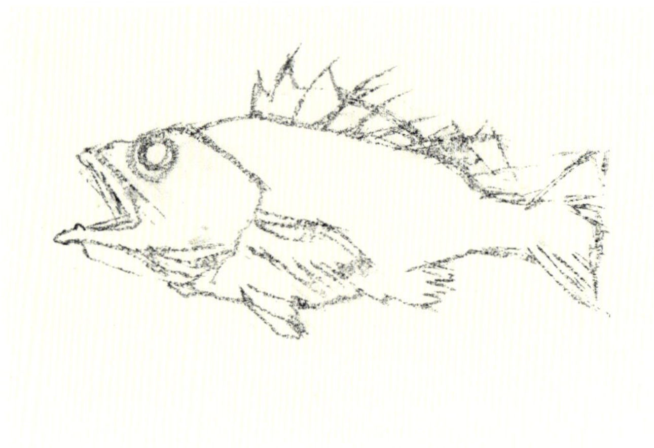

1 Zuerst habe ich die Konturen des Motivs leicht mit Schwarz vorgezeichnet.

2 Danach habe ich die Farben, mit den hellen Farbtönen beginnend, ganz leicht aufgetragen und dann mit dem Pinsel und etwas gebleichtem Mohnöl vermalt. Den Grauton habe ich zuletzt mit etwas Schwarz zusätzlich abgedunkelt.

3 Jetzt konnte ich damit beginnen, Details ohne Pinsel direkt mit den Ölpastellstiften aufzutragen.

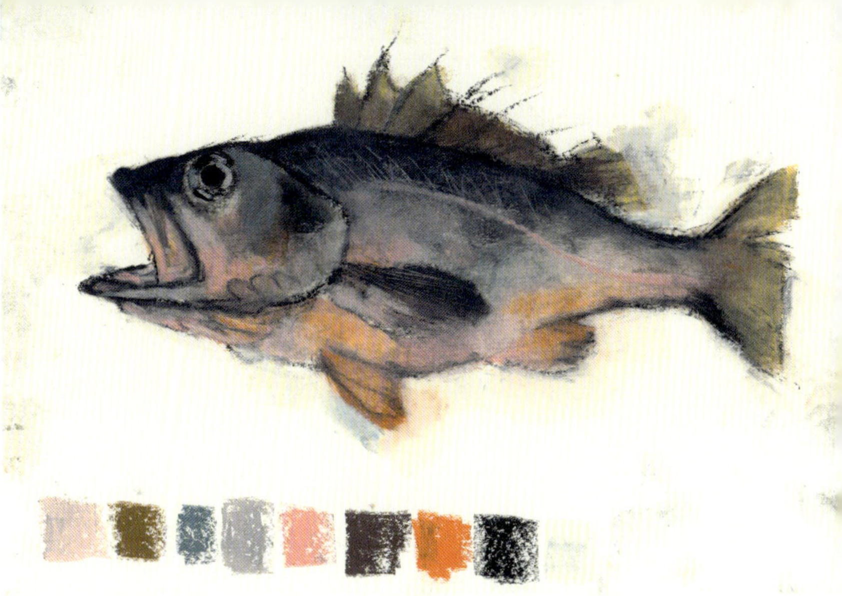

4 Zum Schluss habe ich das Auge, Details in Flossen sowie Flecken und Lichtreflexe auf der Haut ins Bild gesetzt.

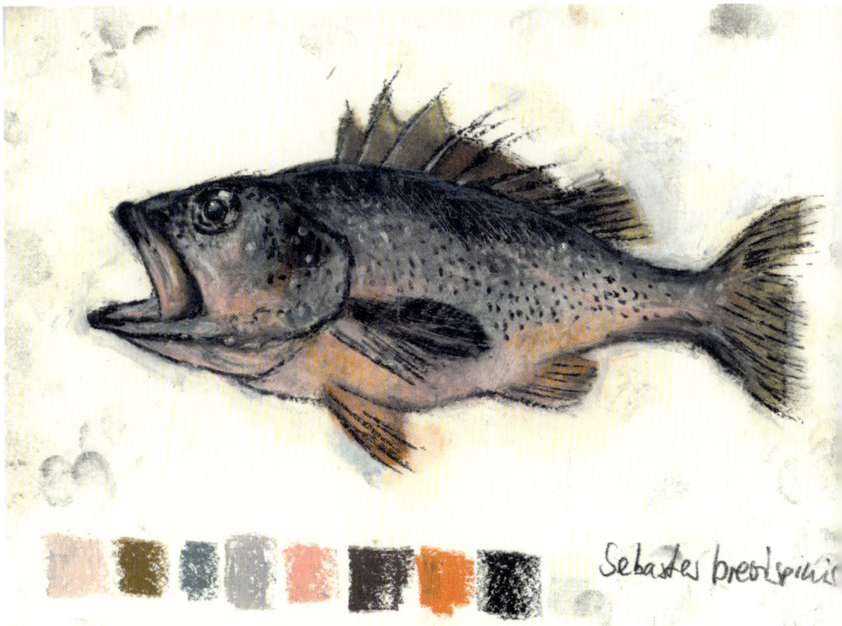

5 Um das Motiv etwas plastischer erscheinen zu lassen, habe ich einen Schatten eingefügt.

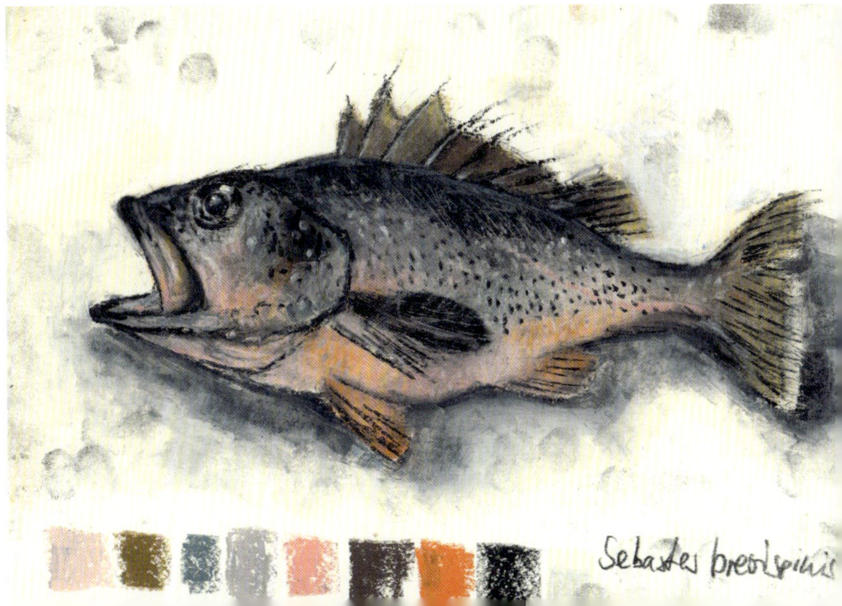

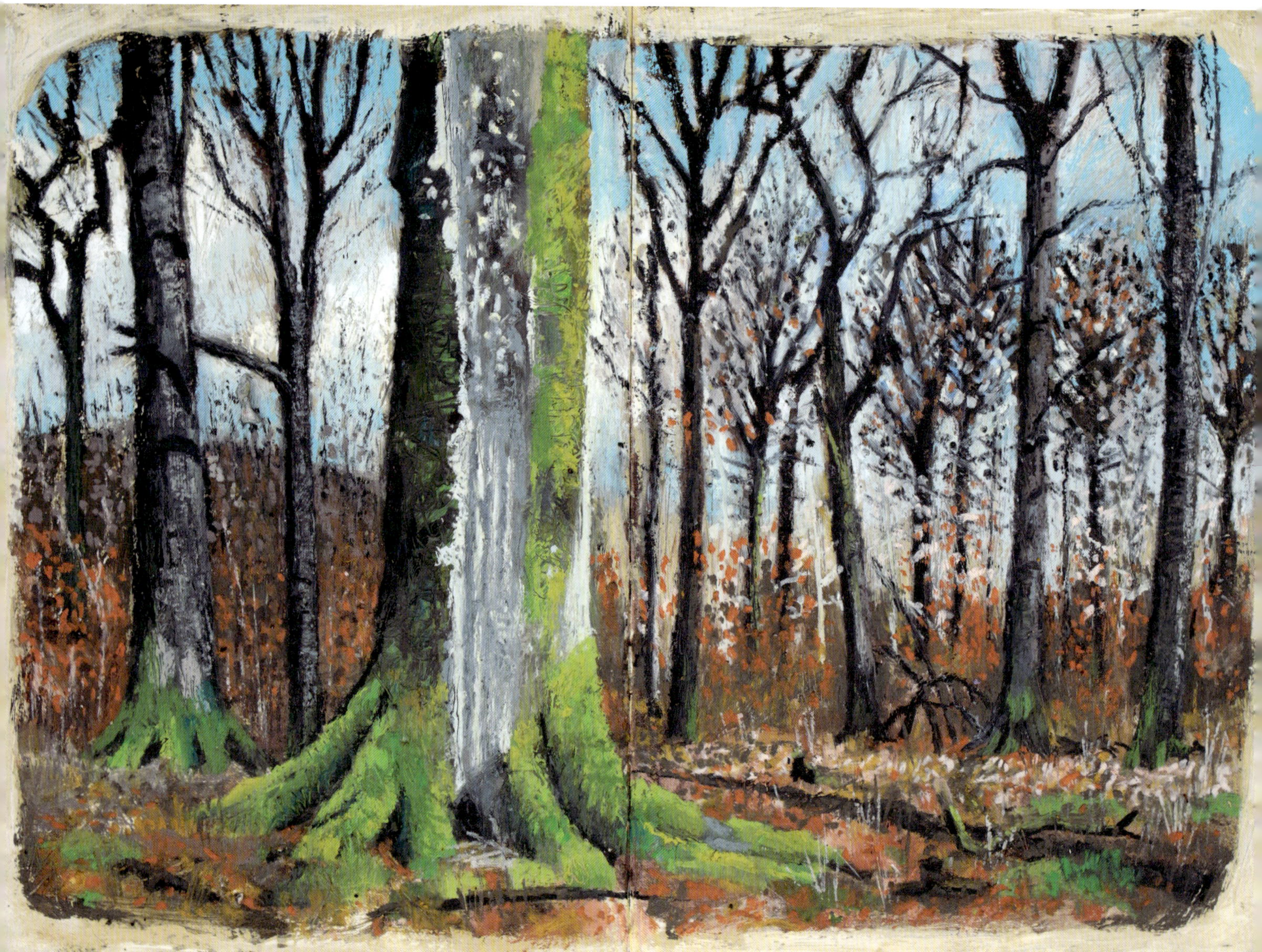

Waldstudie im Malbuch. Doppelseite, 32 × 46 cm

Kombination von Ölfarbe mit Oilsticks

Plein-Air-Malerei – Waldlandschaften

Ölpastelle eignen sich sehr gut für das Skizzieren und Malen im Freien. Ich benutze keine Staffelei, sondern male entweder in ein entsprechend stabiles Skizzenbuch oder benutze eine Sperrholzplatte von 8 mm Stärke als Unterlage. Den Malgrund befestige ich mit zwei kräftigen Leimzwingen auf dem Brett. Diese Klammern benutze ich auch, um die Seiten von größeren Skizzenbüchern zu fixieren.

Hier stelle ich zwei Bilder aus meinem Ölpastellmalbuch vor. Das Malbuch habe ich als Bildband antiquarisch günstig erworben. Das stabile Papier und die gute Bindung waren mir aufgefallen. Um es als Malbuch für Ölpastelle zu benutzen, habe ich über einen längeren Zeitraum alle Seiten des Buches in spontanen Gesten mit einer dünnen Schicht von Ölfarben grundiert. Gelegentlich scheinen Elemente der ursprünglichen Bilder noch durch. Jede Doppelseite erhielt einen eigenständigen Farbklang, der mir als Grundlage und Inspiration für passende Ölpastellarbeiten dienen sollte. Es hat etwa sechs Monate gedauert, bis diese Arbeit abgeschlossen war, weil die Ölfarbe lange braucht, um zu trocknen. Das Buch musste mit geöffneten Seiten aufgestellt werden, damit die mit frischer Farbe bestrichenen Seiten nicht miteinander verklebten.

Die Arbeit an diesem Bild hat sich, wie bei vielen meiner Arbeiten, über einen längeren Zeitraum erstreckt. Insgesamt habe ich an drei Tagen innerhalb von mehreren Wochen daran vor Ort und zu Hause gearbeitet. Manche Bilder führe ich komplett draußen in der Natur aus; manche Bilder bearbeite ich, wie in diesen Beispielen, im Wechsel vor dem Motiv und zu Hause.
Die Kombination von Ölfarbe in Oilsticks und Ölpastellen ist meine bevorzugte Mischtechnik.

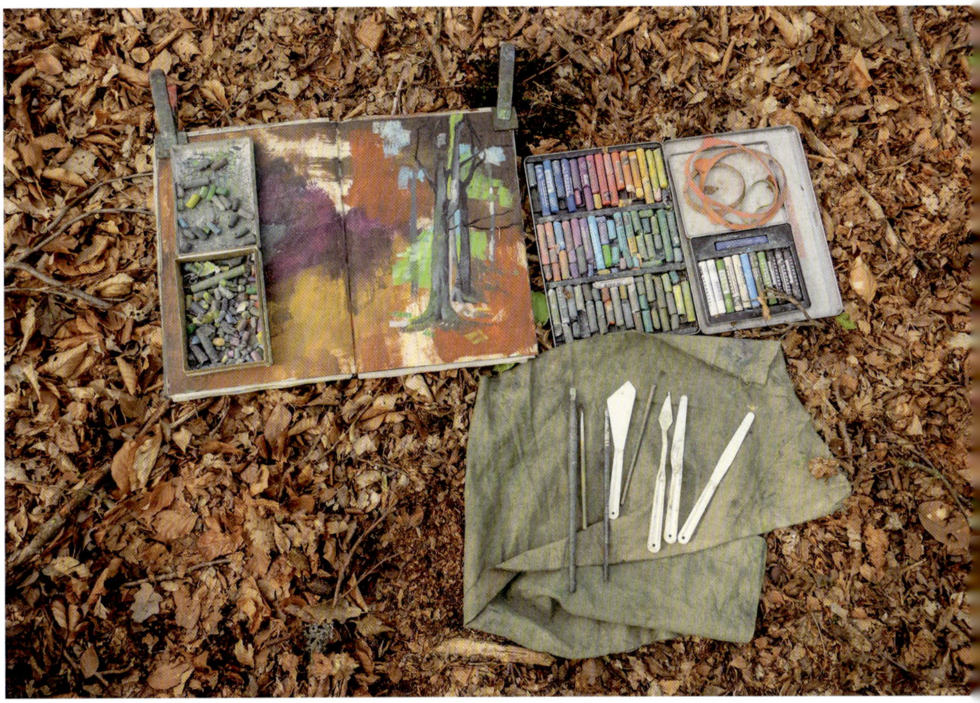

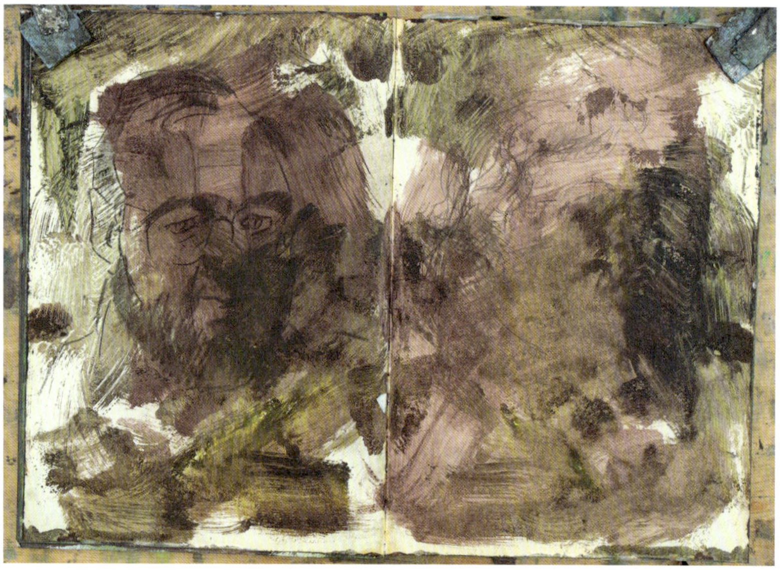

1 Für eine Waldstudie im Januar habe ich eine mit Ölfarben in Braun- und Rottönen grundierte Doppelseite in meinem Malbuch ausgewählt.

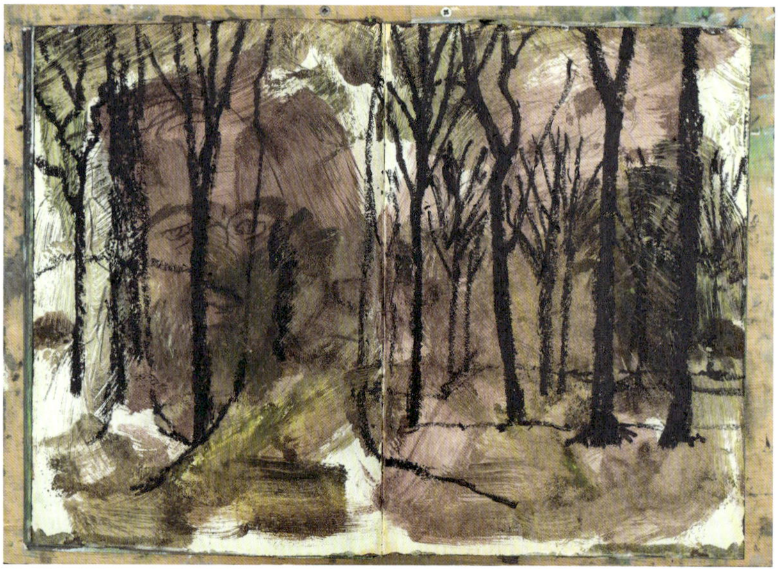

2 Zuerst habe ich mit Oilsticks von Sennelier und Winsor & Newton die Kontur des Buchenstammes im Vordergrund und die Silhouetten der Bäume im Hintergrund eingezeichnet.

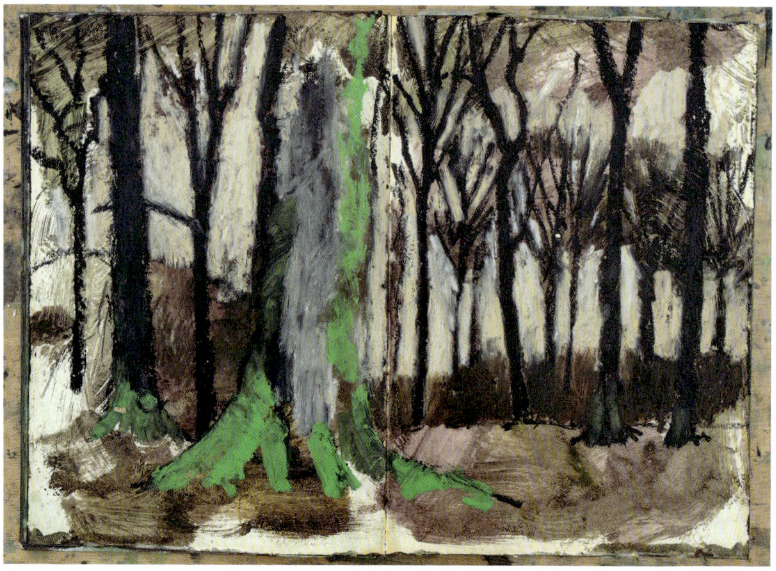

3 Danach habe ich am großen Baumstamm die grundlegenden Farben gesetzt: Grau gemischt mit Cremeweiß und Schwarz, moosige Bereiche sind mit Cadmiumgrün dargestellt. Mit Brauntönen ist die Untermalung der Bäume ganz im Hintergrund angelegt.

Diese Untermalung ließ ich fünf Tage trocknen. Danach arbeitete ich zu Hause nach einem Foto mit Ölpastellen weiter.

4 Anhand eines Fotos auf dem Computerbildschirm habe ich an einem regnerischen Tag die Details der Rinde am zentralen Baumstamm in Grau- und Grüntönen erarbeitet sowie Himmel und Waldboden ergänzt.

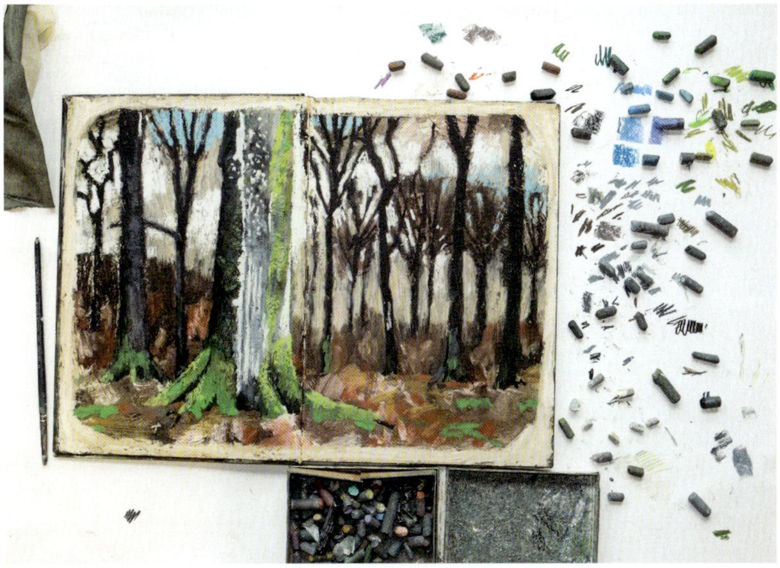

5 Durch die Kombination von Ölfarben (Oilsticks) mit Ölpastellen lassen sich sehr schön Texturen darstellen. Erkennbar sind die Ritzungen, die ich vor Ort mit einem Zweigstückchen in der Ölfarbe hinterlassen habe. Die Ölpastelle habe ich später mit ganz leichtem Druck aufgetragen, um diese Texturen zu erhalten. Auch die Ölpastellfarbe habe ich später eingeritzt, um tiefer liegende Farbschichten wieder sichtbar zu machen. Mit dieser Methode lassen sich z. B. Gräser am Waldboden oder auf Wiesen sehr gut darstellen.

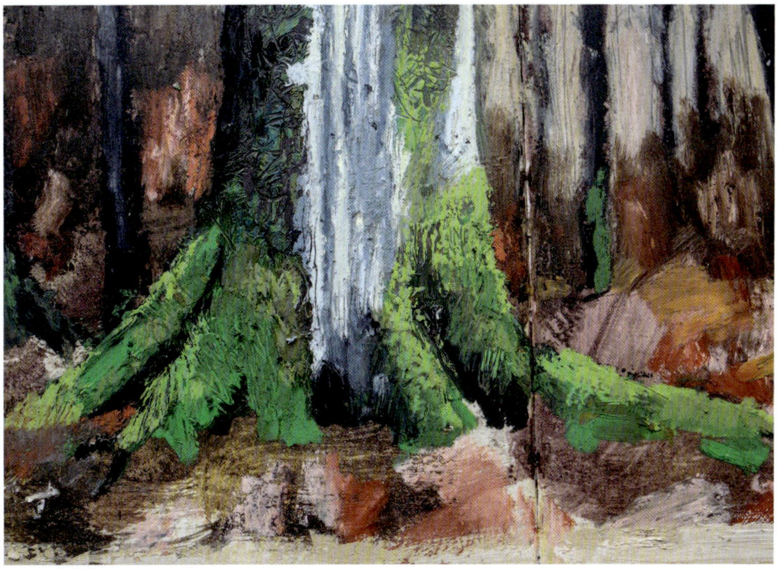

6 Anschließend bin ich mit dem Bild erneut in den Wald gegangen, um den Himmel, die Bäume im Hintergrund und den Waldboden zu bearbeiten. Bei dieser Gelegenheit konnte ich auch noch einmal den Lichteinfall und die Schatten auf den Baumstämmen beobachten und entsprechend in das Bild einfügen.

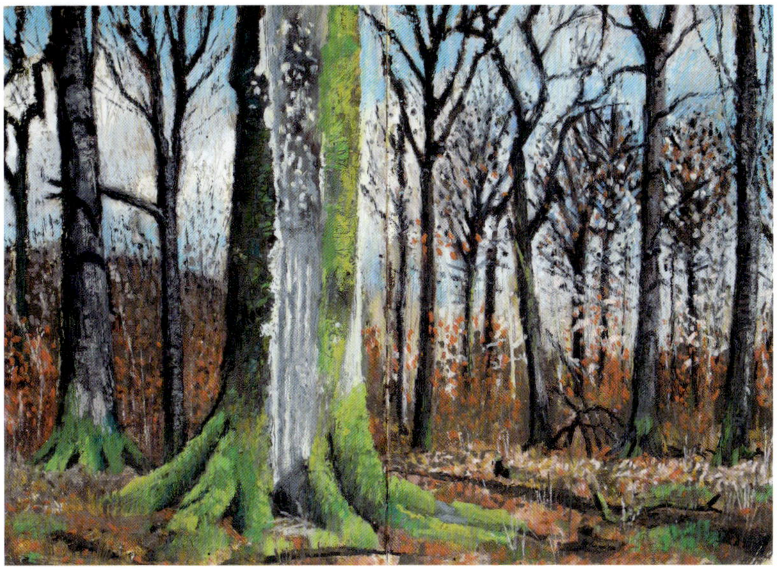

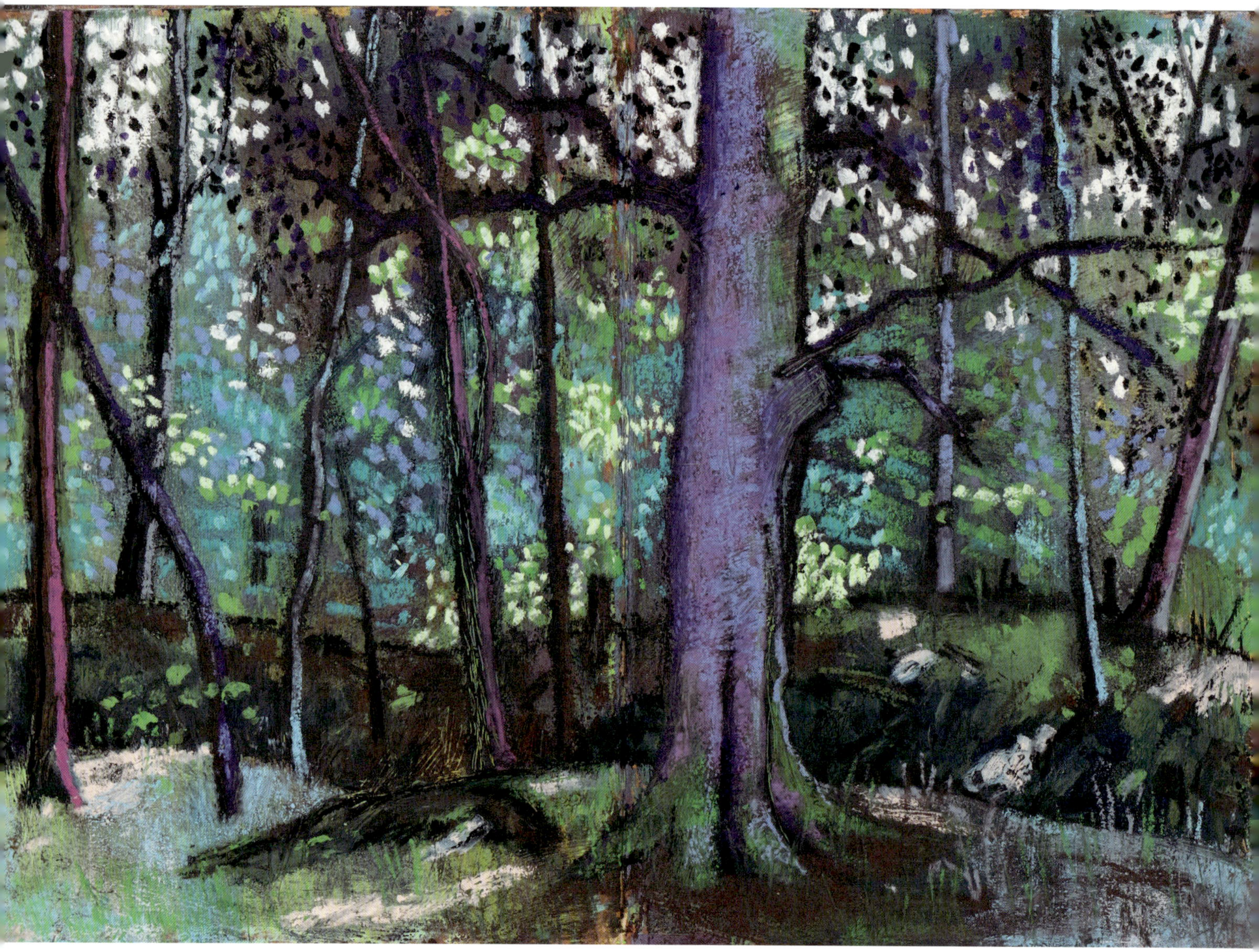

Große Buche. Malbuch-Doppelseite, 32 × 46 cm

1 Auch bei diesem Bild war der Malgrund schon buntfarbig mit Ölfarben grundiert. Im Wald habe ich dann mit Ölfarbe (Oilsticks von Sennelier) nur die Baumstämme sowie helle Lichtflecken in Cremeweiß und Farbtupfer in Chromoxidgrün zur Andeutung der Blätter gezeichnet. So ließ ich das Bild einige Tage trocknen.

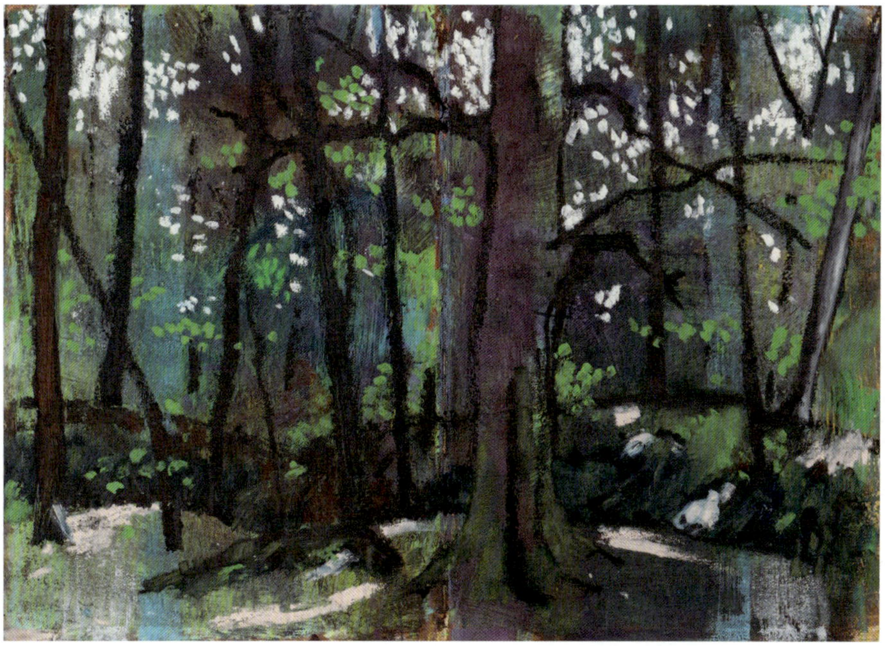

2 Danach stellte ich zu Hause eine Auswahl an Ölpastellen in Abstimmung mit den dominierenden Farben der farbigen Untermalung zusammen. Mit diesen Farben kolorierte ich dann mit Ölpastellen den zentralen Baumstamm, übermalte vorsichtig den Waldboden und setzte Farbtupfer als Blätter zwischen die Bäume. Der farbige Untergrund sorgt für den Zusammenhalt des Bildes. Die Malerei mit Ölpastellen beschränkt sich hier auf farbige Akzente.

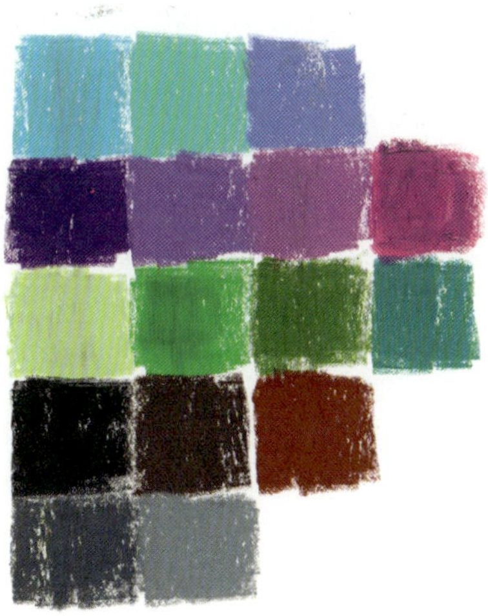

Farbauswahl

Malen nach einem Foto – Am Klostergraben Maulbronn

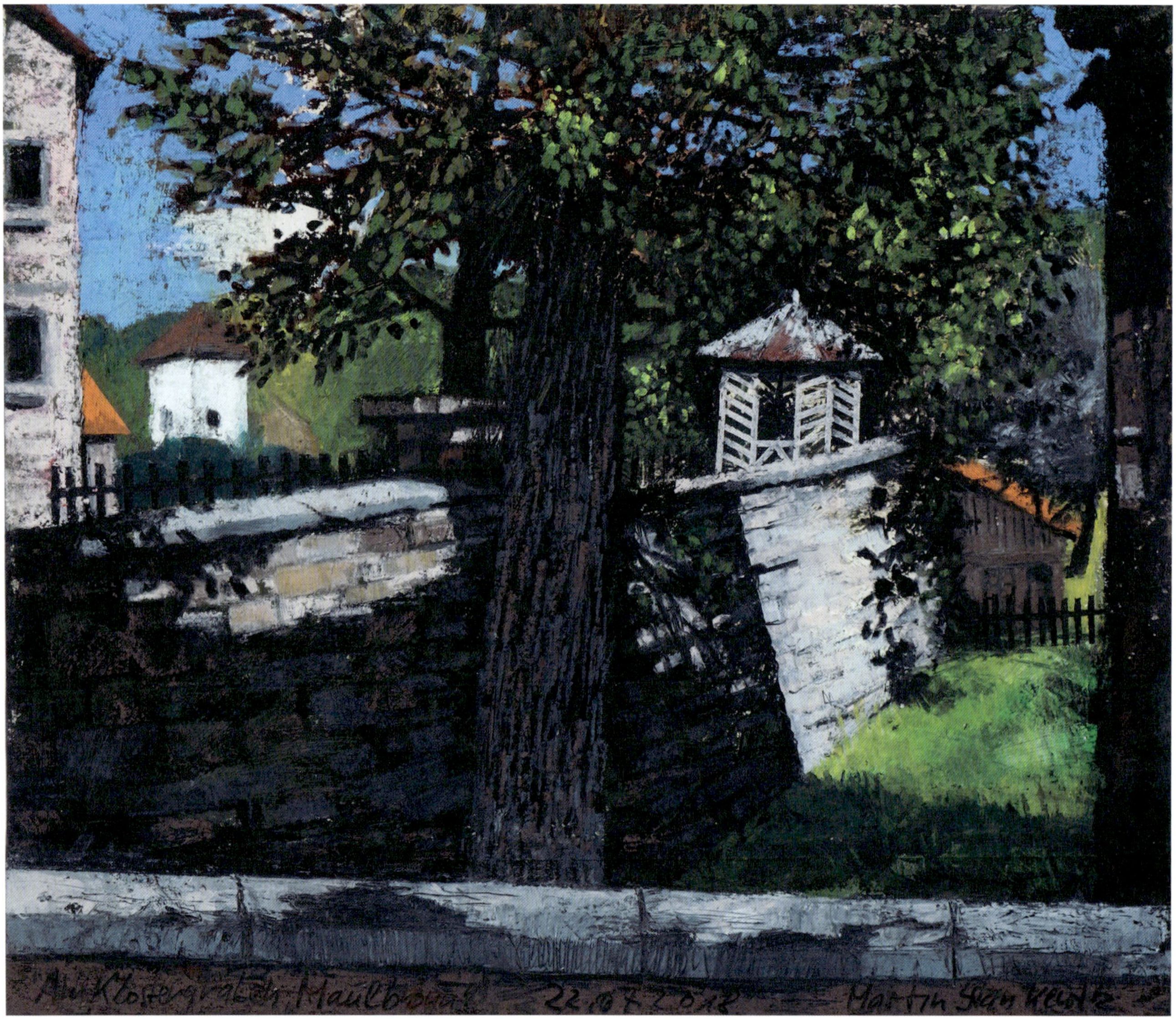

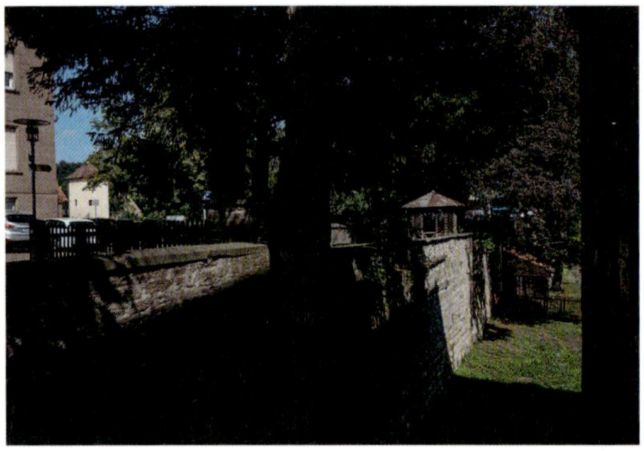

Am Klostergraben Maulbronn. 28,5 × 34,5 cm und Foto

Als Einwohner der Stadt Maulbronn kann ich die berühmte Klosteranlage der Zisterziensermönche aus dem 12. Jahrhundert häufig besuchen. Beim Gang zu der wunderschönen Buchhandlung Krüger, die seit drei Generationen am Klostertor zu finden ist, überquert man den Klostergraben über eine kleine Brücke. Vormittags werfen hier mächtige Bäume kühle Schatten, durchbrochen von hellen Lichtflecken, auf das Mauerwerk und die Gartengrundstücke am Fuß des Grabens. Das Holzgitter eines uralten Gartenhäuschens unter einer mächtigen Blutbuche leuchtet hell in der Sonne. Ein Foto der Ansicht diente mir als Vorlage für dieses Bild.

Die Arbeiten daran dauerten über eine Woche, die Trocknungszeit für die Untermalung mit Oilsticks betrug dabei etwa fünf Tage. Insgesamt habe ich 22 Farben verwendet. Viele von ihnen sind nur im Caran d'Ache-Farbkasten mit 96 Farben enthalten.

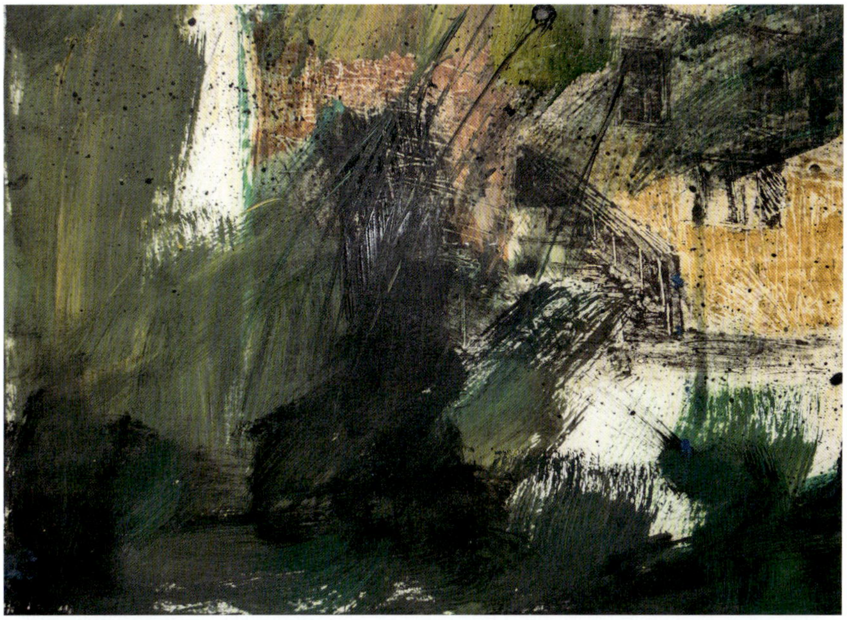

1 In meinem Vorrat an grundierten Papieren fand sich ein schon einige Jahre altes geeignetes Stück, grundiert mit Ölfarben in Grün- und Ockertönen.

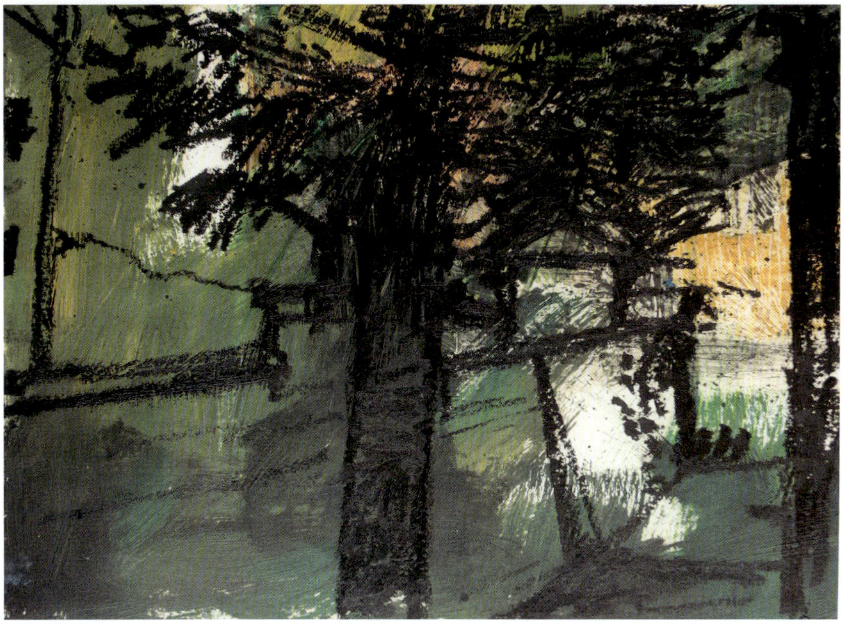

2 Zuerst habe ich mit schwarzer Ölfarbe (Oilstick) die wichtigsten Elemente der Komposition grob vorgezeichnet. Der linke und der rechte Bildrand sind durch Gebäude begrenzt. Nach fünf Tagen war die Ölfarbe ausreichend abgetrocknet, um darauf mit Ölpastellen zu malen.

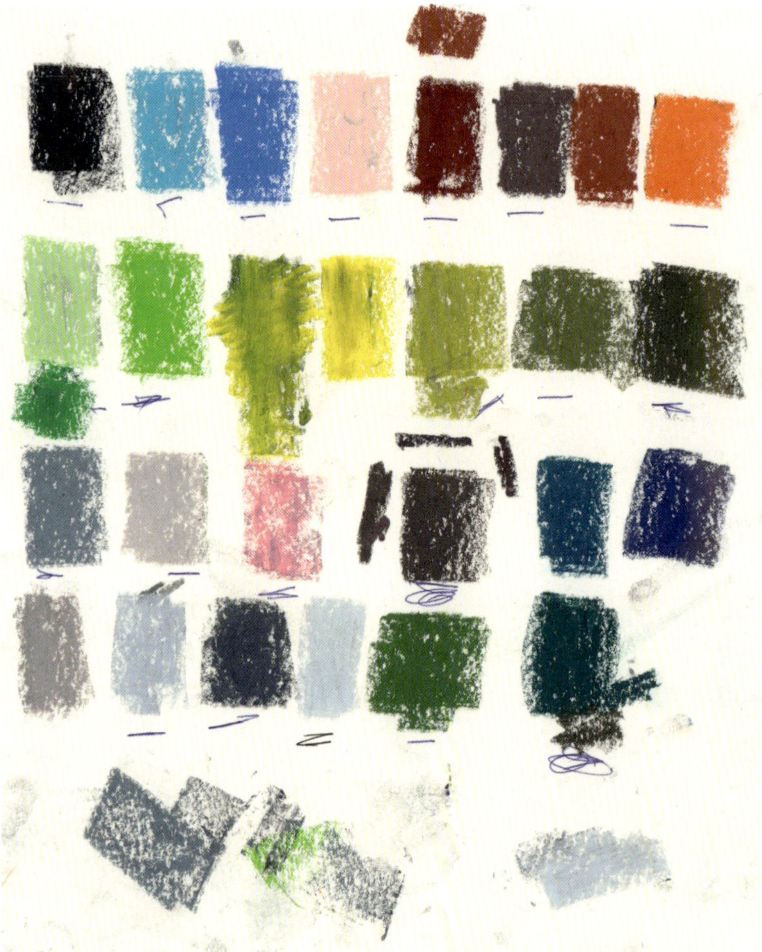

3 Bevor ich mit dem Malen begann, stellte ich mir eine Farbpalette zusammen. Ich orientierte mich dazu an den Lokalfarben, die ich vor Ort bzw. im Foto gesehen hatte. Ich habe folgende Farben ausgewählt:

- Für das Mauerwerk: verschiedene Grau-, Beige- und Brauntöne, Sepia, Van-Dyck-Braun, Siena, Kastanienbraun, dazu rosa Granit, Rosa und Ocker
- Für den Himmel: Hellblau und Türkisblau
- Für das Laub der Bäume und das Gras: Moosgrün, Dunkeloliv, Olivschwarz, Dunkelgrün, Lindengrün, Helloliv
- Für die leuchtend roten Dächer: Rotorange

In der Komposition war mir der starke Hell-Dunkel-Kontrast wichtig, vor allem der hell besonnte Gartenpavillon als Blickfang. Die Gebäude links und rechts sollten als Begrenzungen den Blick im Bild halten. Die Oberkante der diagonal im Bild verlaufenden Mauer sollte ins Bild auf den hell erleuchteten Pavillon führen. Die kleinen leuchtend roten Flecken der Dachziegel auf dem Schuppen im Klostergraben und auf einem Gebäude links vom zentralen Baum sollten markante farbliche Akzente setzen.

In einigen Punkten bin ich vom Foto ganz bewusst abgewichen: Straßenlampe, Autos und Verkehrsschilder habe ich weggelassen. Das im Foto tiefschwarz erscheinende Laub habe ich heller und einheitlicher in Grüntönen dargestellt. Die hinter dem Pavillon stehende Blutbuche habe ich ganz weggelassen. Das Laub eines Baumes im Hintergrund des Grabens habe ich in Grau dargestellt. Die Zäune habe ich vereinfacht dargestellt. Schließlich habe ich bemerkt, dass der Blick entlang des zentralen Baumstamms und durch die Schattenpartien am unteren Bildrand aus dem Bild hinausgeführt wird. Daher habe ich das Blatt am unteren Rand vergrößert, um die besonnte Mauerkrone als Barriere einzufügen. Das helle Trafohäuschen und die kleine Wolke in der linken Bildhälfte dienen als Gegengewicht zu dem starken Lichtakzent in der rechten Bildhälfte. In gewisser Weise sind die Elemente im Bild wie Gewichte auf einer Waage zu beiden Seiten des zentralen Baumstamms angeordnet.

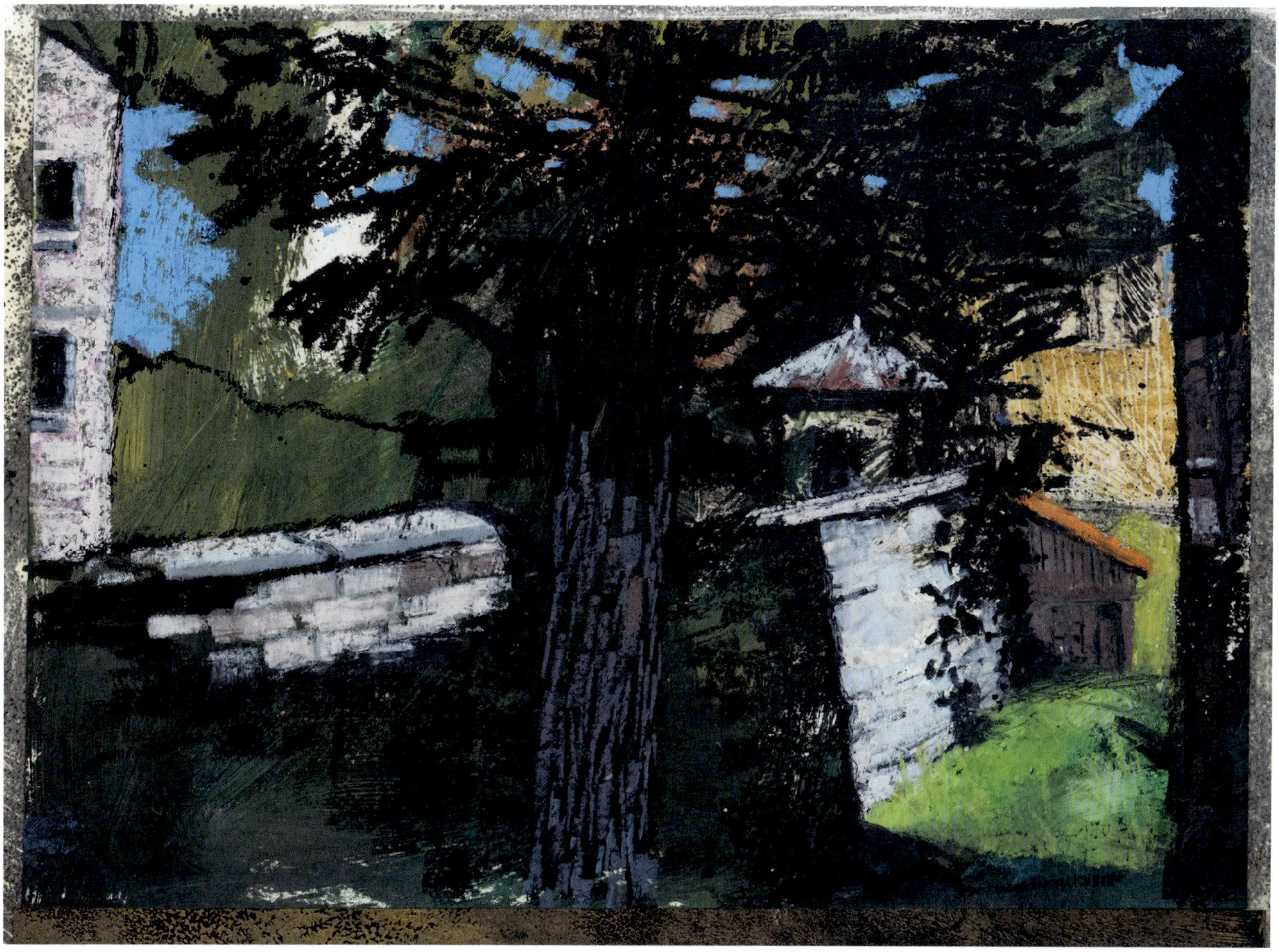

4 Zunächst habe ich links und rechts und zwischen den Ästen für den durchscheinenden Himmel hellblaue Flecken gesetzt. Dann habe ich die hellen Partien der Mauer in das Bild eingefügt. Hierbei habe ich die Farben Silbergrau als hellstes Grau, Hellgrau und rosa Granit neben- und übereinander aufgetragen. Im vorderen Teil der Mauer links vom Baumstamm habe ich auch etwas Ocker und Van-Dyck-Braun verwendet. Die Schattenpartien habe ich mit Schwarz markiert und teilweise untermalt. Die auf der Mauer zwischen Baum und Gartenhütte schräg abfallende Schattenlinie habe ich später noch überarbeitet.

Das Gebäude am linken Bildrand wurde locker mit Rosa untermalt und dann mit dem hellen rosa Granit übermalt.

Danach habe ich das Dach der Gartenhütte mit Silbergrau und Siena für das verwitterte und verrostete Blechdach hinzugefügt.

Das Gras am Boden des Grabens besteht in den besonnten Partien aus mehreren Lagen von Moosgrün, Grasgrün und Helloliv. Die Kontur des Gebäudes am rechten Bildrand besteht aus Schwarz und etwas Van-Dyck-Braun, das für die Fensterläden deutlich erkennbar stärker aufgetragen wurde.

Auch in der Baumrinde, die hauptsächlich mit Grauschwarz auf der schwarzen Ölfarbe angelegt wurde, habe ich etwas Van-Dyck-Braun aufgetragen. Selbst das dunkelste Grau erscheint auf dem schwarzen Untergrund noch deutlich sichtbar.

5

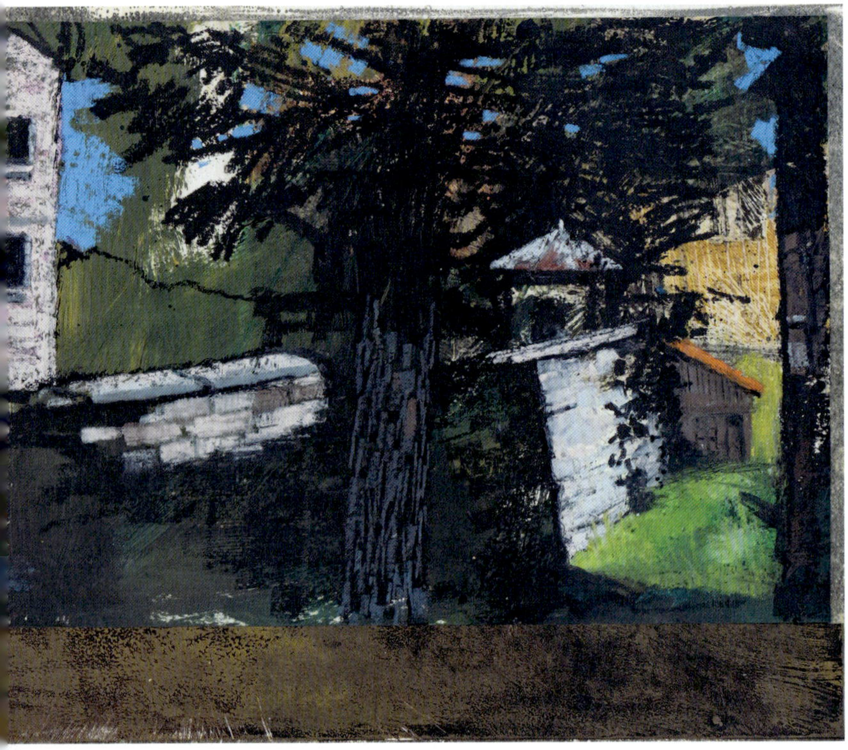

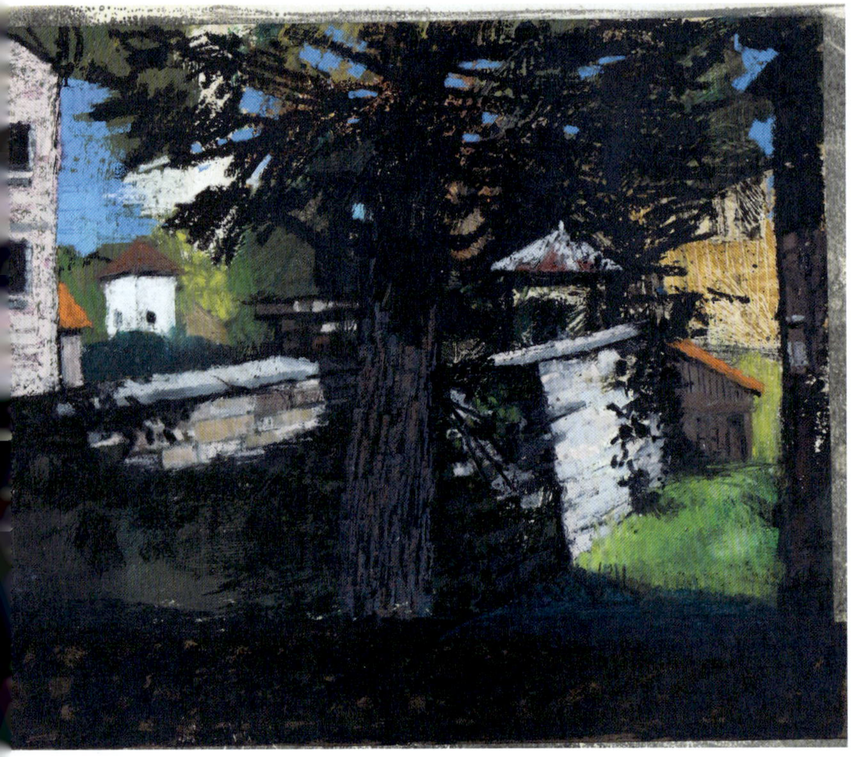

6

5 Um das Blatt nach unten zu vergrößern, habe ich das Bild mit einem Papierkleber auf ein größeres Stück Papier aufgeklebt und dann an der Kante einen Streifen Papier in identischer Dicke aufgeklebt. Dann habe ich den Streifen mit schwarzer Ölfarbe grundiert. Nachdem die Ölfarbe trocken war, konnte ich die Mauer mit verschiedenen Grautönen, Schwarz und Van-Dyck-Braun einsetzen.

6 Das Mauerwerk habe noch einmal leicht mit Schwarz, Schwarzgrau und Van-Dyck-Braun überarbeitet. Die dunkle Grundierung habe ich aber nicht voll abgedeckt, um die Schattenpartie lebendig zu erhalten. Links und rechts des Baumstamms im Zentrum habe ich in einer schmalen Zone das Mauerwerk mit Schwarz zusätzlich abgedunkelt, um die Konturen des Baumstamms besser hervorzuheben. Die schräg abfallende Konturlinie des Schattens auf der Mauer habe ich mithilfe eines Papierstreifens begradigt, in der Neigung verändert und anschließend mit einem Ritzwerkzeug wieder etwas aufgelockert.

7 Wenn man ganz klare Kanten malen möchte, kann man einen Papierstreifen auf das Bild legen, den Papierstreifen mit Farbe bestreichen und diese dann auf die Bildfläche reiben. So zeichnet sich die Kante des Papierstreifens sehr deutlich ab.

Für die Hügel links im Hintergrund wurden Moosgrün und Helloliv verwendet. Für die Hecke habe ich Dunkelgrün eingesetzt, das ich zuvor leicht mit Schwarz untermalt hatte.

8 Das Gras in den schattigen Partien ist mit Schwarz und Dunkelgrün untermalt. Danach habe ich Schichten von Dunkeloliv und Moosgrün darübergelegt und den Holzzaun im Klostergraben mithilfe einer Schablone eingesetzt. Den Baum im Hintergrund des Klostergrabens habe ich in Hellgrau eingefügt, um den Farbakzent in Orange auf dem Dach des kleinen Schuppens besser zur Geltung zu bringen.

7

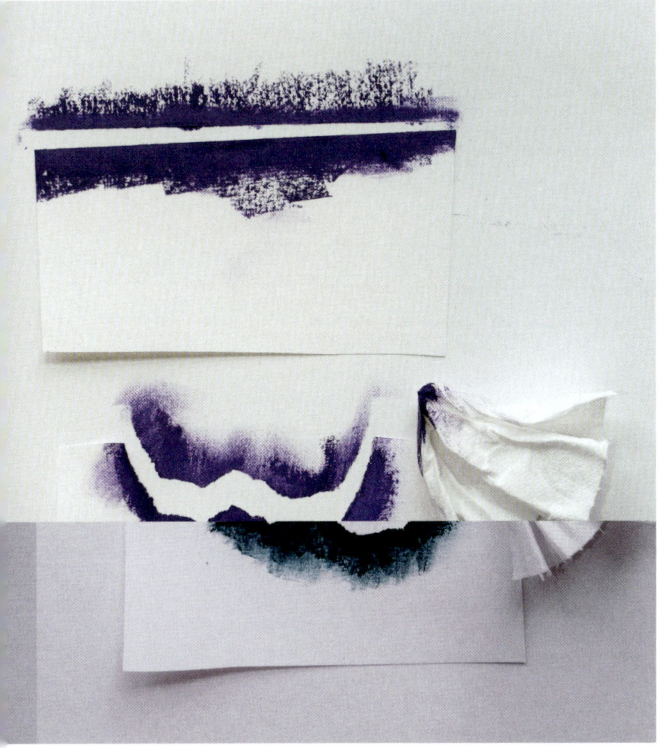

8

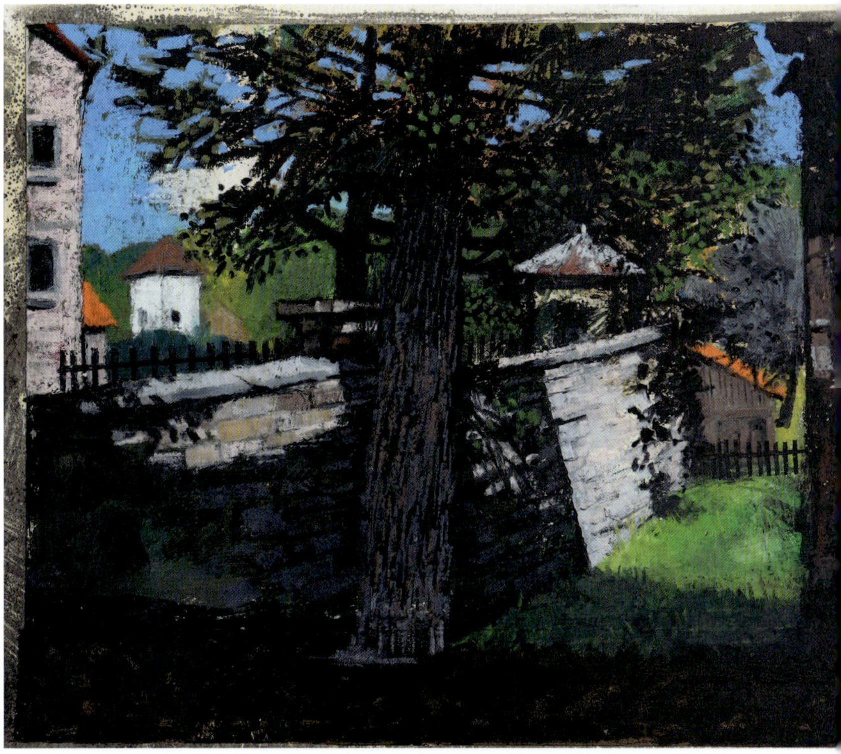

9

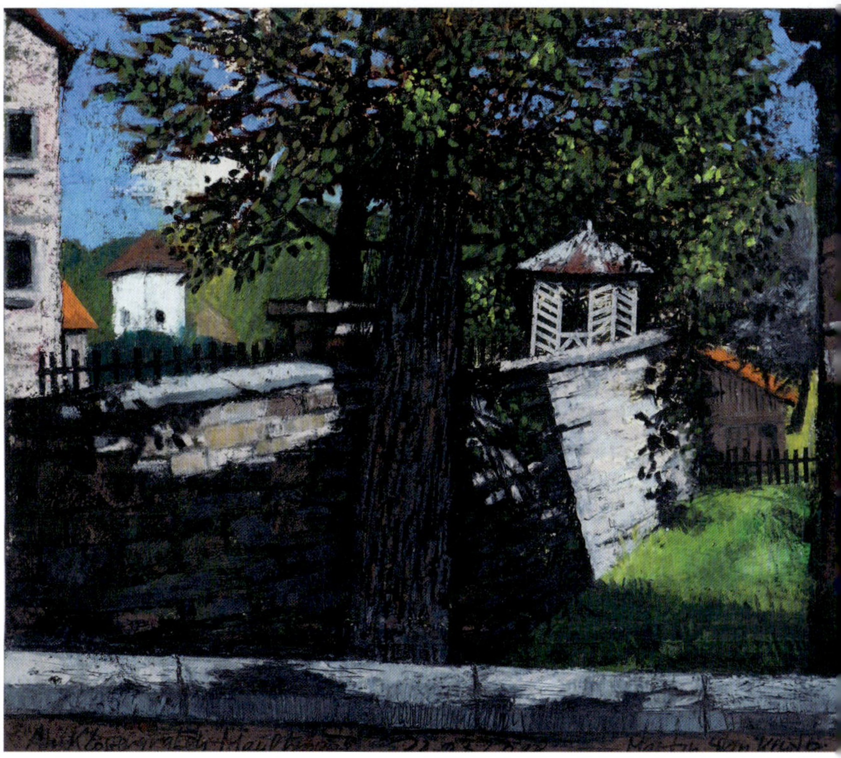

9 Das Lattengerüst der Gartenhütte habe ich in Hellbeige mithilfe einer Schablone aus Transparentpapier eingefügt. Danach wurden die Details der Baumkrone in Hellblau für die Himmelsflecken und in Moosgrün, Helloliv und mit einigen Tupfern Maigrün als Spitzlichter ausgeführt. Zuletzt habe ich die besonnte Steinmauer am unteren Bildrand ergänzt.

Titel und Signatur habe ich mit einem angespitzten Holzstück eingeritzt.

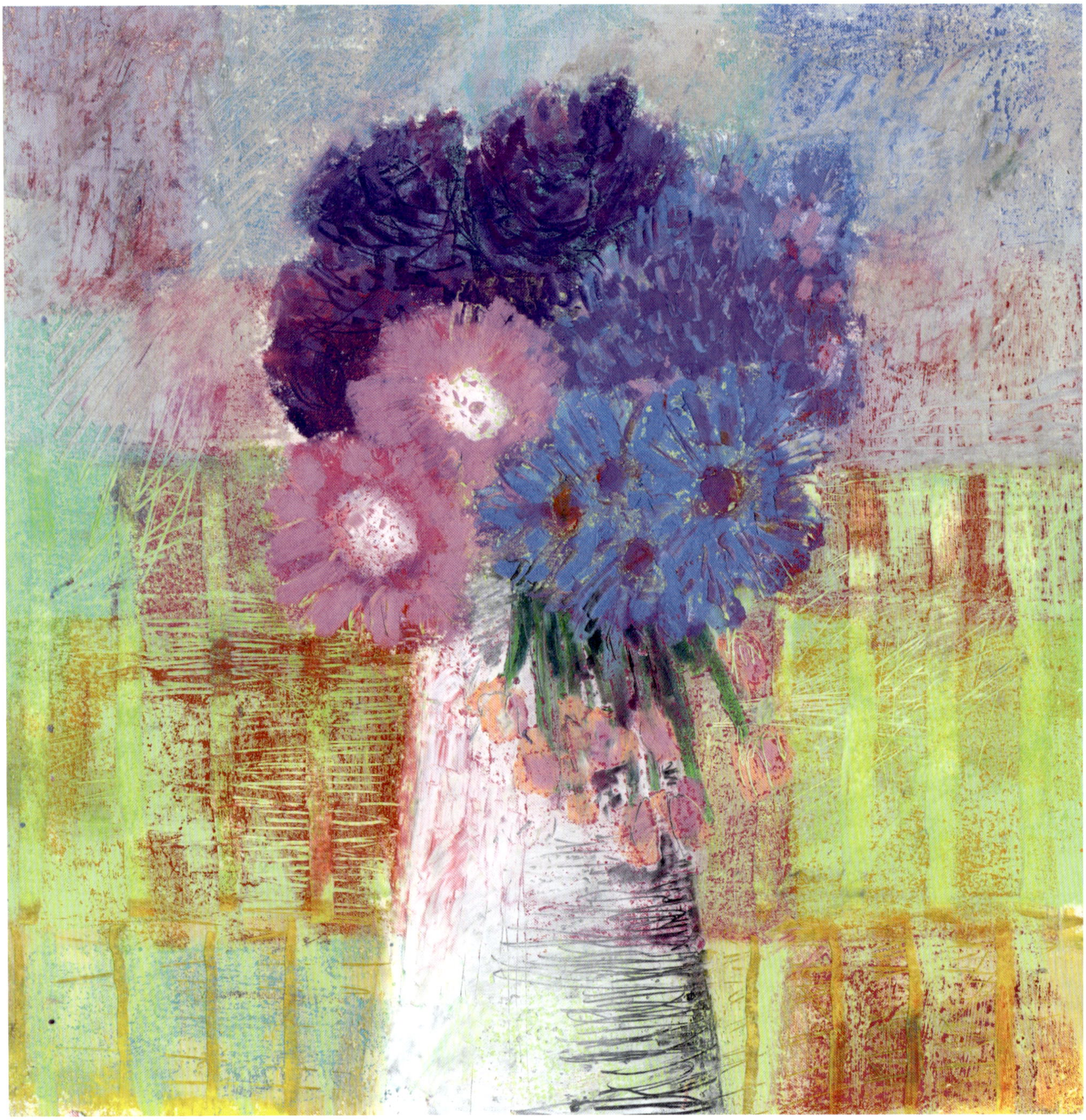

Blumenstillleben frei entworfen. 20 × 20 cm

Wenn Sie gern Blumenstillleben malen, werden Sie an den leuchtenden Farben von Ölpastellen große Freude haben. Ab und an erfinde ich einen dekorativen Blumenstrauß oder verwende einen vorhandenen als Inspiration und Vorlage.

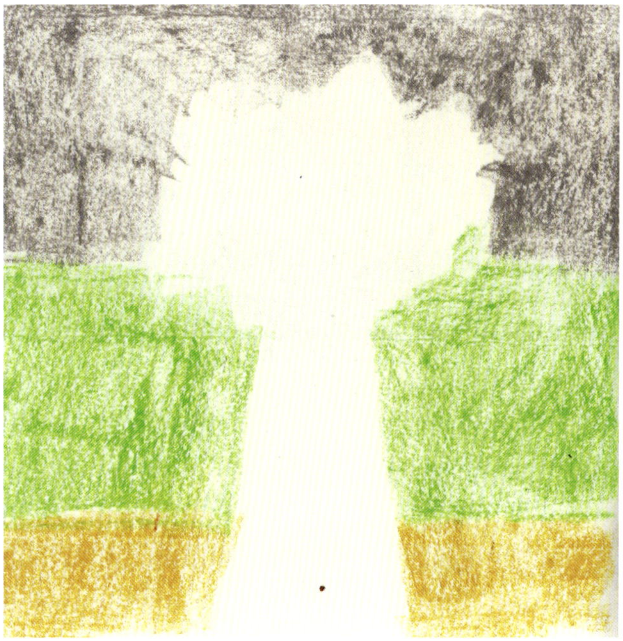

1 Zuerst habe ich den Hintergrund entlang der Konturen für Vase und Blumen angelegt.

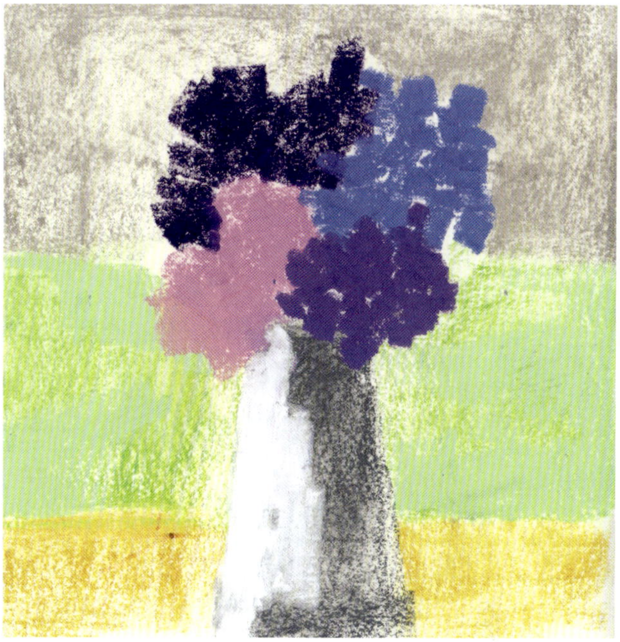

2 Danach habe ich die Farben für die Blüten ausgewählt und deren Formen grob untermalt.

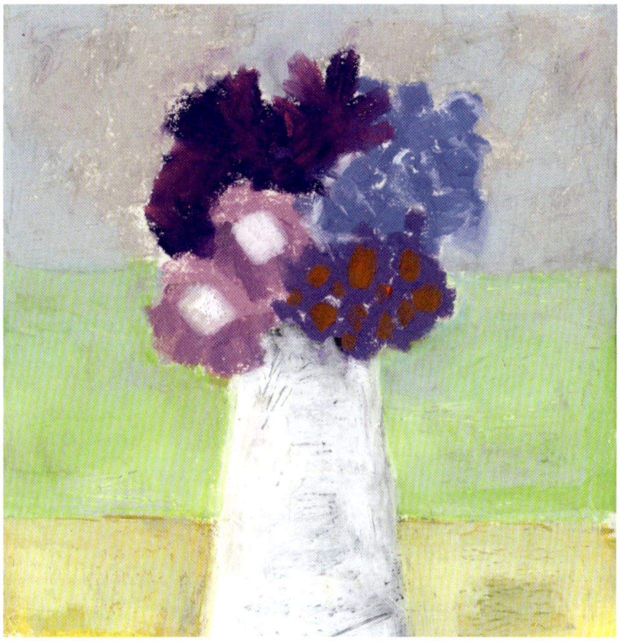

3 In die Blüten habe ich zusätzliche Farbakzente gesetzt. Gleichzeitig wurde der Hintergrund deckender und durch Übermalen mit einem hellen Grauton einheitlicher gestaltet.

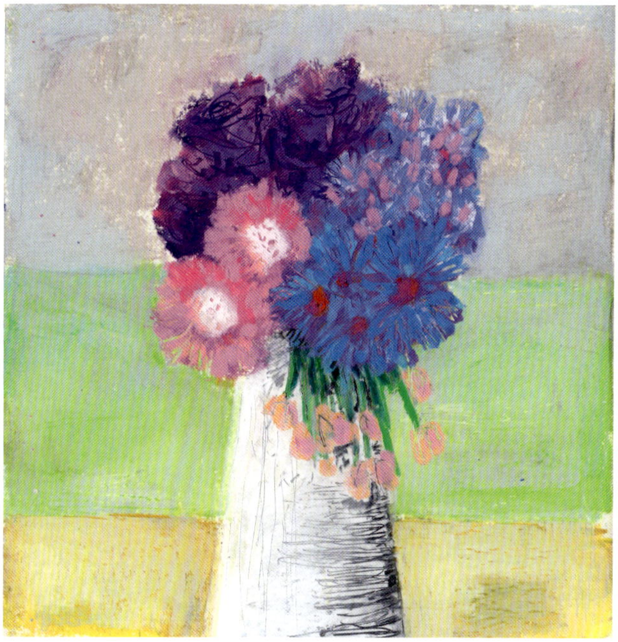

4 Anschließend habe ich kleinere Farbflecke in die Blüten gesetzt und an manchen Stellen in die obere Farbschicht geritzt, um zusätzlich Details in den Blüten zu schaffen.

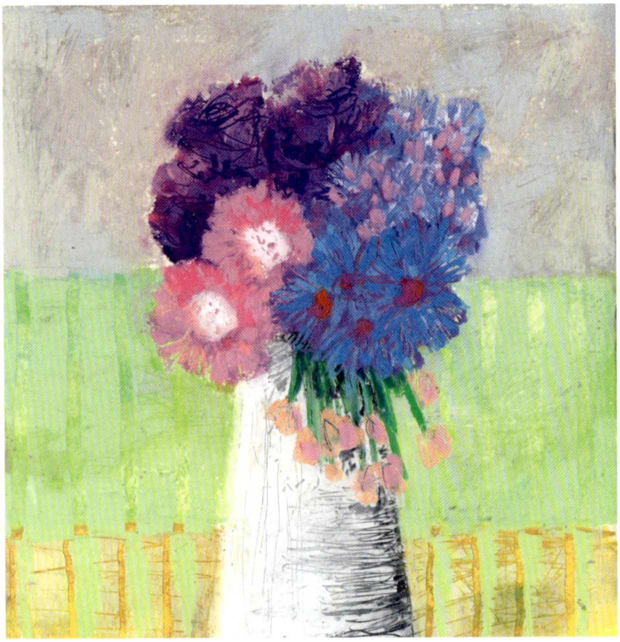

5 Durch Abkratzen von Farbe habe ich versucht, den Hintergrund wieder etwas lebhafter zu gestalten.

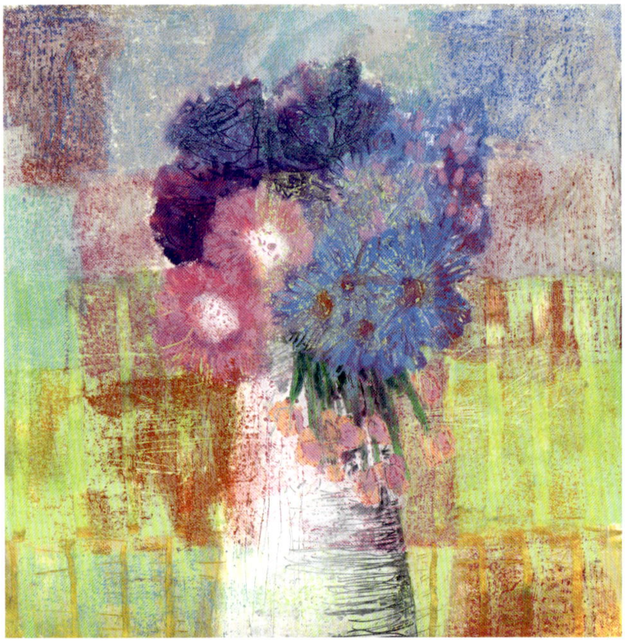

6 Um eine interessantere und lebhaftere Textur im Bild zu bekommen, habe ich dann blaue und rote Ölfarbe dünn auf einen Bogen Papier im gleichen Format gestrichen. Diesen Bogen habe ich anschließend mit der bemalten Seite auf das Ölpastell gelegt und die Ölfarbe durch vorsichtiges Reiben auf der Rückseite ins Bild übertragen.

Zum Schluss habe ich die durch die Ölfarbe entstandenen Sprenkel in den Blüten wieder mit Ölpastellen übermalt, um so die Blüten wieder stärker zur Geltung zu bringen.

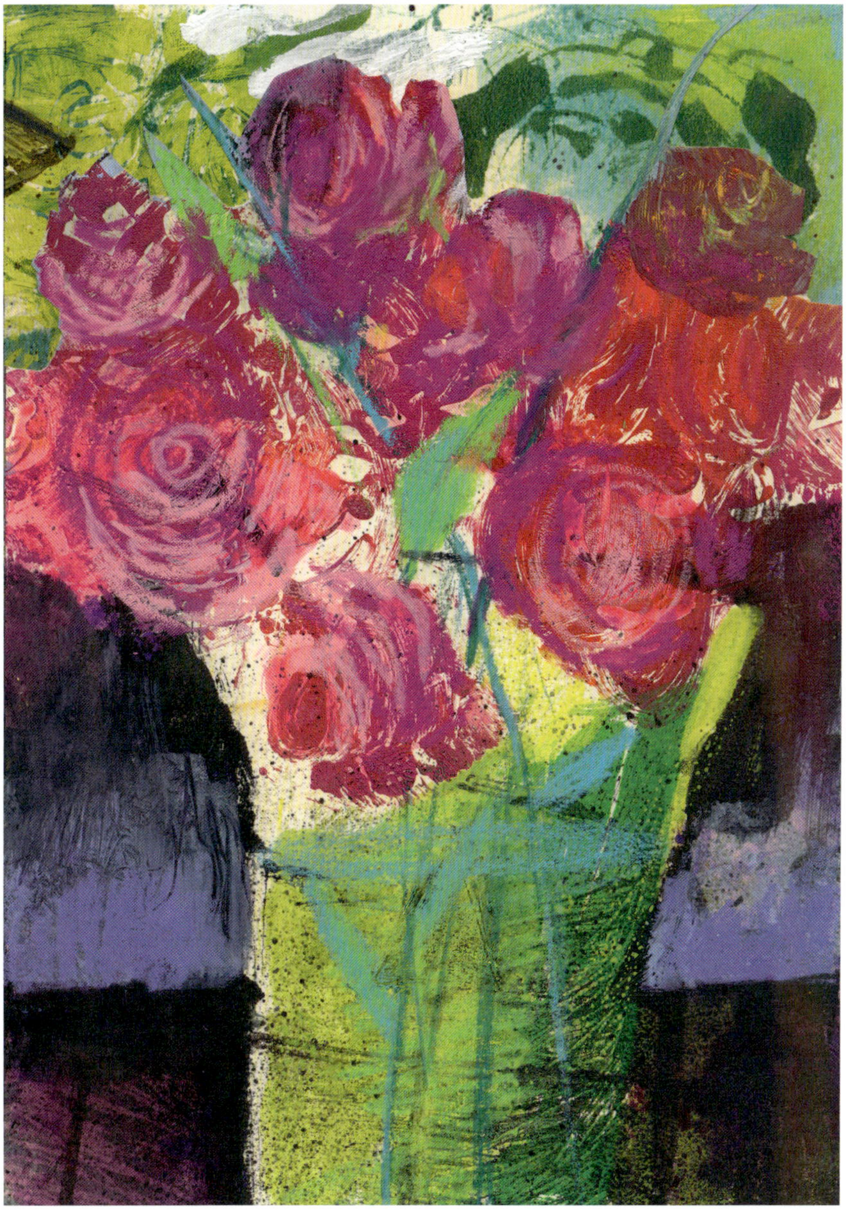

Rosen. Ölpastell auf Monotypie, collagiert, DIN A4

Ich fotografiere gelegentlich unsere Blumensträuße zu Hause und gestalte nach diesen Fotos Blumenstillleben. Hier habe ich in einer Mischtechnik die grundlegenden Formen von Vase und Blüten als Monotypie in Öl angelegt. An der oberen Umrisslinie der Blüten entlang habe ich die Monotypie ausgeschnitten. Das beschnittene Bild habe ich auf einen neuen, in passenden hellgrünen Farben grundierten Papierbogen geklebt. So kommen die Rosenblüten am oberen Bild besser zur Geltung.

Danach habe ich mit Ölpastellen nur wenige Details eingefügt: Hellrosa in den Blüten, türkisfarbene Blätter und Stengel; und mit Violett habe ich den Hintergrund in der unteren Bildhälfte aufgehellt, um den Eindruck einer Tischkante zu erwecken.

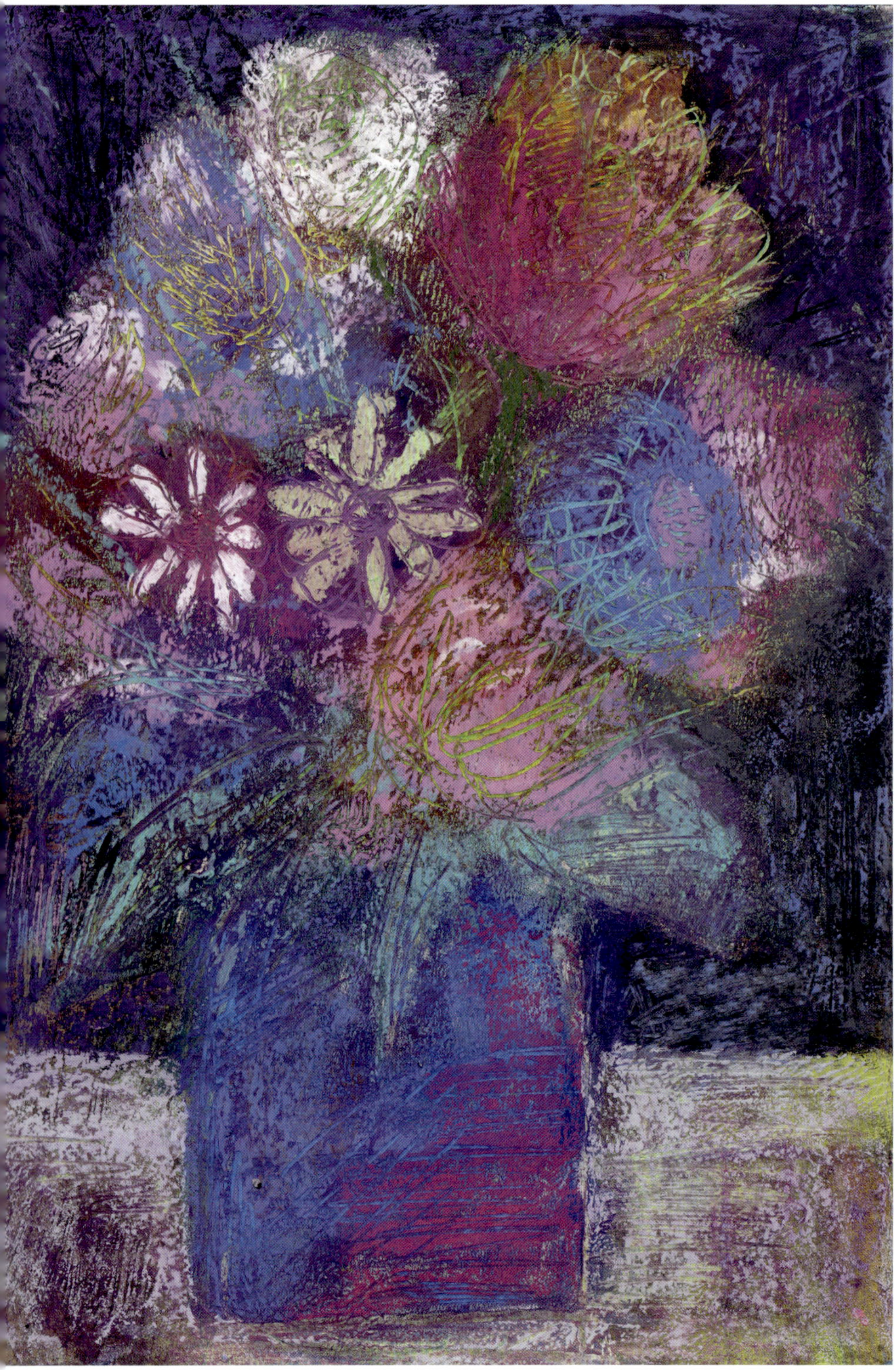

Blumenstillleben. DIN A4

In diesem Blumenbild habe ich auf einem mit Acrylfarben grundierten Papier mit Ölpastellen gemalt. Die unregelmäßige Oberfläche der Grundierung erzeugte lebhafte Texturen beim leichten Auftrag der Ölpastellfarben. Die Ölpastelle wurden in vielen Schichten aufgetragen, die ich dann zusätzlich wieder mit einem Ritzwerkzeug bearbeitet habe.

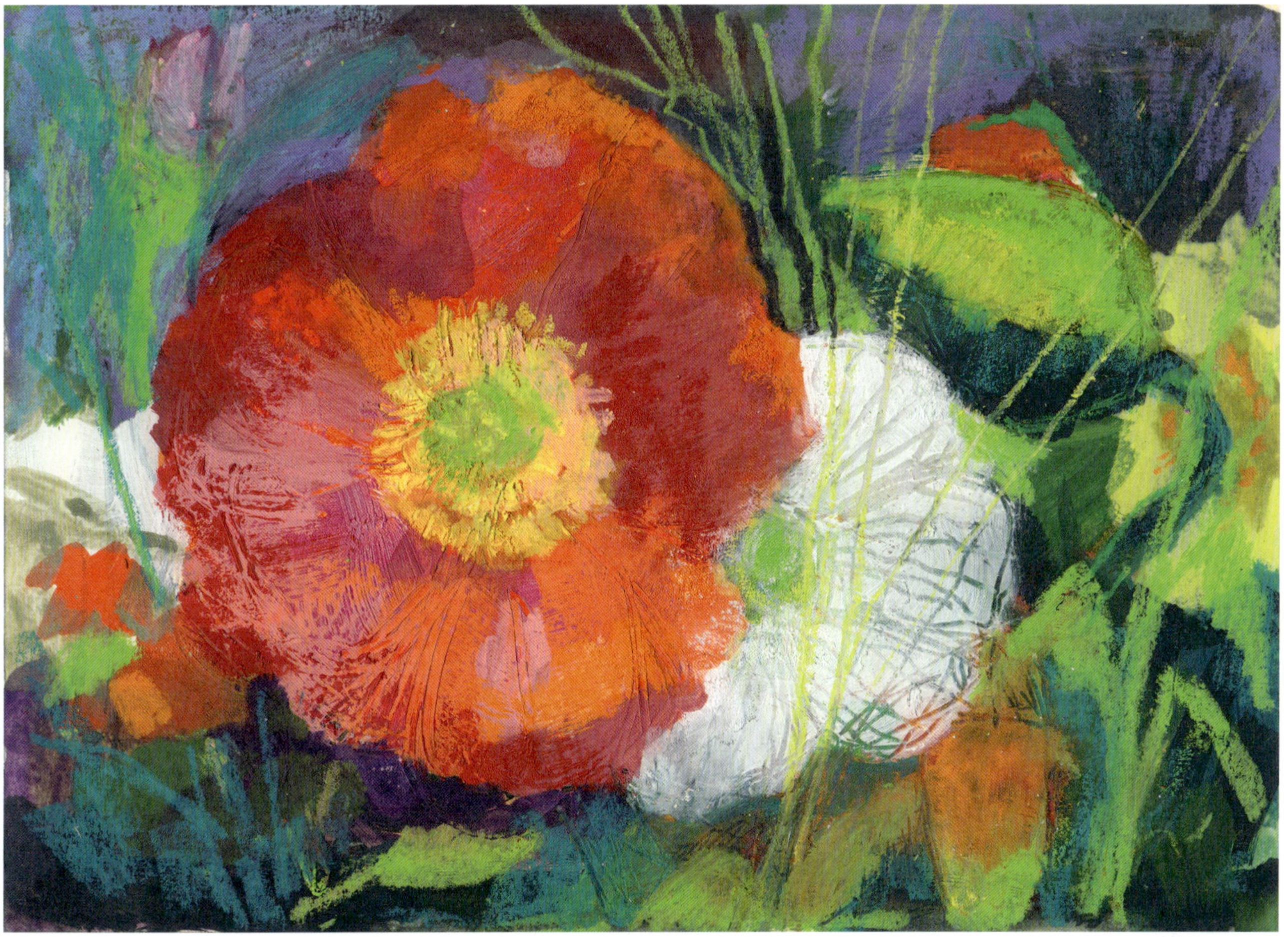

Mohnblüten. DIN A4

Mixed-Media-Projekte

Gouache und Ölpastelle – Mohn

Für dieses Mixed-Media-Bild ist die Grundlage eine Gouachemalerei, die ich nachträglich mit Ölpastell bearbeitet habe. Die Ölpastelle dienten dazu, neue Formen, wie Stängel und Blätter, einzufügen und bestehende Formen deutlicher im Kontrast abzugrenzen. So wurden aus den wenig definierten Farbflecken die Blüten geformt. In der großen, roten Blüte habe ich die gelben Staubgefäße eingefügt und weitere Farbakzente gesetzt.

Sie können natürlich auch mit Acrylfarbe in ganz ähnlicher Weise arbeiten, indem Sie zunächst sehr frei Farben und Formen spontan auf das Papier setzen und dann mit Ölpastellen das Bild ordnen und ausarbeiten.

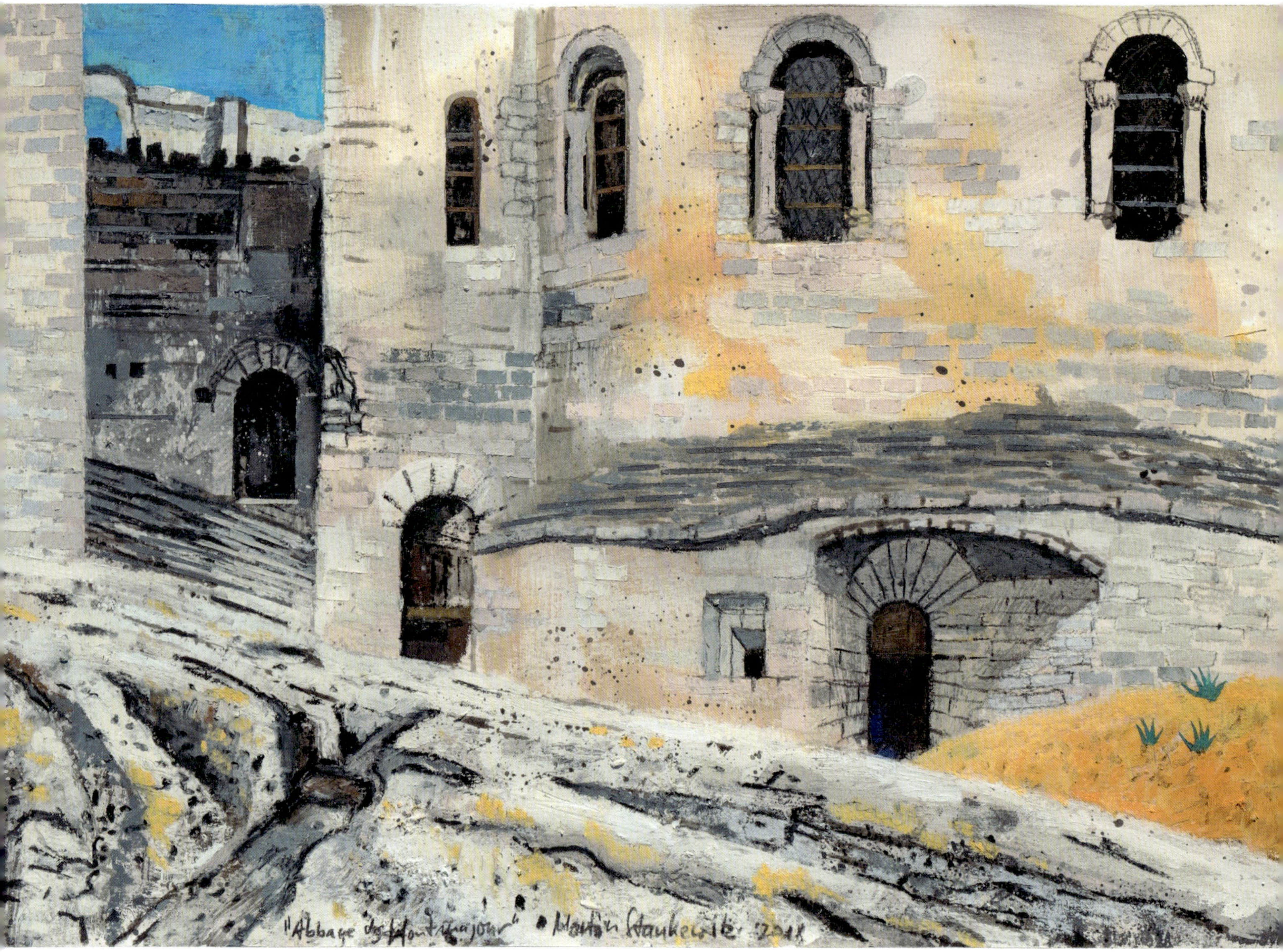

Abbaye de Montmajour. Ölpastell auf Acryl, 35 × 50 cm

Acrylfarbe und Ölpastell – Abbaye de Montmajour

Die Abbaye de Montmajour ist eines der imposantesten Bauwerke der Provence. Nicht nur die romanische Abtei, sondern auch die Reste einer in den Felsuntergrund gehauenen Nekropole sind beeindruckend. Die Vorlage für dieses Bildprojekt sind drei Urlaubsfotos aus Südfrankreich, die ich zu einer Komposition zusammengefügt habe. Die Gebäude und die Spuren der Nekropole im Vordergrund konnte ich mit meiner Kamera nicht so in einem Bild erfassen, wie ich es mir gewünscht hätte. Wichtig war mir der Kontrast des blauen Himmels ganz links oben zum Orangerot der eisenhaltigen Erde rechts unten. Zudem wollte ich die romanischen Fenster als Formkontraste zu der geschlossenen Mauerfläche zeigen, die auch im Kontrast zu den Felstexturen und Spuren der Nekropole am unteren Bildrand steht. Daher habe ich die Proportionen und die räumliche Perspektive verändert und meinen Vorstellungen von einer eher flächigen Darstellung angepasst.

In einem Malkurs im Jahr 2002 mit Simon Fletcher, einem in Südfrankreich lebenden englischen Aquarellmaler, habe ich gelernt, wie wichtig Kontraste für den Bildaufbau sind. Es gibt nicht nur Hell-Dunkel-Kontraste oder Farbkontraste, sondern auch Formkontraste, Texturkontraste und Größenkontraste.

In diesem Bild stehen sich gegenüber:

- Hell-Dunkel-Kontrast und Größenkontrast: dunkelgraue Mauernische gegen helle große Mauerflächen
- Formkontrast: Tür und Fensteröffnungen gegen das Raster des Mauerwerks
- Texturkontrast: geschlossene Mauerfläche gegen raue Textur im felsigen Vordergrund
- Farbkontrast: blauer Himmel gegen orangefarbene Erde

Die Architektur ist weitgehend auf den Größen- und Farbkontrast zwischen der dunklen beschatteten Mauer und der großen hellen Mauerfläche der Abtei reduziert. Unterbrochen ist das Mauerwerk durch romanische Fenster und einen Torbogen. Diese große Fläche mit eher ruhigem, regelmäßigem Mauerwerk steht im Kontrast zum eher ungeordneten felsigen Vordergrund, der die Reste der ehemaligen Nekropole der Abtei zeigt.

Für dieses Bild habe ich ein Aquarellpapier von 250 g/m² gewählt. Das von mir sonst bevorzugte Zeichenpapier von 170 g/m² ist für die Bearbeitung mit wässrigen Medien nur sehr eingeschränkt geeignet: Zum einen wellt es sich im Kontakt mit Wasser stärker, zum anderen wird die Oberfläche an feuchten Stellen sehr empfindlich. Bei stärkerer mechanischer Belastung lösen sich Fasern aus dem Papier heraus, das Blatt wird beschädigt.

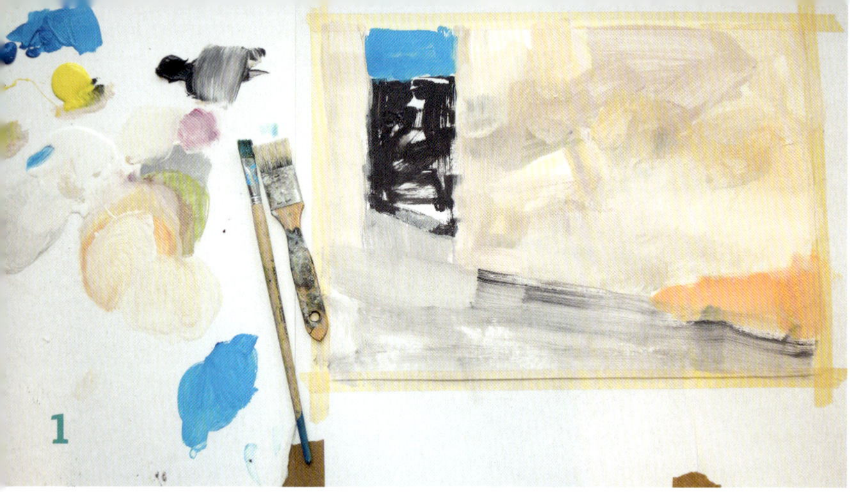

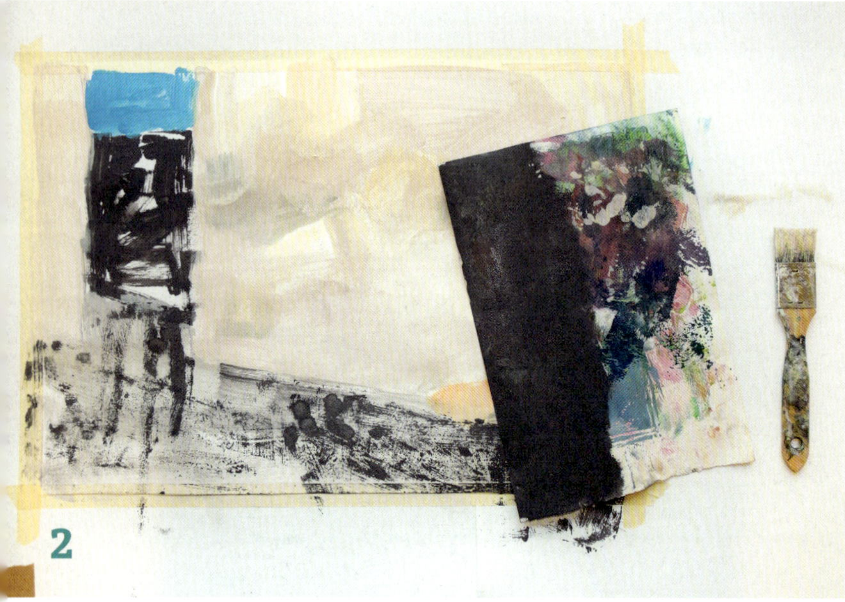

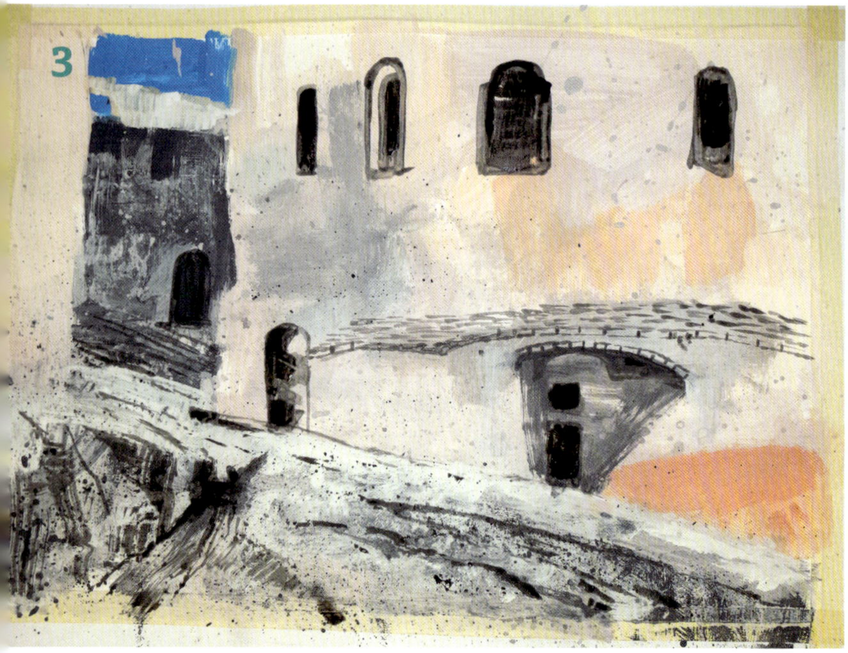

1 Das Papier habe ich mit einem einfachen Klebeband auf der Malunterlage befestigt. Danach habe ich damit begonnen, die Acrylfarben mit einem breiten Borstenpinsel aufzutragen. Selbst in dem stärkeren Aquarellpapier sind nach dem Auftrag der Acrylfarbe leichte Wellen zu erkennen. Um diese zu vermeiden, sollten Sie noch dickeres Aquarellpapier von mindestens 400 g/m² verwenden oder das Aquarellpapier auf ein Brett aufspannen.

Zum Aufspannen befeuchten Sie den ganzen Papierbogen gut mit Wasser, legen ihn anschließend auf ein Kunststoff- oder Holzbrett und streichen ihn nach allen Seiten glatt. Erst dann wird das Papier an den Rändern mit einem Klebeband (der Fachhandel bietet Klebebänder speziell für die Aquarellmalerei an) auf dem Brett befestigt. Warten Sie, bis der Papierbogen getrocknet ist. Mit dem Trocknen schrumpft der Bogen und spannt sich ganz flach auf die Unterlage. Selbst wenn Sie dann mit stark wässrigen Medien arbeiten, bleibt der Bogen flach. Schneiden Sie das Klebeband an den Bildrändern erst ab, wenn das Bild fertig und völlig durchgetrocknet ist.

2 Um den felsigen Vordergrund lebendiger zu gestalten, habe ich die Acrylfarbe zuerst mit dem Pinsel auf ein Stück Papier aufgetragen und damit auf das Bild »gedruckt« (Abklatsch). So entstand eine unregelmäßige Textur.

3 In weiteren Schritten habe ich den Vordergrund mit Acrylfarbspritzern bearbeitet und die Formen der Fenster und Türen gemalt.

4 Nach diesen Vorarbeiten mit Acrylfarbe habe ich damit begonnen, die Details der Fenster mit Ölpastellen zu gestalten. Dazu habe ich Transparentpapier auf das Bild gelegt und die Konturen der Fenster aufgezeichnet. Diese habe ich dann mit einem Papiermesser ausgeschnitten und mir so passende Schablonen gefertigt. Zunächst habe ich eine Schablone für die tiefschwarzen Bereiche benutzt, danach habe ich mit einer anderen Schablone die Formen der Säulen in der Farbe rosa Granit ins Bild gesetzt.

5 Auch für das Mauerwerk habe ich mir kleine rechteckige Schablonen geschnitten, um damit die Ziegel mit klaren Umrissen in unterschiedlichen Farben in den Mauerflächen einzutragen. Die Verwendung von Schablonen hilft, die Untergrundfarbe auch auf kleinen Flächen, für die der Ölpastellstift zu grob ist, exakt in der gewünschten Form zu überdecken. Außerdem verändert Acrylfarbe die Oberfläche des benutzten Papieres, da sie nach dem Trocknen einen geschlossenen, glatten Film auf dem Papier bildet, besonders wenn mehrere Schichten aufgetragen werden. Diese Oberfläche nimmt zwar immer noch Ölpastellfarbe an, aber es kann schwierig werden, exakt begrenzte Flächen mit flach liegendem Farbstift zu erzeugen. Daher bevorzuge ich eine Grundierung oder Untermalung mit verdünnter Ölfarbe oder mit Oilsticks, weil auf dieser Oberfläche Ölpastelle meiner Erfahrung nach besser haften. Allerdings haben Acrylfarben den großen Vorteil, schnell zu trocknen, was Sie mit einem Föhn sogar noch beschleunigen können. Sie müssen also nicht Tage oder eine ganze Woche warten, bis Sie am Bild weiterarbeiten können.

Teilweise habe ich die Fugen des Mauerwerks mit einen 8B-Bleistift eingezeichnet oder angedeutet.

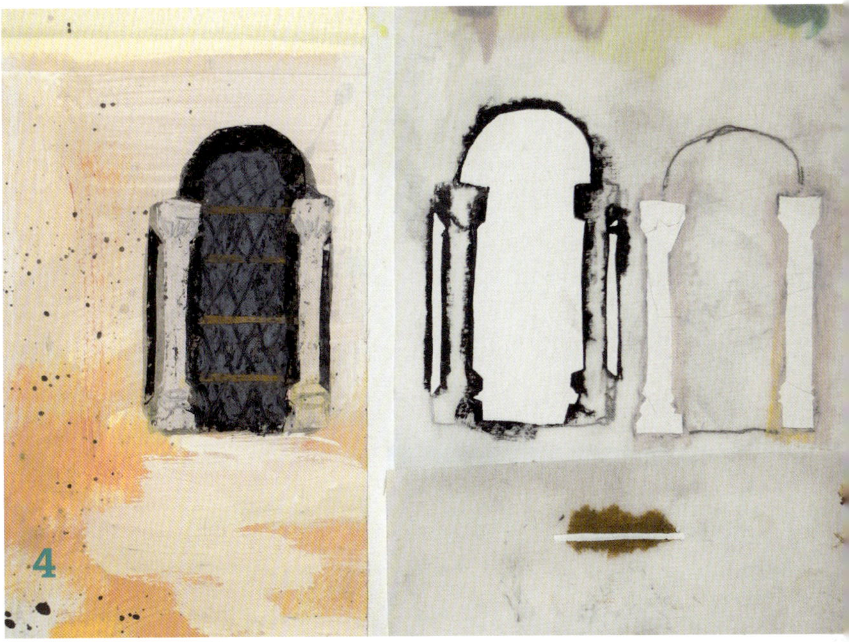
4

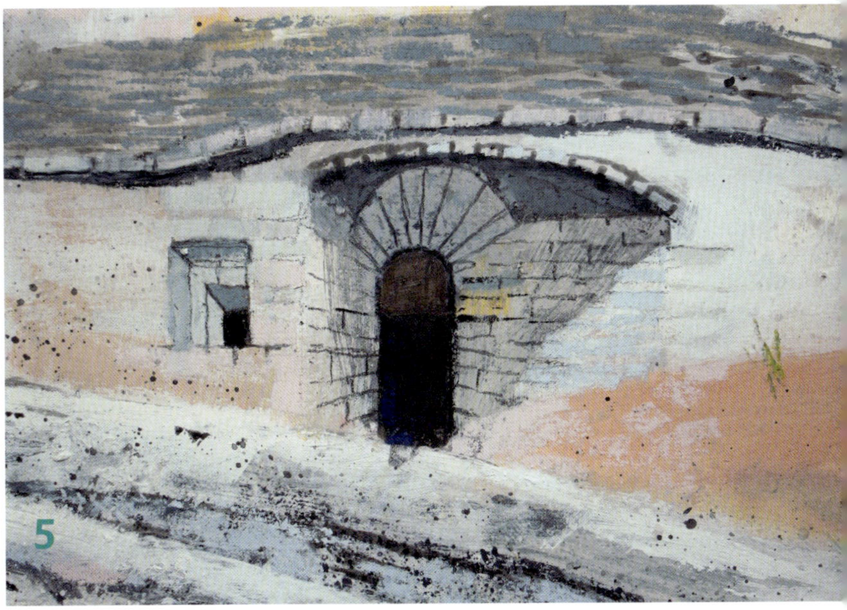
5

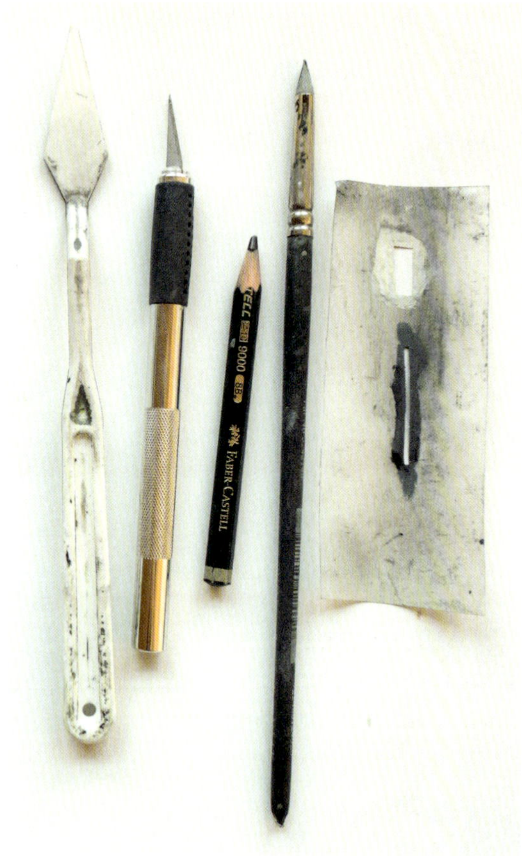

Die in diesem Bild benutzten Werkzeuge

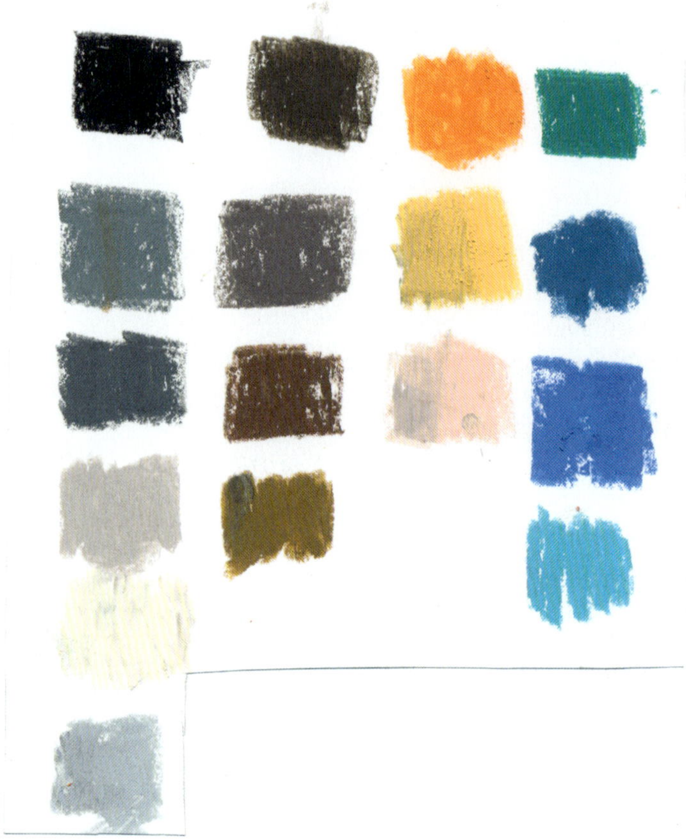

In diesem Bild kamen folgende Ölpastellfarben zum Einsatz:

- Schwarz, Mausgrau, Dunkelgrau, Hellbeige, Cremeweiß, Silbergrau
- Umbra natur, Dunkelbeige, Braun, Braunocker
- Rotorange, Hellorange, rosa Granit
- Opalgrün, Jeansblau, Hellblau, Türkisblau

Anhang

Ölpastellkünstler

Richard Vogl
http://richardvogl.de/bilder/oelpastelle

Dominique Goblet
Chronographie (Französisch), ISBN-13: 978–2844143877

Pierre Seinturier
www.pierreseinturier.com

Mercedes Helnwein
www.mercedeshelnwein.com/work/

Stefano Ricci
www.galeriemartel.com/index.php/originaux-en-vente-anteprime/stefano-ricci-en-vente

Olaf Hajek
https://olafhajek.com

Jennifer Daniel
www.jenniferdaniel.de/portfolio/meanwhile/

Thaddeus Radell
www.thaddeusradell.com/drawings

Marine Joatton
http://www.joatton.com

Marcel van Eeden
www.spruethmagers.com/exhibitions/388@@viewq14

Pia Mühlbauer
http://www.piamuehlbauer.de

Daisy Craddock
www.daisycraddock.com/art/diptychs/

Literatur zur Farbenlehre

Paul Klee, August Macke und Louis Molliet: »Die Tunisreise«, ISBN 978-3775701778

Marie De Bouchet und Gustave de Staël (Hrsg.): »Nicolas de Staël in Provence« (Englisch), ISBN 978-0300238624

Johannes Itten: »Kunst der Farbe«, 1987, ISBN 978-3473615513

Johannes Pawlik: »Praxis der Farbe. Bildnerische Gestaltung«, ISBN 978-3770112388